ブロッホと「多元的宇宙」

ブロッホと「多元的宇宙」

―― グローバル化と戦争の世紀へのヴィジョン ――

吉田治代著

知泉書館

凡　例

一、ブロッホ全集からの引用は、丸括弧（　）内に巻数および頁数を記す。
一、引用中の角括弧［　］は、筆者による補足や割註を示す。
一、ブロッホの訳文に関しては、既訳のあるものについては、それらを最大限に活用させていただいた。その邦訳リストは参考文献表に記載した。なお、適宜、訳文を変更した部分があることをお断りする。
一、人名のカナ書きは原語に近い読み方に従ったが、時には通称を採用した。

目次

ブロッホと「多元的宇宙」

――グローバル化と戦争の世紀へのヴィジョン――

序　論

ルートヴィヒスハーフェン／マンハイムから世界を見る

ルートヴィヒスハーフェンとマンハイム。中部ラインの二つ町は、エルンスト・ブロッホ（Ernst Bloch, 1885-1977）の思想に大きな影響を及ぼした。彼の生まれ故郷ルートヴィヒスハーフェンは、十九世紀半ばに誕生したばかりの工業都市であった。一八六五年、まずライン川をはさんだ隣町のマンハイムで、フリードリヒ・エンゲルホルンによって、ＢＡＳＦ社（Badische Anilin- und Soda-Fabrik）が創立された。しかしすでに一週間後には、やがて世界最大級の化学薬品工業として世界に知られることになるこの会社は、ルートヴィヒスハーフェンに移された。ルートヴィヒスハーフェンは当時バイエルン王国ラインプファルツに属していたが、時のバイエルン王マキシミリアン二世は、この地に積極的に企業誘致を行っていたのだ。ライン左岸の新しい都市は、十九世紀後半の工業化の進展とともに成長を続けていく。一九二五年には、ＢＡＳＦはバイエルやヘキストなどその他の化学会社と合併し、ＩＧファルベン社（IG-Farben）が誕生する。第二帝政時代からヴァイマル共和国時代にかけて、ルートヴィヒスハーフェンはＢＡＳＦ、後にはＩＧファルベンの所在地として、近代工業国家へと躍進したドイツを象徴する都市であったのだ。(1)

そこに生まれ育ったブロッホが見たのは、しかしながら、急速に発展する工業国家を支える新興都市の輝きよりも、その影の部分であったようだ。ＢＡＳＦがルートヴィヒスハーフェンに居を移したのは、マンハイムに流れ込んではならないものがあるからだった。それは、ブロッホの言葉を借りるならば、工場が噴き出す「煤煙とプロレタリアート」(2)だ。自らは小市民階級の出自――彼の父はバイエルンの鉄道官吏をしていた――であったが、このような環境は、ブロッホの関心を早くから、工業資本主義の負の側面に向けさせることになる。(3)しかし、彼を取り巻く環境は、決してルートヴィヒスハーフェンに限られてはいなかった。橋を渡れば、そこにはまったく別の世界があった。

マンハイムはプファルツ選帝侯が居城を構えたことにより栄えた古都である。「ドイツ最大の工場」を擁するルートヴィヒスハーフェンとは異なり、マンハイムは、豪壮な王宮やその附属図書館、王宮劇場によって知られる「古い文化都市」(4)だ。ブロッホの少年時代、ルートヴィヒスハーフェンが工場の煙突からもうもうと煙を吐き出し、近代工業社会への道をひた走っているとき、ライン川の向こう岸の町では、いまだ「ヘルマンとドロテアの時代」(5)が息づいていた。少年ブロッホは、煤で汚れた町や、「文化」なるものに無縁の両親の家に嫌気がさしたときには、橋を越えて、「陽気で親しげな」(6)隣町の空気を吸った。とりわけ彼の避難所となったのは、ロココ様式の王宮附属図書館である。ルートヴィヒスハーフェンでカール・マイの小説や社会民主党のパンフレットを読みふける傍ら、ブロッホは、このマンハイムの図書館で、フィヒテやシェリング、そして何よりもヘーゲルといったドイツの哲学者たちの著作に没頭した。カール・マイとヘーゲルという、互いに相容れないかに思われるものを自らのうちにとりこみつつ、ブロッホが独自の思想を育んだルートヴィヒスハーフェンとマンハイム。この対照的な二つの都市が織りなす独特の環境の重要性は、ブロッホ研究においても度々指摘されてきた。(7)「マルクス主義哲学者」としてのブロッホに関心を寄せてきた研究者たちは、工業化が生み出す労働者たちの悲惨を洞察することによって悪しき〈いまとここ〉を超えてゆく思想、そしてドイツ観念論から養分を十分に吸い取った独自のマルクス主義思想の発現を、この地に見てきたのである。

さてしかし、ブロッホの故郷ルートヴィヒスハーフェンを舞台とする、工業化と都市化についてのこのような伝統的な叙述が十分に強調してこなかった側面がある。それはBASFを擁するこの町が、ドイツの「近代化」というにとどまらず、「グローバル化」においても重要な役割を果たしたということだ。

従来、十九世紀後半のドイツ史は、もっぱら「近代化」という概念で説明されてきた。しかし近年の歴史学においては、一国内の社会変動のプロセスだけではなく、その世界的な連関が注目されるようになっている。[8]「グローバル化」という概念は、二十世紀後半以降、とくにポスト植民地主義の時代と、そして何より冷戦以降の時代を記述するために使われるようになった。しかし歴史家の見解によれば、人間の活動が世界規模で展開され、密接な相互関係が生まれるという意味でのグローバル化の現象は、すでに十九世紀に始まっている。もちろん、そもそもいつグローバル化が始まったかという点については意見の相違があるだろう。ここはその歴史を紐解く場ではない。強調しておきたいのは、ヨーロッパ列強が世界の隅々にまで版図を広げ、世界を包摂していった十九世紀後半から第一次世界大戦までの時代が、「グローバルな連関と構造が成立した」という意味でのグローバル化の（最初の）最盛期であることについては、現在では一般的に認められているということだ。[9]もっともここで言われる「グローバル化」とは、今日とは違って、「植民地主義的なグローバル化」[10]であったことは常に銘記しておかねばならない。しかしいずれにせよ、当時、「相互に連関する場」としての「世界」、「全体」としての「世界」あるいは「地球」という意識が生まれたのである。[11]

ドイツ帝国も、ただ単に国を「近代化」したのではない。ブロッホが生まれた頃、一八八四／八五年には、ヨーロッパ列強による「アフリカ分割」の原則を決定したベルリン会議が開催されている。イギリスやフランスと比して「遅れてきた」統一国家であり、資本主義、さらには帝国主義の発展という点においても西欧の隣人たちの後を追いかけていたドイツ帝国は、その「遅れ」を取り戻すべく、アフリカのみならずアジア・太平洋地域にまで版図を広げ、政治と経済と文化のグローバルなネットワークのなかに自らを組み込んでいった。今日、「グローバルな」という言葉が好んで利用されるのと同じように、当時のドイツでは、「世界」、「世界的な」という語が頻繁に用いられていたという。[12]

BASF、それとともにルートヴィヒスハーフェンの興隆も、世界市場の発展から恩恵を受けていた。とくに化学産業は強く輸出に依存しており、BASFも、その製品の四分の三を輸出していた。[13] 創立から三十五年後には、BASFはパリ万博において、「世界最大の化学工場」として誇らしげに自らを示すことができたのである。[14] 新しい歴史学や文化学が示すように、[15] 短期間のうちに経済大国・植民地帝国へと変貌を遂げた第二帝政時代、ドイツ人の多くがはじめて広い世界へと目を開いていく。ルートヴィヒスハーフェン、そして「ドイツ最大の内港」(9, 408)[16] を擁するマンハイムは、〈ヨーロッパの外〉への関心を早くからブロッホの心に植え付けるのにも、うってつけの場所だった。ライン川に停泊するオランダ船の水夫たちは、ルートヴィヒスハーフェンの少年たちに遠い異国での冒険談を語って聞かせた。マンハイムの歳の市では、ありとあらゆるところから集められてきた奇妙で不思議なモノたちが、世界の広大さと多様性を少年らに示して見せていた。

なるほど、遠い世界へのブロッホの憧憬は、従来のブロッホ像にも当てはめることができよう。すなわち、〈いまとここ〉を超えて、ユートピア——「どこにも・ない」というよりも、ブロッホにおいては、「いまだ・ない」世界として考えられる——へと向けて出発する哲学者という像において。階級差別のない自由の王国という「ユートピア」への出立こそ、「マルクス主義哲学者」ブロッホの思想の核心だとすれば、まさにそれを生み出したのは、広い世界へと開かれた二つの港町、ルートヴィヒスハーフェンとマンハイムだということになろう。

たしかに、〈いまとここ〉を超えていくというモチーフがブロッホにとって重要であったのは疑うべくもない。しかしながら、それと同様に重要だったのは、〈いまとここ〉に目を凝らし、その複雑な現実を書きとめるということでもあった。ルートヴィヒスハーフェンとマンハイムという独特の環境が、ブロッホにおいて、ある感覚を鋭くしたとすれば、それは、「非同時代的なものが同時的に存在すること（Gleichzeitigkeit der Ungleichzeitigkeit）」への感受性であった。十九世紀の後半になって忽然と現れた新興工業都市と伝統ある古都。ブロッホはしばしば「横目で見る（Seitenblick）」という表現を好んで使うが、ルートヴィヒスハーフェンからマンハイムを、あるいは逆に、マンハイムからルートヴィヒスハーフェンを「横目で見る」ことによって得られる、二つの都市の同時的存在への洞察は、「マルクス主義者」ブロッホをして、次のような想定、すなわち、近代的なものが伝統的なるものを次第に侵食し、やがてはそれを完全に破壊するだろうという想定に至らしめることはなかった。彼の関心を引いたのは、この二つの世界がともに存在しているということ、「古いものと新しいもの」とが「きしみあい、その際に独特の音楽を奏でるような」、ぶつかり合いであった[17]。

しかしルートヴィヒスハーフェンとマンハイムが体現してみせたのは古いものと新しいものとの共存だけではない。ブロッホ自身はそのように表現することはなかったが、それは「グローバルなもの」と「ローカルなもの」との並存でもあった。一方には、特定の国や民族の伝統に縛られることのない近代の工業文化を具現するルートヴィヒスハーフェンがある。ブロッホがその特徴を「伝統を欠いた空気の空虚さ（traditionslose Luftleere）」、「国際的な宿駅性（internationale Bahnhofshaftigkeit）」[18]と表現した町は、一九二〇年代には、「アメリカ的なスタイル」[19]

をもつ都市と呼ばれていた。しかし他方には、古いドイツの伝統と結びついたマンハイムが、工業的国際化もしくは「アメリカ化」の力に屈することもなく、土着的な文化を保っていた。この二つのものもまた、「きしみあいながら」共存していたのである。このような、一つの社会内部にみられる重層性に加え、さらに早くからブロッホに意識化されたのは、ヴィルヘルムの世界政策によって視界に入ってきた、諸民族の多様な文化の存在である。いわゆるブルジョワ社会学のものであれ、正統マルクス主義のものであれ、手持ちの社会理論にはおさまりきらないような現実の複雑な姿、さまざまな矛盾に刻印され、揺れ動くドイツの〈いまとここ〉を、ブロッホは把捉しようとする。伝統から近代への、さらには非西洋の「野蛮」から西洋的「文明」への一直線の進歩という観念に異を唱える「非同時代性の理論」[20]も、その努力のひとつの成果である。二十世紀初頭のヨーロッパにおいて支配的であったような排他的（exklusiv）な進歩史観を修正しつつ、ブロッホはそれを、内包的（inklusiv）な「多元的宇宙（Multiversum）」のヴィジョンへ、〈多くのものたち〉が共存する「世界という家（Welthaus）」[21]というヴィジョンへと置き換えていこうとする。そしてブロッホのこの知的な営為は同時に、ドイツの〈グローバルな近代〉が解き放った危機、すなわち世界大戦へとつながる危機に批判的に介入していくことでもあったのだ。

本書は、近代的な直線的進歩の観念を攪乱する「非同時代性」の概念、そしてさまざまな非同時代的な文化が共存する「多元的宇宙」というヴィジョンの生成を、初期ブロッホのテクストに沿って、ドイツの〈グローバルな近代〉の思想状況、政治状況のなかから浮かび上がらせていく。それによって、「マルクス主義哲学者」という固定されたブロッホ像を修正し、多元的世界を志向する思想家としてブロッホを読み直すことを目的とするものである。

ブロッホ受容の歴史と近年の研究動向

一般的に言って、「マルクス主義哲学者」ブロッホの思想の生命力は、厳密に特定できる。それは一九一七年のロシア十月革命に始まり、一九八九／九〇年の社会主義圏の崩壊をもって、すなわちエリック・ホブズボームが名づけるところの「短い二十世紀」[22]の終焉とともに、終わるというものである。[23]しかし、一般に流布しているこのような見方はどのように定着したのだろうか。

ブロッホの著作の本格的な受容が始まったのは、ベルリンの壁の建設をきっかけにして、彼が最終的に旧東ドイツから西ドイツへと移住して以降である。一九七七年に九十二歳で生涯を終えるまでの最後の十五年あまりの間、ブロッホは精力的に活動を続けた。西ドイツの権威ある出版社ズーアカンプから全集が刊行され、哲学者として確固たる地位を築く一方、一九六〇年代からの騒乱の時代にあって、政治や社会問題について積極的に発言し、新左翼の若者と連帯した。彼の「非正統的マルクス主義」の著作を受容し、ブロッホ研究を形づくったのは、テュービンゲン大学での彼の弟子たちをはじめとする新左翼の世代であった。ナチスドイツを逃れて亡命中の一九三〇年代にスターリン、とくにそのモスクワ裁判の支持を表明していたことなどによって、「赤い」哲学者に対する風当たりも強かったが、若い世代の批評家はブロッホを擁護する論陣を張った。なかでも有名なのは、オスカー・ネクトによる論評「十月革命のドイツ哲学者」である。亡命時代のブロッホの態度は決して正当化されえないとしながらも、ネクトは、これを「スターリンか、ヒットラーか」という二者択一を迫られた知識人の「同一化の欲求」から生じたものとして一定の理解を示し、常に十月革命の理想に忠実であり続けた「革命の哲学者」としてブロッホを評価している。[24]

こうした受容はドイツ国内にとどまらない。このようなブロッホ像は、英語圏の影響力ある批評家にも受け入れられた。マーティン・ジェイは、名著『マルクス主義と全体性』で、ブロッホの知的な履歴に関して次のように述べている。

ブロッホの知的・政治的特性はある特定の時点において十分な成熟をみせ、生涯のそれ以降の時期においては、あまり変わることがなかったように思われる。その問題の時点とは、一九一七年、すなわちロシア革命の年である。ブロッホは、激しい興奮にかられながら、はるかかなたからロシア革命を見つめていたのである。オスカー・ネクトの言葉を借りるなら、ブロッホは「十月革命のドイツ哲学者」であった。実際それ以降ずっと彼は、「ドイツの哲学者」、そして「十月革命の哲学者」でありつづけたのである。ブロッホは、政治的にはレーニンおよびロシア革命の熱烈な支持者であった。他の西欧マルクス主義者の多くが、少なくともある程度までレーニンおよびロシア革命に異を唱えるようになった後もずっと、彼の態度は変わらなかった。一九三七年にルカーチが慎重に口をつぐんだときでさえも、ブロッホは、アメリカの亡命者のうちの「背教者たち」に対し、断固としてモスクワの裁判を擁護したのである。第二次世界大戦後、社会主義はなおロシア・モデルに従って建国可能であると信じた彼は、西ドイツではなくむしろドイツのソビエト占領地域の方へ帰ることを望んだ。党の政治路線の紆余曲折のあらゆる場面において、彼は決して党の無批判な追随者であったわけではないが、基本的には正当だと自分が思っていたシステムの内部にとどまりながら、体制内反対派の役割を果たしていたのである。ウルブリヒトの独裁への同調を要求する圧力が増大し、その結果として、一九六一年にベルリンの壁がつくられた際にたまたま訪れていたドイツ連邦共和国に難を逃れることを決心したとき、十月革命へのブロッホの信頼はついに力を失ったのである。自分の希望の哲学は別の具体

的表現を必要としているという結論に、ブロッホがしぶしぶながら至ったのは、彼が八十代になってからのことである。(25)

ブロッホの「革命の哲学」のなかに、一九六〇年代の若者のプロテストを支える「アクチュアル」な思想を見出すネクトと、距離をもって歴史化するジェイとの間には、明らかにトーンの違いがある。しかし一九一八年の処女作『ユートピアの精神』(*Geist der Utopie*) から晩年の仕事に至るまで一本の「赤い糸」(26)を引き、「十月革命の哲学者」としてのブロッホ像を固定させることにおいて、両者は一致している。一九一七年――ブロッホはその時三十二歳であったのだが――以来ずっと変わることなく、生涯をかけてその革命の理想を追求しつづけたという解釈には、しかし、欠陥がある。もっともこのことを、解釈する側の問題だけに帰すことはできない。この単純なストーリー形成にはブロッホ本人にも責任がある。

ブロッホの思想に触れようとするなら、ズーアカンプから刊行された全集は、誰もがまっさきに手に取るものだろう。しかしこれは「歴史的・批判的」な版ではなく、著者自身の手によってまとめられた全集である。ここでは、初期の著作も、晩年のブロッホによって手を加えられている。十月革命以降、一貫してマルクス主義者として自己形成してきたという、彼が後から作りあげた物語におさまりきれないテクストは、全集からは排除されるか、あるいはその物語に合致するよう変更されたのである。自らの著作を常に新しく書き換えていくというやり方は、なにも後年になって始まったことではない。一例を挙げるならば、『ユートピアの精神』は一九一八年に初版が出ているが、すでに一九二三年には改訂されて第二版が出版されている。そして現在、全集の第三巻に収められているのは、この第二版に新たに手を加えたものである。つまり、『ユートピアの精神』には三つの異なったヴァージョンがあるのだ。（もっとも、この処女作の場合は例外的に、初版も全集の第十六巻として刊行されている。）

ブロッホは自らのテクストを完結した統一体とはみなさず、新たに得た認識に基づいて常に新たにしていった。こうしたスタイルは、それとして尊重されねばならないのかもしれない。しかし、自らの思想を単一の物語にまとめあげることで、ジェイに見られるがごとき単調な受容を生み出し、自己の思索の寿命も縮めてしまうという皮肉な結果を招いたのだ。すでに一九八〇年代をとおして、ブロッホが信奉しつづけたと思われている「進歩」と「解放」の「大きな物語」は信用を失墜していたのであるが、一九八九／九〇年の転換のあと、マルクス主義と同一視された「希望の哲学」に対して一斉に弔鐘が打ち鳴らされたのは、当然の帰結であったと言わねばならない。いずれにせよブロッホ研究者たちは、この転換期以降、自らの営為について、常に疑問符をつきつけられるような状況におかれることになった。[27] しかし一九八〇年代半ば頃から、ブロッホ研究の現場では、新たな動きが生じてきてもいる。

まず重要なのは、ブロッホが葬り去ってしまった、あるいは後年になって書き換えてしまった初期のテクストがオリジナルの形で日の目を見るようになってきた、という動きである。もっともこれには先例がある。ソ連支持を表明していた一九三〇年代の評論をブロッホが改変して全集第十一巻に収めたとき、それに異議を唱える声があがったのである。そしてまだ彼が存命中であった一九七二年、フォルカー・ミヒェルスの編纂により、三〇年代の政治評論が『危険な賭から破局へ』というタイトルのもとに刊行されたのである。[28] 一九八〇年代半ば以降、このような動きはますます活発になった。特筆すべきは、ブロッホ最初のスイス亡命時代である一九一七年から一九年までの評論をオリジナルの形で再び世に出したマルティン・コロルの『戦争ではなく、闘いを』（一九八五年）である。[29] 第一次世界大戦の時代、ブロッホは数多くの評論を新聞・雑誌に発表していた。しかしそのほんの一部が後に全集に入れられただけで、大半は切り捨てられてしまっていたのだ。コロルの仕事が画期的であったのは、このように歴史に埋もれていたテクスト、しかもその多くがペンネームを使って書かれたものを、発掘したからである。[30] ジェイはコロルの研究を知らなかったと思われる。（もし知っていたならば、ネクトのテーゼを見直さなければならなかったであろう。）さらにヴァイマル時代にブロッホが新聞や雑誌に発表した数多くのエッセイも、オリジナルの形で新たに刊行されるようになっている。一九二〇年代のエッセイは、部分的には『痕跡』（*Spuren*, 1929）、『この時代の遺産』（*Erbschaft dieser Zeit*, 1934）[31]に収められ、それ以外のものは、部分的には一九六〇年代に二巻本として出版された『異化』（*Verfremdungen*）に収録されており、これらはすべて全集に収められた。しかし、このいずれにも収録されることのなかったエッセイがまだ存在する。さらに、すでに述べたとおり、全集に収録されるに際してはブロッホが手を入れているのである。ゲルト・ユーディング（一九九七年）とラルフ・ベッカー（二〇〇七年）はそれぞれ、ヴァイマル期のオリジナル・エッセイ集を編纂している。[32] それらは、困難な研究状況に風穴をあける仕事として評価できよう。

老ブロッホの呪縛が解けつつあるなかで、ブロッホ研究も新たな局面を迎えることになった。研究の関心はながらく、「主著」とされる『希望の原理』（*Das Prinzip Hoffnung*, 1954/59）をはじめとする哲学的な大作に向けられていた。それらはブロッホ二度目の亡命時代以降の後半生の著作である。しかし一九八〇年代に入り、いわゆる「ポストモダン」の懐疑主義が強まるなか、研究者の関心は主に一九二〇年代の、より非体系的・エッセイ的で、マルクス主義にも批判的な距離を保っていた作品群へと向かった。[33] このような、いわば時代の風潮に乗った方向転換の流れが、上記のような文献学的な作業の進行と重なり合い、研究の重心は、一九三三年までの前半生へとシフトした感がある。日本においても、ブロッホ受容が退潮するなかで、『この時代の遺産』のようなヴァイマル期の作品に対しては、継続して、一定の関心が寄せられている[34]。ただ、後にも述べるように、一九一〇年代についてはいまだ十分に研究されていないというのが現状である。

ここで、従来は十分に注目されていなかったブロッホの思想の側面に、いわば「ポストモダン」の洗礼を受けたがゆえに、新たな光を当てることに成功した研究を二つ挙げておきたい。

一つは、「非同時代性」を主題としてはじめて本格的に取り上げたベアト・ディーチィの研究（一九八八年）である[35]。「非同時代性の理論」は、主に『この時代の遺産』において展開された。これはヴァイマル期の仕事の集大成として、ブロッホがナチスドイツから亡命した後スイスで刊行された政治・文化論集で、ナチズムのみならず、その台頭を許したマルクス主義陣営への痛烈な批判がこめられていた。ブロッホの主眼は、合理化された近代世界に対する人々の不満や反感を、単に「非合理的」で「遅れた」ものとして断罪するのではなく、それをアンビヴァレントな「非同時代的な矛盾」としてとらえかえすことにあった。『この時代の遺産』は一九六二年に、初版には収録されなかったヴァイマル時代のエッセイが新たに付け加えられた増補版が出版された。そのなかには、有名な「表現主義論争」へのブロッホの寄稿も含まれている。ナチズム前夜の時代における人々の日常生活、その心性に深く入り込もうとするブロッホのアプローチは、当時の西ドイツで大きな反響を呼んだ。けれども「非同時代性」論は、あくまでも、非正統派マルクス主義者の「ファシズム論[36]」として受容されるにとどまっていた。

しかし一九八〇年代末にディーチィが「非同時代性」論をあらためて取り上げたときには事情が異なっていた。「非同時代性」という概念は、ブロッホ研究の外でクローズアップされるようになっていたのだ。歴史学や哲学などの分野で、「進歩」の概念に対する懐疑が強まり、それを基盤にしてきた従来の「近代化」の理論が見直しを迫られたとき、「非同時代的なものの同時性」という考え方が説得力をもって浮上してきたのである。ハンス

＝ウルリヒ・ヴェーラーは、「非同時代的なものの同時性というものが、基本的な歴史的経験として、これまで以上に強く感知されねばならない」とし、次のように述べる。「直線的な上昇や新しいものの全的勝利の代わりに、古いものと新しいものとの並存、その混じり合い、共同作業、潜行性の突然変異、伝統的なものをとおしての近代的なものの強化、近代的なものをとおしての伝統的なものの強化といったことが、現実の歴史過程の緊張関係をとらえるのに役立つ」のだ、と。[37] 哲学者ヴォルフガング・ヴェルシュは「非同時代性の同時性」を彼の言う「ポストモダンなモダン」の符号とみなしている。[38] さらにハンス＝マグヌス・エンツェンスベルガーも、一九九〇年代に入ってからのエッセイのなかで、「非同時代性のより深いダイナミズム」を把捉する必要を訴えている。[39] もっとも、皮肉なことに、エンツェンスベルガーは、同時期の別のエッセイにおいて、ブロッホ流の思考がすっかり時代遅れになったと示唆している。[40] この例に顕著なように、「非同時代性」という概念が持ち出されるとき、必ずしもブロッホの議論が参照されることはなかった。彼が「非同時代性」の概念に独特のアクセントを与えることに成功したにせよ、[41] その概念自体は、彼に由来するというわけではないからである。

ラインハルト・コゼレックによれば、「非同時代性の同時性」とは、そもそもヨーロッパ人の「海外への拡張の経験」と結びついている。世界へ植民地を広げてゆく過程で、空間的にさまざまに異なった文化が並存していることが認識されるようになった。[42] この諸文化の空間的な並存は、しかしやがて一八〇〇年頃――コゼレックが「はざまの時代（Sattelzeit）」と呼ぶ時代――から確固としたものになっていく「進歩」の枠組みによって、通時的に秩序づけられるようになる。もはや「さまざまな非同時代性」ではなく、進歩の低い段階にある文化なのか、あるいは進歩がすすんだ段階にある文化なのか、が問いの焦点となったのである。その際、進歩をはかる規準となったのは、常に、民主主義革命と産業革命との二重革命を成し遂げた近代の「西洋（der Westen）」[43] の社会であった。「近代」、「近代化」とは、本書では、この「はざまの時代」以降の、「啓蒙のプロジェクトと産業化過程の進歩のプログラムに沿って、迷信や神々の支配から脱して自立した人間が世界の中心に立ち、自然法則を客観的に認知することで自然を支配し、人間生活を苦痛と欠乏から解放していく過程」[44]と定義しておきたい。二十世紀末になって、「非同時代性」概念が浮上したのは、地球上のさまざまな差異を進歩の時間軸で秩序づけていたこの枠組みが決定的に崩壊したからである。

「私たちは、近代の終わりに居合わせている。それによって私が言わんとしているのは、十八世紀以来、近代を存続させ、それを鼓舞してきた、あの観念の終わりである。すなわち、直線的な時間の子供である、無限の進歩は、死んでしまったのである。[45]」メキシコの作家オクタビオ・パスの言葉をライトモチーフとしながら、ディーチィは、ブロッホの「非同時代性」論を再検討する。明らかになったのは、それがヴァイマル期のファシズム論のみならず、最初期から最晩年に至るまで、およそ七十年の長きにわたって、哲学的な著作、エッセイ、政治評論、都市の肖像、さらにインタビューなど、さまざまな種類のテクストに、その都度さまざまな意味をともなって、散見されるということだ。[46]ディーチィはブロッホの存在論、歴史哲学、さらに「ドイツの問題」をめぐる政治文化論を取り上げ、それぞれにおいて、直線的な進歩の観念を攪乱するような「非同時代性」のモチーフが重要な役割を果たしていることを示す。ディーチィによれば、ブロッホの「非同時代性」論は、決して確固たる体系的な理論を提示しているわけではない。それはむしろ「理論の断片」もしくは「断片的な理論」である。「現実に存在する異質性や多様性を視野から排除する」ような閉じた理論を破壊する起爆剤として、それは批判的な意味をもっているのだ。[47]「非同時代性」の概念に注目することで、ディーチィは、ブロッホにおける「多元主義（Pluralismus）」を明るみに出すことに成功している。彼の研究でさらに特筆すべきは、ブロッホの「非同時代性」

の議論が「近代以降」のみならず、「植民地主義以降」の現代においてもつアクチュアリティを示そうとしたことである。ディーチィは、自らも生活した経験のある「ポストコロニアル」な南米ペルーの社会を、非同時代性論を応用して分析する試みも行っている。その浩瀚な研究は、ブロッホにおける「非同時代性」概念の生成と発展をたどり、その問題領域を照らし出し、今日の世界におけるアクチュアリティをも明るみに出す。ただ、そこでも中心になっているのは、やはり『この時代の遺産』をめぐる議論である。コロルの仕事をディーチィは参照しているが、それを十分に消化しているとは言い難い。つまり、第一次世界大戦の時期にブロッホは「非同時代性」についての思考を開始しているのだが、それが後の「非同時代性の理論」にとってもつ重要性をディーチィは十分に認識していない。そもそも第一次世界大戦という出来事がブロッホにおいてもつ重要性にディーチィは気づいていない。また彼は、二十世紀後半になって広く問題視されるようになったヨーロッパと非ヨーロッパ、先進国と第三世界というテーマにブロッホの議論が応用できるのだと考えているようだ。しかしそこで彼が見落としているのは、ブロッホの議論が、ヨーロッパ／非ヨーロッパの問題という世界的な次元を常にすでに含みもっているということである。

近年の、ブロッホに関わるもう一つの興味深い研究は、英語圏から生まれてきた。これも、「ポストモダン」以降のパースペクティブを示すものである。近年では、近代の言説が時間的な発展に焦点を絞っており、その際に空間的な視点を十分に検討してこなかったことへの批判が高まっている。「空間に対する時間の支配」に抗して、空間性、空間的な差異を真剣に受け止める理論の構築がすすんでいる。[48] マイケン・ウムバッハとベルント・ヒュップアウフの『土着的なモダニズム』（二〇〇五年）も、近代における「土着的なもの（the vernacular）」を正当に評価しようとする試みである。[49]「土着的なもの」は、「場所の差異（the difference of place）」と定義され、[50] その同義語としては、「ローカルなもの」や「特殊なもの」が使われている。これらはみな、人々の生活様式や製品がますます統一化に向かうと一般的には想定されるグローバル化の時代において、逆説的にも前面に出てきたカテゴリーである。ここで興味深いのは、二人の著者が、ブロッホに注目していることである。彼らによれば、ブロッホは、概して「土着のもの」など気にもとめない左翼のなかで、「例外的なケース」であるという。[51] ブロッホを「ヴァナキュラーの哲学者」として解釈するとは、いかにも斬新な見方を提示しているようだが、実際にはそうとも言えない。英語の「ヴァナキュラー」に合致するドイツ語の言葉はないが、しかし、まったく同一の概念ではないにせよ、「ヴァナキュラー」は、「郷土（Heimat）」の概念に置き換え可能なのである。「ハイマート」は、ブロッホにとって重要な概念の一つだ。この古いテーマに、しかし二人は新しいアプローチを試みている。

ウムバッハとヒュップアウフが退けているのは、土着的なもの、もしくはハイマートが、普遍的で均質化する近代化／グローバル化の犠牲になって滅びるという考え方である。したがって、彼らがそれに注目するのも、ローカルで特殊のものをロマン主義的に新たに発見したり救出したりしようという意図に基づいてのことではない。実際、そうした試みは、すでに行われてきた。ドイツでは一九〇〇年頃から、郷土の独自性を守ろうとする「郷土運動」が台頭してきた。しかしドイツ語で「ハイマート」というとき、すぐに想起せざるをえないように、この郷土運動はナチスの「血と大地」のイデオロギーに取り込まれた。このような歴史を踏まえながらも、二人の著者は、土着性を単に「反近代」としてスティグマ化することには反対である。加速するグローバル化と、それと同時に否応なく強まるローカルな意識の高まりを目にすれば、次のことは明らかであるからだ。「近代性において、ホーム、すなわちハイマートへの希求を否定することは、正当ではない。」[52] 二人が打ち出す「土着的な近代」というコンセプトは、グローバルなものとローカルなものとの相互依存関係を強調し、土着性を「近代の統合的な部分[53]」として受けとめようとする。土着性と近代性は、互いに排除しあうのではない。むしろ土着性は近代化とグローバル化のなかでつくられていくのである。

　このような関心のなかでブロッホの思想を評価しなおそうとする試みは、新しく、そして重要である。そもそも、従来のブロッホ研究では、「ハイマート」概念の意義は、生まれた土地との本源的な結びつきを示唆する通常の用法とは違って、それが具体的な場所と結びつかないことにあったのである[54]。もちろん、ここで念頭におかれるのは、『希望の原理』の最後を飾る一節――「すべての人間の幼年期を照らしだすものであるとともに、まだかつて誰も行ったことのないところ、すなわち故郷」(5,1628)――である。ドイツにおけるブロッホ研究の外部から、ウムバッハとヒュップアウフは、その通念に反して、「土着なるものの哲学者」としてのブロッホに光を当てたのである。このテーマは、非同時代性とも関連している。というのも、ブロッホにおいて、「非同時代性」とは「場所の差異」、彼の言葉で言えば、「ローカルな差異」(Erg. 218)という意味をもっていたからである。単なる反近代性に還元されないとして鍛え直された「ヴァナキュラー」の概念は、ブロッホの「非同時代性」の議論が含みもつ、「グローバルなものとローカルなものとのきしみあい」という連関をとらえるのに役立つ。このように、ウムバッハとヒュップアウフは興味深い視点を提示しているのだが、「左翼の思想家にしては土着的なものを真剣に受け止めている」と彼らが主張するブロッホの思考が、いかなる歴史的状況で生まれたのかと問うこと、すなわち、それを歴史的なコンテクストにおいて検証しようとする姿勢が彼らには欠けている。

　上に挙げた二つの研究は、それまでの研究が、意識的であれ無意識的であれブロッホの自己演出にとらわれて見ることのなかった、ブロッホの〈もう一つの〉側面を明るみに出した。この〈もう一人のブロッホ〉は、大いなる解放と普遍的な進歩のマルクス主義的説教師ではなく、むしろそれに懐疑的であり、個々の時間的・場所的な文脈に固執する。しかしどれほどブロッホの思想の「新しい」、「アクチュアル」な側面を強調したところで、「古い」側面は残る。どれほど鋭く「非同時代性のダイナミズム」を感知していたとしても、彼は、社会主義の実現に向けた人類の進歩と統一という理念を放棄することはなかった。ディーチィは、非同時代性をめぐるブロッホの議論の意義を強く認めているだけに、結局のところ「マルクス主義哲学者」ブロッホが西洋近代の悪しき普遍主義にからめとられたままであったことに苛立ちを隠せないでいる。このような普遍主義は、ディーチィが連帯しようとする第三世界の立場からすれば、悪しきヨーロッパ中心主義でもある。ウムバッハとヒュップアウフが再評価するところの「ヴァナキュラーの哲学者」は、「ハイマート」を、最終的には、土着のもの、具体的なものを超越していく社会主義ユートピアへと移しかえてしまったのである。いずれにせよ、過去二十年間の研究の成果を考慮するならば、ブロッホの思考は次の二つのことを促していたように思われる。すなわち、一方では、方向づけられた歴史過程にはまらないような、非同時代性、個別性を知覚すること、他方では、歴史には確固たる方向と目的があるのだというマルクス主義の——とは言えそれだけに固有のものというわけではないのだが——信条を保持することである。この二つは、ブロッホにおいては、互いに排除しあうわけではないのである。これこそ、本書においてブロッホ独自の「多元主義」として浮上する問題である。

本研究の目的、対象、アプローチ

ブロッホにおいて一見矛盾するものが共存することは、すでに指摘されてきた。ヴァイマル時代の親友であったジークフリート・クラカウアーは、ブロッホの思考にひそむ、「何かまったく非共約的なるもの」に気づいていた。それは、一方では、「暖炉の灯があかあかとともる」個別の場所に身をおき、他方で、それは「人間とコスモスとを包み込む、ユートピアへ向けた運動」を作動させる。クラカウアーによれば、このようなミクロとマクロのパースペクティブの結びつき、あるいは「距離やパースペクティブや全景図が絶えず激しく変化すること」こそ、ブロッホの思考の特徴であるという[55]。そしてクラカウアーは、互いに相容れないものをブロッホが幸運にも自らのうちに保持していると感嘆するのである。しかし問いとして生じるのは、このようなミクロとマクロの視線の結びつき、人間の生の営みの細部に向けられる視線と、全体としての人類の運動に対する視線との結びつきは、クラカウアーがそう考えるように、ブロッホという個人が備えもつ、なにか特別な素質や才能に帰せられるものなのか、ということである。そうではなく、むしろこのことは、ブロッホの歴史的経験と密接に結びついているのではないか。つまり、土着のもの、具体的なものに対する細やかな感覚をもちつつも、普遍的な理想を手放さない「接合」[56]の技は、二十世紀という「極端な時代」（ホブズボーム）を、ドイツというまさに「極端な国」の住人として生きた、その経験に根ざした、そこから生まれた実践だったのではないだろうか。

ディーチィはブロッホの全著作を取り上げ、そのなかでヴァイマル期について多元主義的な傾向が強く見られるが、その後はマルクス主義的普遍主義が強まるという論を展開する。ディーチィにおいては、そもそもブロッホの思想とは多元主義的なのか普遍主義的なのかという哲学的な二者択一を迫る問いが中心となっている。そしてそれに対して、最終的には後者を答えとする。つまりブロッホは、ヴァイマル期という創造的な時期に、近代の「大きな物語」を脱していくような方向に動いたのだが、結局のところ、それに囚われたままだったというのだ。それに対し、本書のテーゼは、以下のとおりである。すなわち、人間の進歩という概念を捨て去ることなく、しかし同時に〈多くのもの〉のために空間をつくっていこうとするのが、ブロッホの「多元的な宇宙」のヴィジョンの意味するところである。ブロッホは、近代の解放のプロジェクト――彼はそれを「一七八九年の理念」と呼ぶ――を放棄することはない。しかし同時にそれが見落としたもの、排除したものを、救おうとするのだ。ブロッホにとって、普遍主義か多元主義かという二者択一ではなく、状況に応じて、普遍化の戦略と差異化の戦略を使い分けていくことが問題だったのだ。このような態度にとって決定的だったのは、ディーチィが十分には取り扱わなかった、一九一〇年代、とりわけ第一次世界大戦の経験である。ヴィルヘルム皇帝時代の〈グローバルな近代〉がもたらした危機に対する応答として、「非同時代性」、「多元的宇宙」という概念は一九一〇年代後半のテクストに登場してくる。したがって、ブロッホ独自の多元主義を探求するには、この世界大戦の勃発と亡命、敗北と革命の時代の只中に降りていかねばならない。

ブロッホが直面したのは、「一九〇〇年以来、相互に関連した三つのグローバルな勢力」、すなわち、世界に広がる産業資本主義、ヨーロッパ帝国主義、さらに人類がはじめて体験する世界規模の戦争である。[57]この危機的連関が、（従来そう考えられてきたように）若きブロッホをマルクス主義思想家へと成長させたのだというにとどまらず、多元的世界へ向けての思考を開始させたのだということは、実は「進歩の概念における差異化」（*Differenzierungen im Begriff Fortschritt*, 1955）[58]という後年の論文においてブロッホ自身が明らかにしているところである。そこで彼は、ヴィルヘルム時代の危機が、進歩の概念を省察し、それを「差異化」すべく彼を駆り立てたのだと示唆しているからである。そのように自らを駆り立てたモチーフとして、彼は以下を挙げている。

―進歩は必ずしも人間に幸福をもたらすだけではない。それによって常に何かが失われ損なわれる。すでにルソーが示したとおり、進歩とともに人間が幸福な原初の状態から切り離され疎外される。

―帝国主義の時代において、進歩の概念がヨーロッパ人による非ヨーロッパ人の支配という目的のため悪用された。

――一概に進歩といっても、さまざまな領域によって違いがある。技術、経済、芸術などの諸領域は、常に足並み揃えて進歩していくわけではない。マルクスも認識していたように、諸領域において「不均衡な発展」が見出される。

――「進歩した」近代社会において「文化」の領域が問題として浮上した。例えば、アルフレート・ヴェーバーの「文化社会学」において。またとくにヨーロッパ中心的な進歩史観に抗してアロイス・リーグルやヴィルヘルム・ヴォリンガーによって美術史の領域から、さらにオスヴァルト・シュペングラーやレオ・フロベーニウスの文化圏説によって、文化史・文化哲学の領域から異議申し立てが生じた。これらのプロテストは正当なものであったが、ドイツの没落しつつある後期ブルジョワにおいて、進歩の概念の否定という反動につながり、ファシズムの土壌となった。(59)

ここには、「進歩」という観念に対して、二十世紀初頭に投げかけられた諸問題が凝縮されている。その一つ一つが、それを探究するには一冊の研究書が必要となるほどである。これらをブロッホはただ列挙するだけであり、それぞれがどうつながるのかも説明していない。しかし明らかなのは、二十世紀初頭からヴァイマル期にかけてドイツにおいて浮上し、当時のドイツの知識人がほとんど逃れることができなかったと言っても過言ではないような「文化」への問い、さらに言えば文化と政治との入り組んだ関係への問いが、ブロッホにとっても重要であったということだ。

第一に挙げられているのは、いわゆる「文化批判（Kulturkritik）」の問題圏である。これはブロッホ自身も指摘しているように、ルソーに由来する、ヨーロッパでは伝統ある知的潮流だ。近代市民社会が奉ずる「進歩」への批判は、とりわけ二十世紀への世紀転換期からヴァイマル時代のドイツにおいて、左右の境界をも越えて知的世界を席巻した。しかし「進歩」の理念へのこうした疑義は、それが必ずしも幸福をもたらすわけではないという認識からのみ生じるわけではない。ブロッホが第二に言及しているのは、「進歩」の概念が、ヨーロッパによる非ヨーロッパ支配のイデオロギーと化しているのではないかという問いである。これは本格的には二十世紀後半から議論されるようになった問題だ。ブロッホがこの論文を執筆した一九五〇年代半ばは、まさに被植民地諸国が西洋の支配を脱して独立を達成していく時期であり、タイムリーな議題を取り上げたわけである。しかし彼のこの論は、こうした「ポストコロニアル」な進歩批判が、二十世紀初頭という帝国主義の盛期にも芽生えていたことを示唆するものである。ヨーロッパとそれ以外の世界、白人と非白人との間にある不平等、異なる社会間の不均衡がこうして批判的に省察されるようになるとともに、意識されるようになったのは、ブロッホが第三に挙げる問題、すなわち、一つの社会のなかでも、政治、経済、技術や文化といった諸領域は必ずしも足並みそろえて発展していくわけではないということである。マルクスが『政治経済学批判』(一八五九年)で指摘したのは、古代ギリシアが技術的に低い発展段階にあったにもかかわらず、そこで高度な芸術が花開いたということであった。この考えに拠りながら、ブロッホは、近代ドイツにおいても政治、経済、文化といった諸領域に「不均衡」があることを例証している。そして第四の点で指摘されるように、とりわけ、「文化」の領域が問題として浮上する。

イマニュエル・ウォーラースティンは、近年、「『文化』という不確かなものに関して多くの議論」が巻き起こっているとして、その理由を次のように推察している。「経済と政治の領域が社会の進歩の、それゆえ個人の救済の場であるという十九世紀の二重の信念の衰退の結果として、この議論は生じてきている。(60)」しかしこうした事態は、すでに二十世紀初頭のドイツにおいても生じていた。「文化」という曖昧模糊とした観念が呼び出されたのは、まさにそこにおいてである。その「文化」なるものに、政治や経済を離れた自律した領域を人々は求めた。アルフレート・ヴェーバーは「文明」の領域――それは当時のドイツでは概して、政治、経済、さらには科学技術の領域を指していた――とは区別される「文化」を主題とする「文化社会学」を提唱し、ヴィルヘルム・ヴォリンガーやオスヴァルト・シュペングラーらは、美術史や文化哲学といった分野から、世界の諸民族の「文化」への視座を開いた。ブロッホはこうした同時代人の試みに一定の評価を与えつつ、しかし彼らが抱え込むことになった危機、すなわちドイツにおける「ファシズム」の危機を指摘している。

ブロッホのこうした関心は、経済を特権化する従来のマルクス主義理論を批判的に修正する文化唯物論や、「グローバル化」――それは多国籍企業の国境を越えた経済活動に集約されるものではない――の「文化的な次元」に注目する近年の議論にもつながるものだ。(61) そしてブロッホが提出した問いは、その射程の広さにおいて特筆すべきである。第一に、ブロッホは、芸術や宗教など一社会のなかでの精神的領域という「人文学的」な、「狭い」意味での「文化」のみならず、「人類学的」な広い意味で「文化」、すなわちある集団に固有の生活様式としての文化、植民地主義によって視野に入ってきたヨーロッパの外のさまざまな文化をも考慮しているからである。(62) 近代化という生活世界の「内的植民地化」（ハーバーマス）によって、精神的な文化が危機に陥るというだけではなく、他民族を現実に植民地化し、諸文化を滅ぼしていくことの危機をも、彼はここで指摘している。第二に、ブロッホにおいてはドイツで文化批判が政治的な危機をもたらした事実が省察の対象とされている。すなわちそこでは、よそよそしい「文明」は、西洋的なるものと同定され、それに対する「文化」はドイツ的なものとされた。「西洋文明」と「ドイツ文化」との対立こそ、第一次世界大戦を引き起こし、やがてはドイツをナチズムという奈落の底へとひきずりこんでいくものだが、ブロッホが名を挙げるドイツ知識人たちは多かれ少なかれこのイデオロギーにからめとられている。しかしブロッホは、友人のジェルジ（ゲオルク）・ルカーチのように「進歩」の観念を自明のものとして受け入れて、彼らを一義的に「反動」として断罪するわけではない。彼はドイツの文化批判をヨーロッパの帝国主義とも関連づけ、「植民地的なグローバル化」という文脈においてとらえようとする。そして「保守反動」と呼ばれる人々が唱えた、ヨーロッパ中心的な進歩に対する異議の「正当な」動機をも見逃さないのである。

ブロッホは、近代化と帝国主義とによって規定される二十世紀初頭の時代における文化という一般的な問題と、ドイツに固有の歴史的状況が交差する地点で思考する。すなわち、経済や社会、技術の進歩は人間に幸福をもたらすのか、むしろそれは人間的な文化——それがどのようなものであれ——を犠牲にするのではないか、さらにヨーロッパ人が「白人の責務」として非ヨーロッパを支配し、その文化を滅ぼしたり変容させたりすることは正当なのか、という一般的な問いがそこでは浮上する。同時に、「後発国」ドイツならではの屈折があらわれる。統一国家の成立、政治的・経済的な近代化、さらには帝国主義において「遅れてきた」ドイツは、「先進的」な——この「後進」／「先進」という考え方そのものは、本論でも繰り返しテーマとなる——西欧の隣人たちに追いつき追い越そうとする。しかしアメリカの日本学者ハリー・ハルトゥーニアンが指摘するとおり、「後発国」が資本主義文化に参入するのは、常に資本主義文化そのものが、すでに進歩の価値を空しくしつつあるそのとき」でもある。(63) こうした状況において、ドイツでは文化批判が先鋭化し、「資本主義文化」の超克が目指されることになる。そこにあらわれたのは、まさにアンビヴァレントな状況である。一方でドイツはイギリスに次ぐ工業国となり、また植民地帝国となって、非西洋の諸民族に対しては支配者として優位に立つ。しかしそのドイツは、西洋のヘゲモニーに脅かされていると常に感じており、「イギリスやフランスやアメリカ合衆国のような成熟した近代社会への発展を促してきた西洋的な価値に匹敵しうる文化的な価値を探求するよう」に誘われる(64)。こうした布置において、諸民族の文化的価値を評価する動きも出てくるにもかかわらず、当時のドイツにおいては、「ドイツ文化」の価値の絶対性が主張されることになってしまう。これがブロッホが生き抜いてきた状況であり、多元的世界へ向けての思考が生まれた場なのだ。一九五五年のテクストは、同世代の文化批判者たちとの対決、「文化」をめぐる言説との批判的な対峙にこそ注目せよという、後年のブロッホからの目配せと読むべきである。

ただ、ここでブロッホが言及していない点を見逃してはならない。ヴェーバーやヴォリンガーといった人々と対峙するのが基本的には第一次世界大戦の時代であったにもかかわらず、ブロッホはあっさりとそれを通り越して、「ファシズム」、つまり一九三〇年代の危機へと話を逸らしてしまう。しかし重要なのは、第一次世界大戦に始まる危機であった。この最初の世界大戦において、ドイツは「文化」なるものを旗印に掲げ、「西洋文明」に抗する戦争に突入していった。ブロッホの闘いはすでにここに始まっているのである。彼は、一九一四年のドイツの戦争に反対することから知的なキャリアを開始し、その姿勢を貫いていく。しかし同時に、ドイツにおいて浮上した文化への問いを、真剣に受け止めていく。そしてそれまで支配的であったような、直線的・単線的な、そしてヨーロッパ中心的な進歩の考え方を差異化しつつ、複雑に絡み合う一つの世界を記述しようとする。「非同時代的なるものが同時的に存在する」といった定式はそうした記述のモデルであり、「多元的な宇宙」とは、ブロッホの希望のヴィジョンである。ルカーチや、あるいは一九四五年以降の歴史家たちが、二十世紀初頭ドイツという文化的危機の時代に単なるナチズムの潜伏期を見出すのに対し、ブロッホは、常に状況のなかに巻き込まれながら、そこに危機だけではなく、世界を〈多〉へと開いていく可能性をも認める。ブロッホにおける多元主義の生成の現場を明らかにすることは、二つの世界大戦に挟まれた危機的な時代の文化を、彼の目で新たに見直していくことでもある。もとより、若きブロッホにおいて、「非同時代性」も「多元的宇宙」も、状況によってその意味は揺いでいる。それらは常にさまざまな意味を含みもつ。それを丁寧にたどっていく必要がある。

本書が分析の対象とするのは、一九一四年から、ヴァイマル期でのポジションが規定される一九二三年頃までのテクストである。この時期に生まれた単行本としては、『ユートピアの精神』、『トーマス・ミュンツァー』(*Thomas Münzer*, 1921)、さらにエッセイ集『砂漠をとおって』(*Durch die Wüste*, 1923)がある。こうしたテクストと並んで、本書がとくに重視するのが、コロルによって再び日の目を見ることとなった、第一次世界大戦中の評論である。このことはとりわけ、『ユートピアの精神』を中心的なテクストとして行われてきた一九一〇年代のブロッホ解釈に変更を迫る。この処女作は、まず著者と表現主義との密接な関係を示すとされてきた。研究者は、『ユートピアの精神』のなかに、多分に表現主義的・主観主義的ではあるとしても、後のマルクス主義思想の萌芽を認めようとしてきたのである(65)。また、ブロッホの神秘主義的、宗教的な志向もしばしば強調されてきた。テオドール・W・アドルノが『ユートピアの精神』を指して、ノストラダムスの手によって書かれたかのごとき書物と評したのは有名である(66)。「若きブロッホ」は、現代に蘇った預言者であるかのように、神秘のヴェールに包まれてきた感がある。初期ブロッホ研究に先鞭をつけた一人アルノー・ミュンスターも、「ユートピア」と並んで「メシアニズム」や「黙示録」といった宗教的概念でその思想を説明しようとした(67)。とくにブロッホの「ユダヤ的メシアニズム」を強調しようという研究も幾つかある(68)。またノルベルト・ボルツやミヒャエル・パウエンは、「グノーシス」の強い影響をブロッホに認め、現存する闇の世界と来るべき救済の光という二元論、とくに「現世への無関心」や「現世否定」の態度を強調する。[69] そしてこうした態度が、台頭するプロレタリアートに救済の光を求めていくとして、後のマルクス主義への帰依も説明される。

このような解釈に従うと、ブロッホの仕事は「宗教的批評」ということになる。エドワード・W・サイードはそれを「確かなものの必要性」や「集団的な結束」、「共同体への帰属感覚」を訴えるものだとしている。[70] 確かに、そのような傾向があることは否めない。しかしそれだけではないのである。『ユートピアの精神』は、一九一四年のドイツの戦争を否定するという、当時のドイツ知識人としては稀な決断を下したブロッホが、周囲から孤立した状況のなかでまず執筆された。そして亡命先のスイスで、ロシア革命の印象をも織り込みつつ手を加え、最終的に一九一八年に出版された。この間、ブロッホはスイスで活発な評論活動を行っている。『ユートピアの精神』も、永遠の真理を求める哲学的テクストとして特権視されるべきではなく、スイスでの時局的な評論とともに、戦争批判と亡命という文脈において読み直されるべきである。

「テクストとは世界内的なものであり、テクストはある程度は事件であり、テクスト自体がそれを否定するように見えるときすら、テクストは社会的世界、人間生活の一部」[71] である。初期ブロッホのテクストをもこのようにとらえることによって見えてくるのは、聖化された「共同体への帰属」ではなく、むしろそれへの抵抗、「宗教的批評」ではなく、「世界内的、世俗的（worldly）」な姿勢、すなわち「文化や制度によって崇拝される種々の公式の偶像についての健康な懐疑心」を失わない態度によって貫かれた「世俗的な批評」である。「戦って勝ち取るべき論点、問題、価値観、そして人間の生命すらもがあるべきならば、批評意識が存在しなければならない」[72]。サイードはこう述べているが、まさにブロッホにおいては、二つの大戦に挟まれた時期に、そうした透徹した「批評意識」が生まれてくる。ブロッホとともに第一次世界大戦を批判する論陣を張ったフーゴー・バルは、次のように述べている。「もはや形而上学が問題なのではない。そうではなく、問題は、地球であり、ともに生きていけるよう、それをどう創っていくのかということである。[73]」世界大戦を契機として、まさに「一つの地球」という意識が生まれたのであり、そこで人類がいかに共存していくのかが問題となっていたのである。この認識、問題意識をブロッホも共有している。そこから生まれた彼の「世俗的」な批評にこそ、本研究は光を当てたい。

このような試みにおいては、ブロッホのテクストを同時代のさまざまな思想家、さまざまな知的潮流との関連において検証していくことが必要となる。従来も、ブロッホに影響を与えたとして幾つかの名前が挙げられてきた。師の世代にあたるゲオルク・ジンメルやマックス・ヴェーバー、同年代のルカーチなどである。しかしそれ以外でも、これまでの研究であまり重視されてこなかったバルとの交流は、ここでは見逃せない。また、ブロッホがはっきりと名指しすることはなくとも、いわば隠れた関係をもつ人々がいる。独自の社会主義を唱えたグスタフ・ランダウアー、そして保守主義の系譜に連なる人々からも、若きブロッホは刺激を受けている。さらに新大陸の新たな知的潮流であるプラグマティズムを代表するウィリアム・ジェイムズまでもが、ブロッホの思想宇宙のなかに取り込まれている。「多元的宇宙」という概念は、このジェイムズに由来する。このようにさまざまに異なる思想を、彼は選択的に受容し、ミックスする。ブロッホの類い稀な「結合の能力」は、彼を嫌ったマックス・ヴェーバーでさえ認めるところである。[74] 問われねばならないのは、ブロッホの哲学思想がそれによっていかに豊かになったかということではなく、さまざまなものを結びつけ、折衷しながら、彼がいかにその都度、敵対する陣営に対して効果的な批判を展開していったかということである。

このような問いに導かれた研究は、哲学史というよりも、文化学／文化研究に寄与しようとするものである。それは次のような意味においてである。近代化のみならず、グローバル化や、ヨーロッパの植民地主義に規定された国際関係という広いコンテクストに真剣に向き合ったのは、文化学である[75]。伝統的な精神科学的研究とは異なり、このコンテクストとは、偉大な思想がそこから浮かびあがる単なる時代背景としてとらえられるものではない。文化学において文化的テクストとは、意識的・無意識的に、コンテクストに埋め込まれているものとみなされる。ブロッホの「世界内的」な思想は、文化学的視座において、それが含む射程を明らかにすることができる。

第二に、文化学的研究においては、ブロッホ自身を、文化学・文化研究に寄与した思想家として読み直すことができる。文化学は、文化論の歴史をも研究する。新カント派の文化論、ジンメルやヴェーバーの文化社会学、ルカーチのマルクス主義的文化論、さらにヴァルター・ベンヤミンやクラカウアーによるメディア文化・大衆文化論――これらは文化論の歴史的研究において今日広く知られている。しかしこのような連関でブロッホの名前が言及されることは稀である。なるほど、「文化」の概念がブロッホにとってとても重要であったにもかかわらず、彼はそれを明確に定義することもなく、また、まとまった文化理論や文化哲学を提示することもなかった。ブロッホの「文化論」は、むしろ、常に同時代のドイツの支配的な文化論との対決のなかで模索されている。強調されるべきは、人類学的な意味での文化、人類の諸文化の多様性という問題が、ブロッホにおいて重要なものとして認識されていたということである。狭義の、表現活動としての文化と、広義の、生活様式としての文化は、相互に絡まり合ったものとして[76]、ブロッホの関心を占めていたと思われる。しかし文化は、他との境界線を定めるために動員されもする。彼もそれに足をすくわれそうになりつつ、しかしそうした自文化と他文化の区別そのものを、歴史のなかで、他者との関係性のなかでつくられたものだとする認識に達していく。いわゆる文化批判と対峙しつつ展開されるブロッホ独自の〈文化批評〉は、ドイツ的文化の概念を批判しつつ、しかし文化という視点から進歩を問う、批判の方法なのである。異文化との出会いから生まれる文化のダイナミズムをとらえ、既存の理論を見直すブロッホの多元主義的な志向は、概してヨーロッパないし西洋の枠内で思考するドイツの文化論に対する寄与として正当に評価される必要がある。

本研究はさらに、「グローバル化」に刻印された時代に生成したブロッホの多元的思想の有効性を非西洋の日本の立場から問うていくものでもある。グローバル化は、国や地域や文化の境界を超えていく一方、各地で、近代(西洋)批判と結びついた「民族主義」を惹起させている。日本もそのようなプロセスと無縁ではなかった。すでに名を挙げたハルトゥーニアンは、ドイツ同様ファシズムの危機にさらされた日本の戦間期の思想を検討する際、「非同時代性」という観点からのブロッホの文化分析の有効性を指摘しているが(77)、本研究はこうした関心にも応えつつ、われわれの〈グローバルな近代〉を理解するために、ブロッホを読み直す。その意味において、本研究は、ドイツ語圏のドイツ文化研究の関心に収斂されることのない、「日本のドイツ文化研究(78)」の一つの試みである。

第一章では、第一次世界大戦時のブロッホの態度決定を理解するための準備作業として、大戦前夜に広がった「文化批判」の言説を検討する。当時、近代化の道をすすむドイツで精神的文化的領域が脅かされるというだけでなく、西洋文明の世界的な覇権によって、「ドイツ固有の文化」が失われるという危機感が広がっていた。このような危機意識が、「西洋文明」の超克を求める「文化戦争」のイデオロギーとなった。大戦勃発に際して、ブロッホはドイツの戦争に反対し、「文明」の側に立つ決意をする。『ユートピアの精神』、そしてスイスでの評論は、「文化戦争」に抗する対抗言説である。しかしそれはただ西洋近代の弁護論となっているわけではない。そこでは、複数の議論の糸が絡み合い、織り合って、複雑な、そしてアンビヴァレントな総体をなしている。第二章から第五章までは、それをほぐしていく作業となる。

第二章では、ブロッホの対抗言説を貫く赤い糸、ドイツへの批判と「一七八九年の理念」の擁護が主題となる。プロイセンの政治的な「後進性」を批判し、ドイツの戦争責任を問うなかで、「ドイツの非同時代性」という問題がはじめて浮上する。西洋近代を否定せんとするドイツが引き起こした災厄を目の当たりにして、ブロッホが、近代の理念をあらためて承認していくプロセスをたどる。とりわけ、この過程において、アメリカの存在が重要であったことを明らかにする。

ブロッホはしかし、西洋近代がもたらす弊害に盲目であったわけではない。第三章は、ドイツの大地に根ざした有機的な文化に依拠しつつ、近代的文明にプロテストするという「文化批判的」姿勢がブロッホにおいても見られることを示す。しかし彼においてはそれが民族主義的なナショナリズムとなることはない。むしろ、ドイツの政治的な敗北を認めつつも、「ドイツ文化」の独自の価値を承認するよう求めていると理解できる。さらに彼は、ドイツの伝統文化だけでなく、同時代の若者たちの対抗文化、すなわち表現主義運動にも、ドイツの可能性を見る。その表現主義とは、ヨーロッパの外へと視野を広げ、文化や歴史の多様性へと目を開いていく運動であった。表現主義の文化多元主義によって新たに発見された「ゴシックのドイツ」は、〈故郷離脱〉の状況にあるブロッホにとっても、自らの文化的アイデンティティーとなる。これが第四章のテーマである。

第五章では、従来の研究において最も重要であるとされてきたロシア革命に対するブロッホの反応をあらためて検証する。社会主義こそ、西洋市民革命の深化として人間が到達すべき地点であると認識した点で、たしかにブロッホにとってこの出来事は決定的な意義をもつ。しかし現実にロシアで起こった変革をそれとして容認したわけではない。とりわけこの革命が、ブロッホにおいて、マルクス主義理論の欠点と対峙する機会となったことを明らかにする。これを踏まえて、来るべき戦後世界のために彼が描いた「多元的宇宙」のヴィジョンを検討する。

第六章では、一九一九年にドイツへ帰国したブロッホが、左右に両極化していくヴァイマル期の現実に直面し、そのどちらに対しても批判的に対峙するというポジション決定のプロセスをたどる。焦点となるのは、大戦中に生まれた「多元的世界」のヴィジョンが、ドイツの新たな現実を経験することにより、批判的に変更されていくプロセスである。

第一章　第一次世界大戦、ドイツ、文化

一　「一九一四年の夏」

「すべてが一九一四年に変わった。(1)」第一次世界大戦の勃発に、歴史の決定的な区切りを認める見方は従来からあるが、ホブズボームはあらためて、この戦争の重要性を強調している。それをもって一つの時代が終わり、新たな時代が幕を開けたのだ。この新しい「極端な世紀」のしるしは、戦争であった。「大砲が沈黙し、爆弾が破裂していない時にあっても、世紀は戦争という観点で生き、かつ考えていた。(2)」第一次世界大戦は、さまざまな意味で、史上初めての戦争であった。まずそれは、史上初の地球的規模の戦争であった。スペイン、オランダ、スイスなどわずかな例外を除いて、すべてのヨーロッパ諸国が戦争に参加した。さらにそれは広くヨーロッパの植民地支配下におかれていたアジア・アフリカの地域の人々、そしてまたアメリカ合衆国をも巻き込む世界戦争であった。「アメリカは初代大統領ワシントンの『ヨーロッパに巻き込まれるな』という忠告を破ってヨーロッパに派兵し、こうして二十世紀のあり方に決定的な影響を与えることになった。インド兵はヨーロッパと中東に送られ、中国人の労働大隊が西欧にやってきた。アフリカ人はフランス陸軍に加わって戦った。(3)」

第一次世界大戦はさらに、総動員体制がしかれた初の総力戦であり、また数々の新しい近代兵器、機関銃と戦

車と毒ガスが投入され、飛行機や潜水艦を使って攻撃が行われた、初の近代的な物量戦であった。オーストリアの皇位継承者フランツ・フェルディナント大公夫妻の暗殺がきっかけとなって勃発した戦争は四年三か月の長きにわたって続き、多大の犠牲者を出すこととなった。イギリス・フランス・ロシアを中心とする連合国（協商国）、ドイツ・オーストリア・オスマントルコ・ブルガリアの中央同盟国の両陣営を合わせて、死者の数は九百万人近くにのぼり、戦傷者の数は二千万人を超える。それまで人類が経験したこともなかった大量殺戮の時代が始まったのである。

しかし今日、このような数字以上に、われわれに圧倒的な印象、そして当惑を与えるのは、二十世紀の悲惨の始まりとなった最初の世界大戦を、当時の人々が熱狂的に迎えたということであろう。開戦の歓喜に沸くベルリンの様子を、ラインハルト・リュルプは次のように描写している。一九一四年八月一日、ベルリンの王宮の正面玄関で総動員令が公布されると、集まっていた群衆はこれを大歓声で迎えた。感動した人々はドームの鐘が鳴り響くなか、コラール『神に感謝せよ』を歌い出した。数十万の群衆がウンターデンリンデン通りと王宮周辺に押し寄せて総動員令を祝い、ヴィルヘルム二世を祝福した。そして皇帝が彼らに向かって呼びかける。「あなたたちの愛とあなたたちの忠誠心に対して、私は心よりあなたたちに感謝する。いま、目の前にある戦いにおいて、私は、私の国民のなかに、もはやいかなる党派も見出すことはない。私たちのもとには、ただドイツ人がいるだけなのだ。」(4) 事実、戦前には国内最大の反対派であり、「祖国を忘れた輩」として揶揄もされていた社会民主党は、少数を除いて大多数が戦争に賛同、ここにドイツ人の「運命共同体」が生まれたのである。

熱狂に駆られたのは、名もない一般大衆ばかりではなかった。すでに八月一日の時点で、志願兵の数は百三十万を数えており、そのなかには、五十一歳になる詩人リヒャルト・デーメルがいた。後に革命的表現主義、社会主義の作家として有名になるエルンスト・トラーは二十一歳で志願兵となった。彼はユダヤ人であったが、戦争勃発当時、「ドイツ、祖国、戦争」という言葉は、「魔術的な力」をもつものだったという(5)。戦いが繰り広げられたのは前線だけではない。銃後でも、ペンをとっての思想戦が始まった。開戦直後にドイツが中立国であったベルギーに侵攻し、古い大学町ルーヴァンを破壊したこと、またランスの大聖堂という歴史的建造物——今日の言葉で言えば、「世界的な文化遺産」ということになろう——を空爆したことで、ドイツの「蛮行」は国際的非難を浴びることになった。フランスの哲学者アンリ・ベルグソンは、フン族の王アッティラにも比するヴィルヘルム二世のドイツに対する戦争を、「軍国主義」と「野蛮」に対する「文明」の戦い、「自由」と「自己決定」の戦いであると位置づけた(6)。

それに対し、ドイツもまた自己の正当化を試みる。大学教授らも一致団結して連合国のプロパガンダに抗戦した。よく知られているのは、九十三人の知識人が署名して発表した声明文「文化世界に向けて」である。そこには、ルドルフ・オイケン、エルンスト・ヘッケル、アドルフ・フォン・ハルナック、マックス・プランク、ヴィルヘルム・ヴィンデルバント、ヴィルヘルム・ヴントなど、錚々たる知識人が名を連ねている(7)。またゲルハルト・ハウプトマンやトーマス・マンらドイツを代表する作家が愛国の歌を謳い、マックス・シェーラー、エルンスト・トレルチュら名だたる哲学者や学者が挙国一致と敵国非難のための思想を提供した(8)。

知識人が自国の戦争を正当化するイデオローグになるという現象は、何もドイツにのみ現れたわけではない。ベルグソンの例に明らかなとおり、フランスにも、そしてイギリスにも程度の差こそあれ見られたものである。しかしドイツでの現象は突出していると言わねばならない。というのもドイツでは、西洋が依拠するフランス革命の理念、すなわち「一七八九年の理念」が、いまや克服されねばならないとする、新しい強力な「ドイツ革命」の思想が生まれたからである。「一九一四年の理念」と呼ばれるこの思想は、第一次世界大戦をもって、一七八九年以来築き上げられてきた西洋的市民社会が終焉し、いまやまったく新しい人類史が始まることを告げる。十九世紀を通じて営々と築き上げられてきた「文明（Zivilisation）」の名のもとに連合国側が一致団結するとすれば、ドイツは「文化（Kultur）」を旗印としてそれに立ち向かう。ドイツが戦うのは、「文化戦争（Kulturkrieg）」だとされたのである。(9)

二　「文化戦争」の勃発――「文化」へのパトス

ドイツの論者たちによれば、ドイツが対峙しなければならないのは、西洋が依拠する文明の理念であり、それは何よりもフランス革命の「自由・平等・友愛」という理念にあらわれている。それこそ市民革命と産業革命という、フランスとイギリスに先導された二重革命の基底となっている。啓蒙主義、合理主義、自由主義、民主主義、資本主義、科学技術の進歩など、二重革命に結びつくとされるすべてのイデオロギーに抗して、ドイツは立ち上がらねばならない。というのも、トーマス・マンが記したように、それが「アナーキーと分解という袋小路に突き当たっている」(10)のは明らかだからである。さらに普遍的な志向をもち、いまや世界的に覇権をもつに至った「西洋文明」は、「ドイツ的本質」を破壊するからである。したがってそれを防御するために、ドイツ人は銃をとって戦わなければならないのである。ドイツ人が守らなければならないもの、それは何よりもドイツ民族の歴史に培われた独自の「文化」である。エルンスト・トレルチュによれば、今次の戦争は、領土や資源の獲得といった実利を求めるだけの戦いではなく、「ドイツ的本質」をめぐる戦いという意味において、「文化戦争」と呼

ばれるにふさわしいものであった。(11)

こうして「文明」に対置された「文化」の概念が多くの論者にとって中心的なものとなるのだが、それを一義的に定義するのは困難である。端的に言えば、「文化」とは、上に挙げたような「文明」の領域に含まれないもののすべてで、「文明」によって損なわれたり脅かされたりしたと思われるものすべてを意味していた。その際何がもっともひどく傷つけられていると感じるかは、論者によってさまざまである。例えばフリードリヒ・リーンハルトのような郷土派・民族派の作家が強調したのは、フランスなど西洋の影響が強まるという意味での「西洋化」として受け止められた「近代化」によって、ドイツ民族の伝統的な生活、慣習や風俗が失われつつあるということであった。(12)またトレルチュのような知識人にとっては、「ドイツ文化」とは、ルター以降育まれてきたドイツ的な宗教性と形而上学的志向であり、古典主義やロマン派が生んだ深淵な思想や文芸であった。トレルチュの議論は敵国の非難に反論して、ドイツが「野蛮」な国ではなく、高度な「文化国家」であることを示そうとするものである。(13)しかしそれとは逆に、相手側の非難を逆手にとって、まさに「野蛮」であること、文明が失ってしまった「根源的なもの」を保持していることに、「ドイツ文化の本質」を見出そうとする論者もいた。例えばトーマス・マンは「戦時の随想」（一九一四年十一月）において、「文明」と「文化」の対立図式を立て、文明を「理性、啓蒙主義、柔和化、道徳化、懐疑的になること、分解、精神」であるとし、他方、文化を次のように規定する。

文化とは明らかに野蛮の反対物というわけではない。[…] 文化とは、閉鎖性、様式、形式、態度や趣味であって、何か特定の、世界の精神的な組織化である。たとえそれらすべてが、冒険的で、奇抜で、野性的で、血なまぐさくて、恐ろしいものであろうとも。文化とは、神託、魔術、男色、ヴィッツリプッツリ、人身御供、

奔放な祭式の形式、異端審問、懺悔、舞踏病、魔女裁判、毒殺の流行ともっとも多彩な残虐行為を含みうる。(14)

トレルチュが教養市民的な口調でドイツ文化の防衛を訴えるのに対し、マンは文明の鎖から身を解き放つ奔放な野性の声をあげる。「文化」とは「ヴィッツリプッツリ」、すなわちアステカの神話に登場する戦争神・太陽神でもあるという。それは、安全で退屈になった文明の殻を打ち破ろうとする原始主義的な衝動の符号である。そもそもドイツは、その「本質」からして、西洋とは相容れない。ドイツとは、端的に、西洋文明の「他者」であり、(15)それに「プロテスト」するよう運命づけられているのだ。

「文化」の概念がどれほど多彩な内実を含もうと、文化戦争のイデオローグには次のようなコンセンサスがあった。すなわちまず「文化」とは、伝統的な生活様式から高度な精神的活動や作品に至るまで、ドイツの大地に根ざし、そこに育った、「有機的」で独自の所産であるという観念である。彼らはこのような全体的な「ドイツ文化」の概念に拠って、普遍化し、均質化する進歩と文明に対する「差異という夢」(16)を表した。マンは次のように主張する。「他と峻別するものこそが、まさしく文化の名に値するもの」であり、「すべての国に共通していて、したがって単に文明でしかないものと違う点」なのだ。(17)さらに彼らに共通するのは、「文化」が人文的教養と結びつけられようと、あるいは奔放な野性と結びつけられようと、西洋に対して「プロテスト」し、戦わねばならないという考えである。西洋的革命の「破壊的な解放」に対しては「ドイツ的組織化」をもって、また西洋的な「権利」の主張に対しては「ドイツ的な義務」をもって、西洋流の経済的自由主義に対しては、ドイツ特有の国家主導の経済体制を形作ることで対抗する。そしてドイツの「文化」と「軍国主義」は切っても切り離せないものだという点においても、論者たちは一致していた。(18)ここにはパラドクスがある。「文化」の擁護者たちの議論は一方において、しばしばロマン主義的で、近代以前の時代へと時計の針を戻そうとしているかのようである。しかし他方、彼らは実際には、選択的に近代の進歩を受け入れているのである。進歩を否定しながら進歩を受け入れる、ロマン主義と近代的テクノロジーの「和解」という、このようなパラドクスを、ヨースト・ヘルマントとリヒャルト・ハーマンは「進歩的反動」と呼び[19]、またジェフリー・ハーフは「反動的モダニズム」と名づけている[20]。

「一九一四年の理念」は、世界大戦の勃発と、国際的な世論においてドイツが非難の対象になるという特殊な状況のもとで醸成され、広がっていった。しかしながら、この「理念」は一九一四年の夏に一夜にして生まれたというわけではない。その養分となったのは、すでに戦前から多くの知識人たちに広がっていた「文化批判」である。それは近代社会の現実に対する、そして世界を均質化する文明に対する深い絶望であった。

三　〈グローバルな近代化〉の時代の文化批判

「文化批判」は、文学・文化研究や歴史学において、すでに一つの確固たる概念となっている。とは言え、それが使用される際には、必ずしも明確に定義されているわけではなく、「文明批判（Zivilisationskritik）」や「近代批判（Kritik der Moderne）」、「文化悲観主義（Kulturpessimismus）」などとしばしば同義に使われる。先に見たような、「文明」と「文化」に関する当時のドイツ流の区別を念頭におけば、「文化批判」というのは紛らわしい概念である。実際のところ、批判されるのは「文化」ではなく、それが「文明」と同一視されることを警告するのが「文化批判」だ[21]。そうであれば、むしろ「文化の概念に依拠した文明への批判」、「近代文明に対するペシミズムと文化へのオプティミズム」とした方が正確であるように思われる。

こうした点に留意したうえで、ここでは「文化批判」という概念を、ゲオルク・ボレンベックに依拠しつつ次のように定義して使用する。「文化批判」とは、自らの時代の状況に対する、「規範を背負った批判（eine normativ aufgeladene Kritik）」である。[22] すなわち、規範的とされるある状況、例えばより良かった過去やより良いはずの仮想的未来との比較のもとに、自らの時代状況を批判するということである。自分の生きる世界を悪しきものとして断罪するというのは、古今東西、珍しい現象ではない。ボレンベックによれば、広義においては、文化批判は古典古代から現代に至るまで、すなわち「ヘシオドスやディオゲネス、セネカから、中世の宮廷批判を通って、今日の時代批判、メディア批判にまで」見られるものである。しかし狭義の意味においては、文化批判とは、ヨーロッパ近代の啓蒙主義以降の時代に付随してきた批判を指す。これはとくに十八世紀半ば以降、近代という新しい時代が約束するものに対して、常に批判的なコメントを投げかけてきたのである。[23] 文化批判の父とされるルソーやシラーは、近代の解放のプログラムが、むしろ人間の疎外や道徳の頽廃をもたらすと告発した。この近代の文化批判は、開かれた未来という新しい時間意識を持つことによって、古代のそれと異なるという。古代のキニク派たちが人間の生よりも動物の生をより幸福なものとみなして自然への「回帰」を欲したのに対し、ルソーが唱えたのは、「懐古的な熱慮」である。このような広義と狭義の文化批判に加えて、さらにボレンベックは、十九世紀後半以降、「特殊ドイツ的」な意味での文化批判が台頭してくると指摘する。[24] それを見るためには、近代化がドイツではどのような形をとったのか、確認しておく必要がある。

ドイツが統一された近代国家として自己を確立していく一八八〇年代から一九三〇年代までを、デートレフ・ポイカートはドイツの「古典的近代」と呼ぶ。ポイカートによれば、その時期に確立された社会は、経済的には「高度に合理化された工業生産、総合的な技術的インフラストラクチャー、官僚制的な管理・サービス活動」によって、社会的には、「賃金・俸給取得者の規律化された労働、都市化された環境での生活、教育機会と教育要求の拡大」によって特徴づけられる。(25)

[illegible]見れば、ドイツはイギリスやフランスに対して「遅れた」状態にあったが、経済や民主化の進度という点ではその「遅れ」を挽回した。(26)ヴィルヘルム時代、急速に工業化、都市化して社会が大きく変化を遂げたこと、その変化が劇的なものであったことはよく知られている。ポイカートが強調するのはしかし、このような経済と社会の変化だけではない。古典的な近代とはまた、次のようなものであった。

文化的には、メディアによって作り出されるものが支配的であり、建築・絵画・創作においては伝統的美学との結びつきがゆるみ、限りない形式上の実験や構想が解き放たれた。知の領域では、社会的な計画策定においても、また自然科学の実用化や技術特有のダイナミズムにおいても、われわれは西洋合理性の勝利を体験している。しかしそれとともに、社会批判、文化批判によって達成されたものに対する懐疑的な問い直しも現れてきている。(27)

伝統的美学からの離反とさまざまな実験の試み、とくにアヴァンギャルドの芸術家たちの運動——とくに「美的モデルネ」ないし「文化的モデルネ」と呼ばれることもある——については、表現主義運動との関わりで後述する。ここで確認しておきたいのは、「文化批判」による、「達成されたものに対する懐疑的な問い直し」が、近代化のプロセスに常に付随していたということである。そして社会変動の激越さに比例して、文化批判もまた、激しいものとなった。

近代化がもたらす損失と喪失をも射程に入れて、ドイツの近代社会を問題として分析の俎上にのせたのは、とりわけ社会学者たちであった。フェルディナント・テンニースは、有機的な「村落共同体（Gemeinschaft）」を基礎とする前近代社会に対する、近代的「利益社会（Gesellschaft）」の弊害を説き、マックス・ヴェーバーは、合理主義的・官僚主義的に編成された近代社会が「鋼鉄の檻」にたどり着くとした。またゲオルク・ジンメルは社会的な分化の過程が進行し、無限に複雑化する関係の網の目のなかで、人間の本来的な「生」が失われるという「文化の悲劇」について論じた。アルフレート・ヴェーバーは、合理化と開明の全人類的プロセスである「文明」に対置される、「生産の突発的な爆発」である「文化」に着目した社会学を唱えた。(28) 今日では、テンニース、ジンメル、マックス・ヴェーバー、さらにはアルフレート・ヴェーバーなど、世紀転換期頃に活躍したドイツの社会学者らの仕事は総称して「文化社会学（Kultursoziologie）」とも呼ばれる。もっとも、「文化社会学」という用語を自覚的に使ったアルフレート・ヴェーバーを除いては、彼ら自身に「文化社会学者」という自覚があったわけはなく、また、彼らは必ずしも自らを「社会学者」と規定していなかった。(29) しかし、彼らの仕事をどう名づけるにせよ、上述したような悲劇的色彩を帯びた社会分析が、世紀転換期のドイツで固有の展開を見せたことは間違いない。トーマス・ユングは、「文化」の冠をつけたドイツ社会学が十九世紀フランスに発した社会学と異なる点を、次のように整理している。

近代社会についての学としてコントによって基礎づけられた社会学を準備したのは、以下の三つの精神[illegible]、という。第一に挙げられるのは、伝統的な神学的世界観・世界モデルから断絶した啓蒙主義である。社会学とは、この啓蒙主義をとおしての「世俗化」の産物である。第二に、啓蒙主義は自然科学による自然の法則の発見と結びついている。社会学は、方法的・認識論的に自然科学に方向づけを求めるものである。第三に、社会学は人間の共生の法則性を合理的に説明しようとするものであり、ひいては社会的世界の改善・進歩のプログラムを掲げている。この限りにおいて、社会学は、進歩という思想の科学的代弁者である。しかし二十世紀への転換期から台頭した文化社会学は、単にこのような十九世紀的な社会学的方法に拠って、「文化」の領域を探究しようとするものではない。それは上記のような社会学とは「対立」するものである。文化社会学とは、第一に、啓蒙主義に対して懐疑的・批判的であり、第二に、認識の方法として自然科学に範を求めるのではなく、歴史的・解釈学的認識方法に依拠しており、第三に、進歩の悲劇的な性格を強調する。ここに流れ込んでいるのは、デカルトの自然科学に対して人間文化についての新しい学を提唱したヴィーコの伝統、そしてルソー以来の文化批判の伝統である。[30]カール・マンハイムによれば、社会学と文化社会学は次のように明確に区別される。すなわち前者のテーマが、一般的な、つまり社会化のプロセスの「非歴史的で原理的」な形式と構造、そしてその効力を明らかにすることであるならば、後者のテーマは、「あらゆる種類の文化的客体化のその都度の歴史的・具体的な内容」と、その「社会的構造の形式との関連」である。[31]「文化」という「パトスを表す表現(Pathosformel)」[32]を引き合いに出すことで、ドイツの社会学者たちは、社会の発展・進歩の「法則」を探究するという従来の社会学から自らを解き放ち、個々の「歴史的・具体的」な文化現象へと目を向けていくようになった。十九世紀的な社会学、さらには史的唯物論に対して文化のもつ相対的自律性を強調したドイツ社会学者たちの仕事は、今日の文化研究への関心において、あらためて注目されるようになっている。[33]

　さて、しかし現代における受容はともかくとして、二十世紀初頭には、このような社会学者たちの仕事がドイツにおいて規範的な近代診断として受け入れられ、従来からある文化批判に「ドイツ特有」の相貌を与えていく。ボレンベックによれば、ドイツの文化批判もまた啓蒙主義を攻撃するのだが、とくにそれを西洋に由来するものとみなし、悪しき合理主義と実利主義をもたらしたとして、西洋を非難するのである。とりわけその担い手としてボレンベックが強調するのは、社会の急激な変動によって自らの地位を脅かされた教養市民層である。この階層は、十九世紀の新人文主義の担い手であり、もともと経済や政治や技術の世界を軽視し、そうした「外面的」な領域に対しては芸術や学問という「内面的」な教養の世界を対置させてきた。このように、十九世紀をとおして資本主義・工業主義的社会が生まれる過程で、その社会内部のさまざまな領域の間の葛藤や対立であったものが、やがてナショナルな対立として把握されるようになった。政治、経済、技術の領域への疎遠さは、いまや西洋そのものへの疎遠さと感じられるようになる。そして西洋の「外的」な「文明」から疎外された「内面的」なものが「ドイツ的な文化」として対置される。[34] こうして「特殊ドイツ的な文化批判」は、「一九一四年の理念」へと流れ込んでいくのである。

ところでボレンベックは、文明に対して称揚された文化として、芸術や学問といった狭い意味での文化しか考察していないが、実際には、二十世紀初頭に新たに強調された文化概念の意味はもっと多様であろう。「メキシコが発見されたとき、それが文化を有していたことを誰も否定できないが、それが文明化されていたとは誰も主張できない」[35] とマンが語るとき、彼が念頭においているのは、高度な精神活動に限定されない、広い人類学的な文化概念である。マンがドイツ文化の擁護を訴えるとき、狭い意味でドイツの芸術のことだけを考えているだけではなく、郷土派・民族派の人々と同様に、伝統に培われた「ドイツ民族」の生活様式のことをも考えているのである。ボレンベックやポイカートに欠けているのは、「古典的近代」の時代にドイツが「植民地主義的グローバル化」に参画していったという、世界的な連関への視点である。実際には当時のドイツ人たちは、単にイギリスやフランスといった西欧の隣人たちと自らを比較するだけでなく、ヨーロッパを超えて世界のさまざまな地域と民族との比較において自らの位置を規定していった。そしてその際にドイツ民族独自の、人類学的な意味での「文化」についての省察も深まったのである。マンもまた、ドイツを西洋文明とのみ比べているのではない。彼は西洋によって支配された非ヨーロッパの諸文化を引き合いに出しながら、これらとの連帯を表明している。彼は言う。「ドイツ民族文化」、「ドイツという共同体」が存亡の危機に晒されていることを知れば、「南海の未開人といえども［…］これを防衛するために大挙して馳せ参じるだろう」[36]と。もちろんこれはマン独特のイロニーで、現実にマンが非西洋の「未開人」との連帯感をもっていたわけではない。またここですっかり忘れられているのは、ドイツもまた「南海」にまで及ぶ植民地帝国であったということだ。それでも、当時の文化批判者たちがグローバルな連関のなかで、すなわちトレルチュが言うように、「地球規模の世界政治の問題に巻き込まれた[37]」状況において「民族文化」の危機を意識し、その「差異」を維持しようとしていたことは確認しておく必要がある。彼らが示したのは、一つの国のなかで社会変動が生じて精神的領域が窮地に立たされているという問題だけではなく、ますます相互に関連し合うようになった世界において、文化の差異や多様性が失われるという問題でもあったのだ。そのような関連は、ボレンベックやポイカートにおいては見落とされている。

しかしそうした留保をつけたうえで、二人の視座は重要なものである。なぜなら第一に、それは歴史的に広いスパンで「文化批判」をとらえているからである。ボレンベックは、文化批判が、さまざまな歴史的時期、さまざまな場所において生じてきたことを示し、近代に限ってみても、ドイツ固有の発展はあったが、決してドイツに限られた現象というわけではないことを示している。近代とはそもそもの始まりから、厳しい自己反省を伴ってきたのである[38]。ポイカートもまた、十九世紀末からの「文化批判」を、十九世紀初頭の「ロマン主義」、そして二十世紀末の「ポストモダニズム」の間に位置づける、広い視座を提供している。彼によれば、いずれにも共通するのは、「啓蒙主義の光の部分にたいして影の部分を際立たせよう」とすることであり、またこれらは、「外的世界を征服し、人の内面世界にもコントロールを及ぼそうとする人間の企てがいかに傲慢なものか警告」する。(39) ポストモダニズムの洗礼を受けた歴史家ポイカートにとって、ドイツの「文化批判」は、鋭敏な「近代化批判」をも含みうる。(40) こうした視点はわれわれにとって違和感なく受け入れられるだろうが、一般的に言って、一九七〇年代頃まではそうではなかった。

ナチズムの体験を経た第二次世界大戦後、支配的だったのは、ドイツの文化批判が、反近代・反進歩を奉ずる「後進国」ドイツ固有の「病理」であるという見方であった。啓蒙理性に対する悲観的な見方が「非合理主義」を生み、それが必然的にナチズムへとつながるとされてきた。こうしてロマン主義以降のドイツ思想をナチズムの前史とみなしたのが、ルカーチの「理性の破壊」(41) という定式である。またとくに二十世紀初頭の文化批判的言説を取り上げて、そこに潜伏するナチス的なるものを暴いたのが、フリッツ・スターンである。彼の言う「政治的危機としての文化悲観主義」(42) は、ドイツに広がった「病理」としての「文化ペシミズム」がそもそも「政治的危機」を孕んでいたとする主張である。さらにジョージ・L・モッセにおいても、ドイツ的近代批判が、「フェルキッシュ」、すなわち民族至上主義のイデオロギーに直結すると考えられている。(43) こうした解釈において前提とされていたのは、民主主義と工業主義とが調和する西洋諸国の模範的な道というものがあるという想定だ。ドイツは、その西洋の「ノーマルな道」から「逸脱」した「特殊な道（Sonderweg）」をたどったというのだ。タルコット・パーソンズは次のように定式化している。ナチズムとは、「ドイツ社会のもっていたきわめて根深いロマン主義的な傾向を、猛烈に攻撃的な政治運動に奉仕させる形で動員し、西洋世界の合理化の傾向全体に対する『原理主義的な』反乱を具体化させた」(44)。

しかし、ポイカートやボレンベックらにとってもはや自明でないのは、そもそも西洋の「ノーマルな道」があるという想定である。ポイカートは次のように述べる。「ドイツ社会の相対的な正常性というテーゼは、ナチズムをもその前史をも軽視するものではない。むしろそれは、工業社会の正常性には問題がないという欺瞞に対して警告する」のだ、と。(45) 二十世紀初頭ドイツの文化批判が提出した進歩への疑義については、常にその「二面性」(46)が考慮されねばならないのである。西洋のいわゆる「ノーマルな発展」という想定を疑問に付し、進歩批判の「二面性」をあぶり出すため、さらに重要なのは、ヨーロッパの植民地主義をも問題化するという視点であろう。

第二に、とりわけボレンベックの視座の長所は、文化批判が、ある特定の思想的方向性にとらわれることなく流通したことを強調している点にある。文化批判は、後のヴァイマル期にいわゆる保守革命につながってもいくことから、従来は、保守派がその中心的な担い手とされてきた。しかし、近代化への幅広い不満は、そうした限定を許容しないものである。それは先に見たように、社会学者たちにも、またボレンベックが示唆するように、後にマルクス主義者となる「若きルカーチ」にも見出される。さらに、現に存在する社会ではなく、何か別の、〈いまとここ〉とは違う世界を志向する若者たちのさまざまな改革運動、そして表現主義などの対抗運動をも生み出していったのである。ボレンベックの言うように、文化批判は、さまざまな言説の間を流通する「インターディスクール」(47)であり、ロマン主義やポストモダニズムがある特定の分野や流派にしばられないのと同様、文化批判もまた多義的でさまざまな運動、思想潮流に接続可能なのである。

ボレンベックを補足するならば、ルカーチだけでなく「若きブロッホ」もまた、この未分化な領域にいた。そして、到来した近代的資本主義社会に不満を抱きつつ、師であるジンメルやヴェーバーにならって、「文化」の領域に着目する独特の観察眼を身につけていくのである。もっとも、第一次世界大戦の勃発に際して、つまり（もともとは多面的であった）文化批判が文化戦争へと収斂していく地点で、ブロッホと二人の師との道は分かれることになる。以下では、ブロッホにおける「一九一四年」の決断に深く影響しているジンメルの事例を見ておきたい。ここにおいて、文化批判の創造的側面、すなわち、鋭敏な近代批判と近代文化への新たな視座が、「政治的」危機と結びつくからである。

四　ジンメルの事例

ジンメルは、ドイツの「古典的近代」に鋭利な分析のメスを入れた社会学者の一人である。彼が問題として取り上げたのは、貨幣経済によって規定され、専門分化された近代社会である。ジンメルの弟子であり、ブロッホとも親交のあったマルガレーテ・ズースマンによれば、ジンメルは、「完結した『体系』という形式を思考そのものには不適合であるとして激しく拒絶し」、以前には「いかなる思想家も取り上げなかったような事柄」を思索の対象として取り上げた。例えば、近代の大都市において特徴的な現象としての「流行」、さらには、「媚態」、「冒険」、「廃墟」、「把手」などである。(48) またジンメルの社会学が探求するのは、事物の本質や実体ではなく、「相互関係の形態」である。(49) その独特の思考や著述スタイルによって、ベルリンのジンメルのもとには、ブロッホやルカーチ、さらにはヴォリンガーやマルティン・ブーバーといった多彩な知性が集まってきた。

ジンメルの仕事は、しかし、近代的都市の表層に編み出される関係性の分析にとどまらない。彼が問題視したのは、近代社会においては、生の根源的な目的が次第に失われるということである。分業のシステムが確立し、交換や流通の網の目が密になるにつれて、人間存在が「媒介される」度合いは強くなる。「社会的な全体」は、それを担うのが個々人であるにもかかわらず、その個人にはますます見通しのきかないものとなる。「社会的全体はただ分断された状態でのみ存在することになる。なぜなら、それは、道徳的・意識的に、あの全体に自らを関連づけることができないからである。[50]」ジンメルにとっては、何よりも「貨幣」が、こうした人間の自己疎外という状況の象徴である。貨幣論と結びついたジンメルの疎外理論のポイントを、ユングは次のようにまとめている。

―貨幣は、事物の間のあらゆる自然な、そして歴史的な区別を均質化する。質的なものは基本的に、すべて量的なものへと移しかえられる。その社会的帰結は、実際の生活においてますます増加する無関心と「性格の無さ」である。

―貨幣は、人間同士の関係を即物的なものにする。貨幣の合理性は、人間が表現形式においてますます方向づけを求めるところの価値それ自体となる。貨幣経済とともに、知的な機能が感情的な機能をますます支配するようになり、人間同士の関係は、計算に基づいた観点に沿うようになる。

―歴史的に見れば、貨幣は、主観的な自由の領域が貨幣経済によって可能になったという点で、ひとつの文化的進歩をもたらした。しかし近代の貨幣文化においては、ある転回効果が生じた。近代の貨幣制度、その新しい命令法は、順応と服従という新しい強制の基盤となる。[51]

ここには、貨幣経済によって規定された近代社会についての古典的な特徴づけが見られる。ジンメルの議論が、マルクスの「物象化」の議論を想起させるものであることも指摘されてきた。[52]そして若きルカーチは、ジンメルを経由してマルクスへの道をたどったと言われる。とくに興味深いのは第三の論点であろう。『貨幣の哲学』（一九〇〇年）をはじめとする著作においてジンメルが強調するのは、近代社会が、個人の内面を発展させる機会をあたえ、主観的な自由の領域を個人に確保しつつも、しかし同時に、順応と服従を強いるという二重性である。[53] ここには文化についての、ジンメル独特の見方がある。彼は文化を「主観的文化」と「客観的文化」とに分け、その独自のダイナミズムを明らかにする。前者は「個人の文化」、「人間の文化」であり、後者は「事物の文化」とも言われる。事物を作りあげるのはそもそも人間であり、事物の文化というのも人間の文化にすぎない。[54] しかし問題は、もともと人間によって作られたものがやがて「種々の客観的精神形象」、すなわち「芸術と慣習、科学と目的形成的な諸対象、宗教と法、技術と社会的規範」[55]となって、主観的魂を圧倒するようになるということだ。客観的文化と主観的文化との間に口を開く深淵を、ジンメルは一九〇九年、あるアンケートに答えるなかで、次のように描写する。

> われわれに奉仕する道具や技術、われわれに提供される知識や芸術、ありとあらゆる生活様式や関心事は、過去数世紀以来の分業体制によって、これまでにない多様性を獲得した。ところが、このような資材を人格の文化的形成のために利用する個人の能力の歩みは、あの事物の文化の成長に追いつくにはあまりにものろく、これとの差はますます開いてゆく。まるで制止するすべもない運命、しかもわれわれにたいしてはまったく無頓着な運命によって導かれてでもいるかのように増大してゆくあのすべてのものを、われわれはもはやわれわれの存在のなかに吸収することができない。それは純粋に物として発展せしめられた独自の生命をいとなみ、その大部分のものはわれわれに理解することさえできないのである。[56]

ジンメルにとって文化とは、主観的精神にとどまるのではなく、客観的形成物を自己のうちに取り込み、その後に自己自身へと帰還してゆくことで生まれるものである。彼の言う「文化の悲劇」、「文化の窮状」とは、しかしこうした「主観から客観を通って主観にいたる流れ[57]」がもはや不可能であるということのなかにある。貨幣経済、近代的分業や大都市の生活様式、即物的になり疎外された近代的生に関するジンメルの分析は、それとして重要なものである。しかし何よりも目を引くのは、ジンメルの悲観的な見方であろう。当時の「文化」社会学者に共通することであるが、「文化の悲劇」は彼らには逃れることのできない宿命として受け止められたのだ。そしてそのような悲観主義が戦争支持へとつながりえたのである。ポイカートは文化批判にひそむ危機を次のように説明する。「これらの反進歩の思想が、そのつど現れるオプティミスティックな進歩絶対主義への批判に性急なあまり、逆に自己の悲劇的な没落予言を絶対化し、それが彼らの側からする現状の鋭利な分析を可能にすると同時に、その総体的な診断ならびに代案提示の極端な一面化をもたらしている[58]。」ジンメルでさえ、この危険を逃れることはできなかった。一九一四年の夏、彼は鋭敏な社会学者というよりもむしろ生の形而上学者として、傷つけられた生の回復を戦争に求めたのである。

大戦前のドイツでジンメルの名声は内外にとどろいていたものの、ユダヤ系であるため、ベルリン大学にあって彼は「特別教授」のタイトルをもつ私講師のままであった。一九一四年、五十六歳にしてようやく彼はシュトラースブルク大学の正教授として迎えられる。そして同年十一月、当地で「ドイツの内的な変容」と題された講演を行う。それはジンメルによる「文化戦争」への、「文化的絶望の政治[59]」への加担であった。講演のなかでジンメルは再び、近代の文化が陥った苦境について説明する。戦前においても、個人と全体とのつながりは存在した。しかしそれは分業という形で、つまり、個々人がそれぞれの分化された労働をとおして、間接的にのみ全体とつながっていただけだった。しかし戦争によって、個人は「直接」的に全体へと組み込まれ、「個を超えた全体性」が生じるという。(60) 彼は聴衆に語りかける。

君はいまやただひとつの存在を、つまりそこにおいては個人的なものと一般的なものとがあらゆる点で生の統一体へと流れ込んでいくような、そうした存在のみを所有しているのだ。両者の機械的な分離が影を潜めてしまったこと、それこそがこの偉大な時代の最大の獲得物であり、それはわれわれに存在の有機的な性格を再び感じさせてくれるのだ。(61)

今次の戦争は、一八七一年に政治的には達成されたドイツの統一を、内的に完成させ、さらにまた「新しいドイツ」へと扉を開くものである、という。戦争をとおして生まれるこの「新しいドイツ」とは、もはや「分化されることのない理念」なのだという。(62)「文化の悲劇」を終わらせるとして戦争を歓迎するジンメルの決断は、祖国への愛に駆り立てられた結果であるというよりも、上に述べたような、彼の深い文化ペシミズムに由来するものである。彼にとっては、失われた生の一体性を取り戻すことにこそ、戦争の意義があった。(63) ジンメルは、フランスやイギリスをあからさまに非難したり、「ドイツ民族の優越性」を強調したりすることはない。その「ドイツ民族」は、ユダヤ人であるジンメルを疎外しつづけたのだから。しかし彼においても、大戦の勃発は、「フランス革命以来、最も根本的な転換をもたらす、未来を規定する出来事」ととらえられている。(64) 戦前までの市民社会が、基本的にはフランス革命によって規定されてきたものであり、それがいま、ドイツの手によって根本的に変革されるという認識を、ジンメルももっていたのである。

文化批判は、自らの生きる社会への批判であり、自己批判でもある。しかしジンメルはいまや自己の社会への批判的な距離を失い、悪の責任は、他者に転嫁される。その限りにおいて、ジンメルの文化批判は、「ドイツ特有の文化批判」となり、「文化戦争」のイデオロギーとなったのである。ジンメルの事例は、彼が偏狭なナショナリストではなかったという点において、しかしまさにそれゆえに、一九一四年のドイツにおける知的世界の瓦解をさらけ出す。「生の哲学者」による生の擁護は、塹壕での数多の無残な死の肯定となった。物質主義や機械主義によって脅かされる「人間の内面性」を守ろうとして文化批判者たちが助けを求めたのは、もはや人を人として扱うことを許さぬ近代技術の力であった。ジンメルの戦争支持を聞き知った後、ブロッホはジンメルに次のように書き送ったという。

> 絶対的なものというのは、あなたにはまったく疑わしいものだったし、あなたには閉ざされていた［…］。しかしついにあなたはそれを見つけたのです。形而上学的に絶対的なものは、いまやあなたにとってドイツの塹壕なのです！(65)

五　「文化戦争」へのブロッホの介入

(1)　第一次世界大戦以前のブロッホ

ブロッホはまずミュンヒェン大学において、哲学者・美学者のテオドール・リップスのもとで学んだ後、ヴュルツブルクに移った。一九〇八年には、哲学者・心理学者オスヴァルト・キュルペのもとで、新カント派の哲学者ハインリヒ・リッケルトに関する論文により博士号を取得している。その後、彼はまずベルリンのジンメルの門をたたき、そのプライベート・サークルに参加する。間もなく、共にイタリアへ旅行するなど、ジンメルとは師弟関係を超えた親交を結ぶことになる。そして一九一一年からは、ジンメル・サークルで知り合ったルカーチに勧められるかたちでハイデルベルクのマックス・ヴェーバーのサークルに出入りするようになる。

修業時代のブロッホの知的立場を彼自身の著作から特定するのは難しい。すでに大戦前に『魂と形式』（一九一一年）などを上梓し、母国ハンガリーのみならずドイツでも名前を知られるようになっていたルカーチとは違い、ブロッホは、「公理哲学大全」という壮大な計画に取り組んでいたものの、公には、ニーチェや宗教に関する短いエッセイを雑誌に発表している程度だ。(66) しかしリッケルトを批判した博士論文を含めて、最初期のテクストからは、方法論をめぐる議論に終始する当時の講壇哲学よりも、ニーチェ、ベルグソン、ジンメルらに代表される「生の哲学」に惹かれつつ、「新たな形而上学」を模索する若き知識人の姿が浮かび上がってくる。そうした「若きブロッホ」の肖像は、ヴェーバー・サークルに関わった人々、例えばマリアンネ・ヴェーバーやパウル・ホーニヒスハイムのよく知られた回想録においても記録されている。

ホーニヒスハイムは、戦前の知的世界を覆った精神的雰囲気を次のように説明する。「すでに第一次世界大戦前に、ドイツでは各方面において、ブルジョワ的生活様式、大都市文化、目的合理性、数量化、科学の専門化およびそのほかの当時忌むべきものと考えられていたあらゆる現象を回避しようとする傾向が現れていた。」このような、われわれが「文化批判」と呼ぶところの傾向を、ホーニヒスハイムは「ネオ・ロマン主義」と名づけ、ブロッホやルカーチ、フランツ・ローゼンツヴァイクなどがこれに属すると見ている。(67) また別の箇所では、当時のブロッホの世界観を、「カトリックとグノーシス派と黙示録的神秘主義と経済的集産主義の諸要素を組み合わせたようなものであった」と説明している。[68] ブロッホの態度は「預言者的」[69]であって、それによってマックス・ヴェーバーには疎まれていた。ヴェーバーはたとえ現実が「鋼鉄の檻」であっても、自分自身はそのなかでじっと耐える「一人の科学者にすぎない」とみなしていた。そのような彼にとって、この世からの救済を唱える「神がかり」ブロッホは、うさんくさい存在であったのだ。[70] 悪しき現実世界からの救済を求める宗教的熱情に駆られた若き哲学者――このようなブロッホ評があながち誇張ではないことは、ブロッホ自身が一九一一年にルカーチに宛てた言葉にも明らかである。自らの体系的哲学のプランを記した後、彼は次のように書いている。

> ゲオルク、僕は約束しよう。すべての人間は、ロシアにおいても、西洋においても、手をとられたように感じることだろう。彼らは泣かずにはおれない。感動して、大いなる結びつきの理念において救済されることだろう。[…] 迷誤は止み、すべては温かな、最後には燃えるような明白さによってみたされるだろう。偉大なる身体の健康、確かなものとされた技術、結びつきをもたらす国家の理念、偉大なる建築と演劇がやって来るだろう。すべての人間は再び奉仕し、祈ることができるだろう。彼らは僕の信仰の強さによって教えられ、日常のどんな些細な時間でも、神話の新たな子供らしさと若者らしさ、新たな中世、永遠との新たな再会のなかに包み込まれるのだ。僕は救い主としての精霊（der Paraklet）であり、僕が遣わされたところの人間たちは、自らのうちに、帰郷した神を体験し、理解するのだ。[71]

パウエンは、こうした言明のなかに、グノーシス思想の受容を見出す。彼によれば、グノーシス的な救済の教えの基礎となるのは、「自己の神的な由来」についての、すなわち「選ばれし者が自らの内にもつ心的な核、プネウマについての確信」にあるという。このプネウマとは、「物質のなかに落ちてしまったところの、神的な閃光」である。もっとも、こうした考えは、ユダヤ神秘主義にも、また、ヤーコプ・ベーメやマイスター・エックハルトにも見られるものであり、何がブロッホの「直接」の源泉となっているのか特定するのは困難であるとも断っている。というのも、ブロッホはこれらすべての思想を取り込んでいたからである。(72)

ヴィルヘルム二世時代の現実に対するブロッホの批判の根底にどのような宗教思想がひそんでいたのかをさらに追究することは、本書の課題ではない。ここで強調しておきたいのは、ホーニヒスハイムが描写したところの新ロマン主義が、一九一四年の夏には、多くの場合、「文化戦争」の弁護論を用意したということであり、しかし同時に、研究者によってもしばしば自明とされている文化批判から文化戦争への連続性(73)が、ブロッホにおいては断ち切られているということだ。「大いなる結びつきの理念」、「結びつきをもたらす国家の理念」を求める若者が、まさに「結びつき」をもたらすものとして大多数のドイツ人に歓迎された大いなる戦争に救済を求めることはなかった。近代の「迷誤」を批判し、「新たな中世」の到来を待ち望んでいたブロッホが、いまや「文明」の理念を肯定するのである。われわれは、その経緯を見なければならない。

(2) ブロッホと「一九一四年」

「外で勝利するものは、僕たちの勝利ではない。熱狂は跡を残すこともなく、僕たちのところを通り過ぎていく」。ドイツ人が熱狂して戦争に突入していくさま、すべてのもの、「パンも人々の顔も新聞も思考も戦争によって十分に焼き上げられる」さまを、ブロッホは、「行進」と題された短い文章のなかで醒めた調子で書き留めている。(11, 20) 全集第十一巻『政治的測定、ペスト時代、三月革命前期』には、この「行進」のほか、第一次世界大戦批判の論考として「お話にならない戦争」が収録されている。成立年は、前者が「一九一四年」、後者は「一九一四／一五年」とされている。また、同巻には、すでに戦前においても、ブロッホが列強間の角逐を憂慮し、ヴィルヘルム二世の稚拙な外交政策を批判していたことを示す論考「パンサーの跳躍」（成立は一九一一年と付されている）も収められている。これらを読めば、読者は、戦前からドイツ帝国主義を批判し、戦争勃発時においても、「精神の動員」にからめとられることなく冷静さを保ちつづけた、ドイツでは数少ない知識人の一人としてブロッホを理解するであろう。もっとも、ブロッホが初期のテクストに付した年号は（意図的かどうかはともかくとして）正誤がはっきりしない場合が多い。コロルは、これらの世界大戦批判のテクストは、むしろスイス亡命時代の評論の準備作業として書かれたものではないか、と推測している。[74] 一九一四年八月の時点で、ブロッホが断固たる戦争批判者であったとは確言できないのだ。しかし逆に、彼が戦争に熱狂したという証拠があるわけでもない。上述のテクストの成立年に多少の誤差はあるにせよ、彼が早くから戦争に批判的に対峙していたことは間違いない。そして指導者たちの政治的失策や戦争勃発時における一般大衆の熱狂といったことよりも彼に深い衝撃を与えたのは、知識人たちの言動だった。

とりわけブロッホを幻滅させたのは、マックス・ヴェーバーとジンメルの態度であったようだ。ヴィルヘルム二世時代のドイツを代表する知性であり、ブロッホ個人にとっても重要な存在であった二人が、戦争を肯定したのである。「ヴェーバーは［…］一九一四年に戦争が始まったとき、私たちを予備役軍人の制服姿で迎えたのです。」[75] 後年、ブロッホはそのときの衝撃を回想している。ヴェーバーは、ジンメルや他の多くの知識人のように戦争の形而上学に陥ることはなく、公では沈黙を守ってはいたが、彼もまた一時的ではあれ、戦争において国家全体を包み込む「ゲマインシャフト」が生じるという観念に抵抗することはできなかった。[76] そして開戦の翌日に、志願してハイデルベルクの予備野戦病院委員会の一員となったのである。[77]しかしヴェーバーの態度よりもブロッホにさらに大きなショックを与えたのは、やはりジンメルの戦争賛美であったようだ。彼は回想で次のように続ける。

ベルグソンの友人であり、フランスの文化とフランス料理とワインの愛好者にして称賛者［であるジンメル］が戦争に加担したということ、「特別教授」というタイトルを頂戴した私講師、ユダヤ人としてベルリンでは決して教授になることもできなかった［…］その彼さえもが、屈服したのです。私に次のように語っていた、その同じ人間が。「後世の歴史は、ドイツにとって二つの大いなる不幸の時代があったことを確認するだろう。一つは三十年戦争の時代。そしてもう一つはヴィルヘルム二世の時代。」私には理解できませんでした。[78]

知的世界の崩壊に対する衝撃は、当時のブロッホのテクストにも反響している。『ユートピアの精神』の序文では、戦争に動員された知識人たちが次のように揶揄される。ドイツに広がっているのは「愚劣さの勝利」であり、それは「警察官によって守られ、空虚な決まり文句をつくるためですら脳を十分にふくらませることのできない知識人たちによって喝采をあびている」。(16, 9) さらにブロッホは、こうした知識人のなかでも、とくにジンメルを名指しし、戦争支持という政治的姿勢に対してのみならず、その哲学ないし哲学スタイルそのものをも批判する。ベルリン時代を経て、ブロッホがすでに戦前からジンメルとは距離をとるようになっていたことはルカーチ宛の書簡からも読みとれるが、[79]修業時代の師との訣別を示すのは処女作『ユートピアの精神』においてであった。そこでは次のように言われる。すなわちジンメルとは、目的のない男であり、すべてを欲するのだが、しかし真実だけは欲しないのである。真実をつかみ取ろうと欲することもなく、またそうすることもできず、真実のまわりの多くの立場を集める収集家である。すぐに燃え尽きてしまい、しかもケースバイケースにすぎない。ほとんどの場合、才気あふれる以上の何ものでもなく、いつも繰り返される方法論的な泡とエッグダンス以上の何ものでもなく、それゆえにすぐに退屈してしまう。コケティッシュで、決して自分の主義を表明することはない。(16, 246)

次から次へと新しい刺激に身を任せる印象主義、決してある特定の、確固たる立場をとらない相対主義。ジンメルが最終的に「ドイツの塹壕」に真実を認めたことは一時的な気の迷いといったものではなく、このような彼の思考の必然の結果なのだ。ブロッホはジンメルを反面教師としてとらえ、それとの対決を通じて、自らの立場を決定していくことになる。

(3)　スイスへ――亡命の始まり

ブロッホは極度の近視だったため、ひとまず徴兵をのがれ、ミュンヒェン郊外のグリューンヴァルトに一九一三年に結婚したばかりのエルゼ・フォン・ストリッツキーと居を構える。そして一九一五年春から二年間、『ユートピアの精神』の執筆に専念する。リガ出身の彫刻家エルゼは、非常に敬虔なキリスト教徒であった。ブロッホは後年、『ユートピアの精神』を「エルゼと一緒に書いた」(80)と述懐しているが、その真偽はともかく、この処女作に流れる深い宗教性は、彼女の影響にもよっているのは確かであろう。しかし強調しておきたいのは、この書が、第一次世界大戦に対して決然たる態度表明を行った、きわめて時局的な作品でもあったということだ。序文でドイツ知識人に対する反抗の狼煙を上げたのち、ブロッホは本文中でも、「一九一四年の運動」を「一七八九年の運動のまったく恥知らずな対極」（16, 403）として批判している。すなわち「一七八九年の理念」への支持を表明しているのだ。そのような態度は、当然のことながら、それまでの人間関係にも亀裂を生じさせた。アルフレート・ヴェーバーは、ブロッホを「祖国の裏切り者」と罵倒したという。(81) もっともこのエピソードはブロッホが亡命から帰国して後の一九二〇年にハイデルベルクで開催された社会学者会議の場でのことである。しかしいずれにせよ、祖国の戦争に賛意を表さないことが、当時のドイツ社会にあってどれほどの孤立をもたらすのか、想像に難くない。

兵役不適格という医師の診断によって徴兵を免れたブロッホではあったが、一度免除されればそれで安心というわけでもなかったようだ。一九一五年秋のルカーチ宛の手紙を読むと、いつ徴兵されるか分からないという不安な日々を送っていたことが分かる。(82) しかし転機は一九一七年に訪れる。その春、ヴェーバーらが主宰する雑誌『社会科学・社会政策論叢』のために、「スイスにおける政治綱領とユートピア」について研究をまとめるよう委託を受け、ブロッホはスイスのベルンへ赴くことになったのだ。(83) そのために尽力したのは、ヴェーバー・サークルのなかでやはり戦争批判の立場をとっていたエミール・レーデラーであったという。(84) こうして、ブロッホ最初の亡命が始まった。〈故郷離脱者〉としての生はブロッホの長い人生を規定することになるが、それはすでに第一次世界大戦とともに始まったのである。

一九一七年という年は、大戦の動乱のなかでも、とくに「混乱の年」として記憶されている。開戦から三年目を迎え、戦争による疲弊が進行する。とりわけドイツは「かぶらの冬」と呼ばれる食糧不足によって打撃を受けた。前年には第三次ＯＨＬ（最高統帥部）が成立してヒンデンブルク＝ルーデンドルフの「独裁」体制が敷かれていた。

しかし、大戦勃発時には体制派と政治休戦に入った反対派も、人々の間に強まる厭戦気分を背景にして再び息を吹き返し始めていた。そして何よりもロシアでの革命の勃発とアメリカ合衆国の参戦という出来事が戦争の推移に大きな影響を及ぼしつつあった。[85]「世界史における画期的な年[86]」は、ヨーロッパを中心にした古い世界編成がほころび、「権力の中心」が「ヨーロッパの外」へと移行した年でもあった。[87]

その頃ベルンでは、ドイツからの亡命者によって『自由新聞』(Die Freie Zeitung)[88]が創刊され、反戦主義者らのグループが形成されていた。そこに集ったのは、すでに一九一五年春にスイスに移り住み、翌年からダダイズムの運動に参画していたフーゴー・バルのほか、ルネ・シッケレ、アネッテ・コルプ、ヘルマン・ヘッセといった人々である。さらにドイツ人亡命者のなかでブロッホとも交流があった重要な人物として、ヴィルヘルム・ミューロンの名が挙げられる。彼はもともとクルップ社の兵器課長でもあった人物だが、ドイツ軍部の方針に反対、中立国スイスに渡って反ドイツの論陣を張り、一目置かれる存在となっていた。[89]ブロッホはスイスで病弱な妻をかかえ、苦しい生活を強いられていたが、このミューロンには経済面でも援助を受けていたようである。バイエルンの片田舎での静かな生活から一転、ブロッホは「協商国、インターナショナル、日々の政治」(Erg., 21)の渦中に身をおき、本格的に政治的な著作活動を始めることになる。そして二年に及ぶ亡命生活の間、「アンチ・ルーデンドルフ、アンチ・カイザー・ジャーマン[90]」を標榜する少数派ドイツ知識人の言論形成に力を尽くしていくのである。

スイス時代、ブロッホは、「民主的政治のための独立機関誌」を名乗る『自由新聞』に百本以上の記事を書き、それ以外にもチューリッヒで刊行されていた雑誌『平和の護り』(Die Friedens-Warte)やシッケレの雑誌『白草紙』(Die Weißen Blätter)にも寄稿している。さらに、バルが創設した自由出版から、二冊のパンフレット『ドイツ軍の敗北はドイツを害するのか、それとも利益をもたらすのか』(*Schadet oder nützt Deutschland eine Niederlage seines Militärs?*, 1918)、および『今日の民主主義者のための便覧』(*Vademecum für heutige Demokraten*, 1919)(以下、『便覧』と略記)が出版されている。また、『社会科学・社会政策論叢』からの委託研究「スイスにおける幾つかの政治的プログラムとユートピア」(*Über einige politische Programme und Utopien in der Schweiz*)は一九一八年夏に完成する。すでに序論で指摘したとおり、後に全集に収められたのは、これらのテクストのほんのごく一部である。

スイス時代の政治評論を読むうえでまず重要なのは、ブロッホがもっとも密接に関わった『自由新聞』の立場を確認しておくことだろう。『自由新聞』の主張は、世界大戦に責任を負うのはドイツであり、すべての悪の根源であるプロイセン体制は崩壊すべしというものであった(91)。そしてこの基本的見解に基づいて、連合国側の政策が全面的に支持されたのである。反ドイツ、連合国支持という明確な路線を打ち出したために、この新聞をめぐっては、西側のプロパガンダ紙であるとの噂も絶えなかった。フランスやアメリカから資金が流れ込んでいたとも言われている(92)。いずれにせよ明らかなのは、『自由新聞』のポジションは、以下の二つとは区別されるということだ。第一に、それは、戦争そのものを悪として断罪する平和主義ではなかった。プロイセン帝国およびオーストリア=ハンガリー二重帝国という専制の打倒という目的のために、連合国側の戦いは「正義の戦争」として正当化されている。バルもブロッホも、プロイセンが崩壊するまで戦い続けるという徹底抗戦を主張している(93)。第二に、『自由新聞』の立場は、ドイツと西洋との戦いを、ともに「帝国主義列強の戦い」として非難するマルクス主義者たちの立場とも異なっていた。一方の「ポツダム」と他方の「パリ、ワシントン、ロンドン」を区別することのない(94)、このような主張は、一九一五年九月にツィンマーヴァルトで、一九一六年四月にはキエンタールで開催された社会主義インターナショナルの会議で提出されていた[95]。しかし、スイスへの亡命者の一人であったレーニンを中心とするボルシェビキたちのこうした見解は、『自由新聞』に集ったドイツ人亡命者たちには受け入れがたいものだったのだ。ブロッホの主張は、次章から詳しく見ていくように、基本的に『自由新聞』の路線から大きく逸れることはない。

連合国側を絶対的な善、ドイツを絶対的な悪と裁断するドイツ人亡命者たちの主張は、今日から見れば、単純な善悪二元論であるとの印象はぬぐいえない。また、フランス革命の理念を導きとし、プロイセン・オーストリアに対し民主主義を求めて立ち上がった一八四八年の市民的反対派の後継者を自任する『自由新聞』には、マルクスが登場することはない[96]。その立場は、ブロッホの後年の政治姿勢と必ずしも合致するものではないだろう。無論、だからこそ、後にブロッホはこの時代のテクストを封印してしまったのだ。そして一九八〇年代半ば、これらが明るみに出たとき、一部のブロッホ研究者にも当惑が広がった。ツーダイクは、西側のプロパガンダ新聞に歩調を合わせる「日和見主義」、亡命という特殊な環境におかれたブロッホの「現実感覚の喪失」を批判している[97]。好村冨士彦も、スイス時代の記事は、「その後のブロッホの政治姿勢との関わりからして不都合な見解」であるとし、彼が「政治的にまだ立場をきめかねて」いたのだとして、いわば若き日の迷誤を指摘している[98]。

「連合国寄りの新聞」であり、その編集者には、「ドイツの軍事政策に疑念を抱いて逃げ出してきた元ドイツ外交官や、同じく亡命してきたクルップ財閥の元軍需物資部長といった奇妙な人物が多かった[99]」とも揶揄される『自由新聞』との関わりを、実際どの程度ブロッホが本心から望んでいたのかは疑問のあるところだ。生活の糧を得るための仕事という側面もあっただろう。そして、経済的援助を受けていたミューロンはともかくとしても、新聞の発行人であったハンス・シュリーベン――戦前には、ベルグラードのドイツ領事であった――や、ジャーナリストのヘルマン・レーゼマイヤーといった他の寄稿者に対して、ブロッホ自身、良い感情を抱いていなかったようでもある。彼はバルに対して、次のように不満をぶちまけたこともあるという。「シュリーベン氏を発行人として掲げ、レーゼマイヤーなどという才能もない輩の記事を載せるような『自由新聞』で、僕たちは一体どうやってさらに書き続けられるというのだろう。」しかしそれに対して、バルは次のように答えたという。「五百匹のネコが王宮の前で鳴き声をあげているとすれば、僕は、それがネコであるということにではなく、彼らが抗議しているのだということに注意するだろう。」そしてブロッホはこのバルの言葉に納得させられた[100]。つまり、新聞に不満をもっていようとも、ドイツの王宮に抗議するという最重要の一点において、彼は新聞の立場と一致するのであり、その行動そのものを、彼が後悔することはなかったのである。そうであるとすれば、最初の亡命時代の仕事を若き日の迷誤として簡単に片づけてしまうわけにもいかない。

第一次大戦期の評論を世に送ったコロルも強調することであるが、まず着目すべきは、これらのテクストでは「戦争の罪」についての問題が取り上げられている点であろう。ドイツが国際的な非難を浴びる国となったという現実を見据え、亡命者たちは、ドイツ知識人の大半を呪縛した「一九一四年の理念」と対峙する。イギリスやフランスとは異なってドイツが歩む「特別な道」は文化戦争のイデオローグにとって誇るべきものだが、反対派にとっては、それは問題となる。前者がドイツの歴史を遡り、ドイツ民族の優れた「本質」を探し求めたとすれば、反対派もやはり、歴史を紐解いて、ドイツがいつ道を誤ったのかを追究し、同時に、ドイツの歴史のなかに、異なる対抗的な思想の伝統を探し求めようとする。周知のように、ドイツ史の問題が歴史学において、また広く公共の場においても議論されるようになったのは、ナチズムの経験を経た第二次世界大戦後のことであった[101]。しかし、コロルも強調するように、すでに一九一七年頃、少数の「祖国の裏切り者」たちによって、「ドイツの戦争の罪」に関する、その後も長く続く議論の口火が切られていたのである。[102] 例えば、『自由新聞』の主幹であり、ブロッホとも親しかったバルは、一九一八年に『ドイツ知識人の批判』と題された書物を発表している。ルターによる宗教改革以降、ドイツはヨーロッパの他の国々とは異なる道を歩んだのだとして、その歩みを徹底して批判したこの書は、戦争責任という問題圏で「ドイツの特殊の道」を論じた初期の一例と言えよう。[103] ブロッホの評論も、この文脈において読み直されなければならない。戦争をめぐる省察のなかで、彼は「非同時代性」の概念を打ち出している。ヴァイマル時代に深められることになる「ドイツと非同時代性」の議論は、すでに始まっているのだ。[104]

しかし同時に必要なのは、ブロッホの議論が戦後の近代化論的な枠組みのなかで現れた「ドイツの特殊の道」論と一致するようなものかを検証することである。コロルは戦後の議論をブロッホが先取りしているとして評価しているのだが、果たしてそうだろうか。ブロッホにおいても、西洋、すなわちイギリス、フランス、アメリカ合衆国の歴史的発展が規範とされ、「遅れてきた」ドイツはその西洋近代の進歩の道から逸脱したと考えられているのだろうか。例えばハインリヒ・マンは、ブロッホ同様、第一次世界大戦時からドイツを徹底して批判した人物であるが、弟トーマス・マンによって「文明の文士」と揶揄されたとおり、[105]「西洋文明」の「正常な」発展を強調し、それを規範とみなす傾向が強い。同じ戦争反対でも、ハインリヒ・マンのような立場と比較することで、ブロッホの立場をより仔細に見ていく必要があるだろう。そもそも、このマン兄弟の闘争[106]があまりにも有名であるせいか、大戦をめぐる思想戦は、反西洋・ドイツ支持（保守派のトーマス）なのか、反ドイツ・西洋支持（進歩派のハインリヒ）なのか、という不毛な二元論に還元されてきたとも言えなくもない。そして、反対派がハインリヒ・マンによって代表させられてきたことも、[107] 反対派の見解を単純化し、反対派のなかの多様な議論を軽視することにつながった原因ではないだろうか。次章からは、ブロッホの戦時評論を分析の俎上にのせる。その際に論証されるのは、彼の議論は上記のような対立に還元できないというテーゼである。しかしまず押さえておかねばならないのは、彼において決して揺らぐことのない一本の赤い線、プロイセン・ドイツの批判と「一七八九年の理念」への支持である。

第二章　「一七八九年の理念」をわがものとする

一　プロイセン・ドイツと「非同時代性」

反体制派の手による歴史記述が、体制派の偶像の破壊を目論むのは当然のことであろう。第一次世界大戦に際してドイツの反対派が攻撃の照準を合わせるのは、何よりも、プロイセンという「軍国主義的」で「権威主義的」な国家であった。「プロイセンなるもの」をめぐって、体制・反体制の両派に分かれたのだ。体制派にとっては、国家統一を成し遂げただけではなく、ドイツを世界の強国へと牽引したプロイセンこそドイツの偉大さの象徴であるのに対し、反対派にとって、プロイセンとは、まさに諸悪の根源であった。ゼバスチャン・ハフナーは、前者を「黄金のプロイセン伝説」、後者を「黒のプロイセン伝説」と名づけている[1]。反対派たちは、動員されたドイツ知識人が喧伝する「黄金の伝説」を徹底して破壊することを目指して、後者の「伝説」を作りあげたのである。ハフナーが「伝説」と呼ぶのは、「黄金」であれ「黒」であれ、ともに構築された物語であり、したがって一面的であることを免れないという意味においてであるが、こうした歴史的視点をもつことは、ここでも必要であろう。

ドイツ人亡命者たちによる「黒のプロイセン伝説」の構築の仕方はさまざまだ。例えばフーゴー・バルは、プロテスタントの伝統がプロイセンなるものと結びついたところに悪の根源を見た。バルによれば、ドイツが引き起こしている災厄のそもそもの発端は、ルターに始まる宗教改革にある。この「ローマに対するプロテスト」こそ、ヨーロッパに分裂をもたらし、ドイツをヨーロッパから分離させたのである。こうした見方に立って、『ドイツ知識人の批判』では、プロテスタンティズムを代表する知識人、ルターに始まり、カントやヘーゲルといったドイツが誇る哲学者たちが批判される。マルクスとて例外ではない。ブロッホにおいては、プロテスタントという一宗派が特別にやり玉にあげられることはない。ルターに対してはバル同様に厳しい評価をくだしているが、だからと言ってドイツの知識人がプロテスタントであるという理由で非難されることはない。ブロッホの敵意を一身に浴びるのは、歴史のある時点にはるか東方の地に生まれ、その後じわじわとドイツを侵食していく、ドイツにとっての「異分子」(2)であるプロイセンだ。ブロッホが彼自身の「黒のプロイセン伝説」を作り出していくとき、その立論の特徴は、プロイセンと〈本来のドイツ〉とを分けることにある。プロイセンは、そもそも「非ドイツ的」で「異質」な、「ゲルマンの血の薄い暴力的な上層階級」に支配された「植民地」であったというのだ。(3)ドイツの不幸は、この「異質」なるもの、その上さらに悪いことには「生命力の無い」機械のようなプロイセンが、〈本来のドイツ〉を支配するに至ったということである。『便覧』の第四章「プロイセンと軍国主義」では、「ドイツ史の悲惨」が次のように描かれる。

三十年戦争という長きにわたる戦争はドイツ全土に荒廃をもたらしたが、とりわけそれが激しかったのがブランデンブルクである。土地を失った農民たちは「放浪するプロレタリアート」となり、また土地の分割により、「略奪者であり寄生者である田舎貴族」が大量に増えた。そしてこの両者が、軍隊へと統合されることになる。(4)すなわち、プロレタリア化した農民が兵士となり、田舎貴族が将校となる。プロイセン軍隊の成り立ちをこのように素描することで、ブロッホはその腐敗した暴力的な性格を露にしてゆく。また、その頂点に立つプロイセン王という偶像も破壊される。フリードリヒ・ヴィルヘルム一世については次のように言われる。「プロイセン軍隊のもつ、生命の無い、同時にあらゆる和平関係を取り締まろうとする機械的性格は、この軍人王に由来するのである。」[5] さらに、フリードリヒ二世時代に達成されたとされる「高度な精神的文化」も虚像であるという。フリードリヒ大王時代のベルリンとプロイセンは「巨大な兵営」以上のなにものでもない。ユンカーと王族たちの関心は、自己保身のために、そのシステムを維持することのみにあったのだ。[6] そして十九世紀、プロイセンが「われわれドイツ人」に対し、いかなる辛苦を与えたかは計り難い――ブロッホはこのように主張する。[7] というのも、「解放戦争」という名の下に、プロイセンはあらゆる革命的蜂起を制圧したからである。対ナポレオン戦争は近代史の争点である。文化戦争のイデオローグは、「一九一四年」の戦争を「一八一三年」の戦争に重ね合わせることで、フランスに対する敵意をあおっていた。[8] 反対に、ブロッホはフランスの側につく。なぜなら、「民衆の軍隊」という自己意識をもったフランス革命の兵士たちは、「自由、平等、友愛という、人権の三位一体」[9] のために闘ったからである。それに対して、

プロイセン軍は君主のみに宣誓し、古い、独自の、そして技巧に満ちたやり方で民衆とその利益とから隔てられているので、決して民衆の軍隊や市民軍であったことはなく、政治の、そして国家の市民的な特質のための道具であったこともない。そうではなく、常に君主の護衛隊、古い封建国家プロイセン［…］の道具であっただけだ。この、英雄的ではなく、ただ機械的に破壊し尽くすという軍隊とともに、いまやプロイセンの軍事国家がドイツをも次第に征服していったのだ。[10]

十九世紀のドイツ史とは、プロイセンがドイツを支配下におさめていったという意味で、「プロイセン化[11]」の歴史である。そしてその災厄の歴史が、大戦の世界的災厄と重ね合わせられる。いまやプロイセンは、世界に対してその牙をむいているのである。二十世紀、諸民族がより自由な世界を求めるという潮流のなかにあって、プロイセンという封建的軍事国家が体現するものこそ、「非同時代性」である。ブロッホがスイスで発表したもう一つのパンフレット『ドイツ軍の敗北はドイツを害するのか、それとも利益をもたらすのか』では次のように言われる。

自由な諸民族が、プロイセンの握りこぶしを我慢するというようなことはあり得ないだろう。ドイツのこのような非同時代的な状態には一瞬たりとも平穏が与えられてはならない。プロイセンはいずれにせよ滅びねばならない。全人類が、フランス革命のリベラルな理念によって、またロシア革命の社会主義的な理念によって揺り動かされているというのに、その同じ瞬間に、見かけだけは勝利しているような専制政治が自分の殻に閉じこもっている。それよりひどく非人間的なものは目撃されたことがないほどで、いかなる抜け道も逃げ道もないような専制。それは、あらゆる時代の搾取と支配と暴政の方法を収集した、生きた博物館［…］である[12]。（強調は引用者）

十八世紀においてはフランス革命、そして二十世紀においては、ブロッホが同時代人として体験しているロシア革命という出来事が力強く証明しているように、人類は、封建制の軛を脱し、自由と平等とを求めて闘っている。しかしドイツだけがこのような歴史の流れに逆行し、世界から身を閉ざし、古びた専制を保持している。ここに、すなわち「民主主義的な世界に対する、恐ろしいほどのレヴェルの差」(16, 302) に、ブロッホは「ドイツの非同時代性」を見るのである。彼の戦時評論において、「非同時代性」という概念は、まず、民主主義に達していないという否定的な意味で登場する。「古い」封建制が問題となっていることから分かるように、それは「後進性」と同義である。事実、後にヘルムート・プレスナーの研究[13]によって人口に膾炙するようになった「遅れてきたドイツ」という表現も、すでにブロッホの評論のなかに登場する。[14] 重要なのは、「非同時代的」と言われようが、あるいは「遅れている」と表現されようが、そこに〈比較〉の視点があるということだ。民主的ではないドイツが「非同時代的」で「遅れている」と認識されるのは、民主主義を実現した (とされる) 社会との比較においてである。この点において、ブロッホも、近代の、とりわけ一八〇〇年頃から支配的となる歴史観のうちに、すなわち、民主主義こそが「同時代的」で「進歩的」であると暗黙のうちに了解する歴史観のうちに思考している。

「非同時代性」という概念の歴史を調べたブロッホ研究者のエルケ・ウールによれば、この概念は、近代の歴史意識の形成と密接に絡み合っている。普遍的な進歩という観念に基づいて、「世界史的な現在」が形成される。そしてそれは、「複数の所与に時間差をつける可能性を秘めており、同時に、それらの所与を非同時代的とする基準をもうけるのだ。世界史的な現在という概念には、同時代性という概念の使用規則が、そして同時にまた非同時代性という概念の使用規則がひそんでいるのだ」[15]。そしてコゼレックが進歩概念の歴史を跡づけた際に明らかにしたように、「時間的なパースペクティブ」は常に「地理的に位置づけられる」。よって、「世界史的な現在」もまた、ある特定の場所と結びつけられるのである。[16] ドイツの知識人にとって、フランス、厳密にはパリこそが、「世界史的な現在」であった。十八世紀から十九世紀への転換期における彼らのパリ体験を刻印するのは、「同時代性」の知覚であり、しかしまたそれとともに、「非同時代性」の知覚でもある。フリードリヒ・シュレーゲルが一八〇三年にフランスを旅することによってはじめて意識したのは、「古い時代と現在との異質な要素がわれわれドイツの生活においては、奇妙に混乱しながら混じり合っている」ことであった[17]。すなわち、近代という新たな時代を体現するフランスとの対比において、ドイツの「奇妙な混乱」が意識されるのだ。より明確に政治的主張を行うハイネがそれから約三十年後に述べたところによれば、パリでは「鶏が夜明けを告げている」というのに、ドイツでは「いまだ真夜中で人々が眠り呆けている」のだった[18]。

とくにフランス革命を引き合いに出しながら、それを達成することのできないドイツの「後進性」を批判するというのは、ハイネの例にもみられるように、ドイツでは伝統ある言説であり、「非同時代性」に関するブロッホの議論も、明らかにこの枠組みのなかに埋め込まれている。そしてこの議論では常にそうであるように、ドイツはフランス、イギリス、さらにはアメリカ合衆国という「西欧」もしくは「西洋」と対置される。「西洋」とは、民主主義が生まれ、実践されている場の謂である。「ドイツの非同時代性」とは、したがって、第一義的に、封建的な専制体制をとるドイツの「遅れ」を指している。

しかし、プロイセン・ドイツに対するブロッホの敵意は、単にその時代遅れの封建制にのみ向けられるのではなく、それが「最古の暴力規則」[19]と、「冷徹なもの、計算されたもの、工業的なもの、悪意があって計算高い攻撃性」[20]という否定的な意味での近代性とを共存させていることにも向けられる。こうした近代的プロイセンへの批判は次章でも言及するつもりであるが、ここでは次の点を押さえておく必要がある。すなわち、ドイツが、外国との比較において「非同時代的」であるだけでなく、ドイツ社会の内部のさまざまな領域が――政治的には後進的であるが、経済的、技術的には先端をいく、というように――「非同時代的」だというのだ[21]。そして最古かつ最新のプロイセンという軍事機械は、戦争のために戦争を行う。この点は後でも立ち返るつもりであるが、とくにマルクス主義の理論との対比においてブロッホが繰り返し強調しているのは、プロイセンの攻撃衝動は、経済的な動機からだけでは十分には説明されえないということである。「軍事機械」は、何か外部からの力に決定されているというよりも、独自のダイナミズムを獲得し、独自の生を生き始めてしまったのである。(22)

二 ドイツと「戦争の罪」

以上のように、ドイツが「プロイセン化」されるプロセスを批判するブロッホの議論は、〈本来の〉ドイツ人、すなわちブロッホがそう呼ぶところの「われわれドイツ人」をプロイセン支配の犠牲者として描くことで、ともすれば、彼らを戦争責任から除外しようとしているのではないか、という疑問を生じるかもしれない。しかし、事実はそうではない。戦時期の評論において一貫してブロッホが主張しているのは、ドイツ人全体の責任である。この問題に取り組んだのは、無論、ブロッホ一人というわけではない。ドイツにこそ戦争責任があるとするのは、『自由新聞』に集う亡命ドイツ人の基本的立場だった。その彼らにとって「模範」的存在となったのは、ミューロンであったという。(23)すでに紹介したとおり、一九一四年秋までクルップ社兵器課長であり、その後もしばらくは、外務省の委託によってハンガリーやルーマニアからドイツ帝国への食糧供給の任務についていたこともあるミューロンは、Uボート戦争以降ドイツ政府と一切の関係を絶ち、スイスにおいて、自らの一九一四年当時の日記を『ヨーロッパ壊滅』のタイトルのもとに公表、内部事情に通じた人間自身による「ドイツの罪」の告発として、大きな反響を呼んだ。連合国側は、その海賊版をドイツ軍の塹壕にばらまいたという。(24)

後の反ナチスのドイツ人亡命者に比して、第一次世界大戦時の亡命者たちの言動は、今日でもあまり知られていない。実際のところ、彼らが何をなしえたのか、ということは冷静に見つめなければならないだろう。彼らはたとえば独立社会民主党といったドイツ国内の反対派とも効果的に連携できずにいた。反対派の基盤づくりができなかったために、彼らの国は、第一次世界大戦の惨禍を経てなお、再度の大戦を引き起こすことになるのだ。ただ、亡命者という存在が、ドイツでは第二次世界大戦後もながらく、一般的には「恥辱」とみなされていた(25)という事実を考えるとき、ナショナリズムの熱狂に巻き込まれることなく、亡命して自国の戦争に向き合うという個々人の決断が重いものであったことは間違いない。

ブロッホにとって重要だったのも、一人一人の態度であったように思われる。ミューロンの著書を評するなかで、彼が強調するのは、たとえ以前は「ドイツ軍国主義」の中枢にいた人間であっても、一人一人の人間に「道徳的」な行為が可能だということである(26)。「真摯な自己批判」こそが「和解する力」を生むというミューロンの信念(27)をブロッホも共有していたのである。『便覧』では、一章をこの主題のために割いて次のように論じている。

第二帝政の時代を通じて、ドイツ人は、一介の労働者から皇帝に至るまで、「成功への欲と非キリスト教的な権力志向」とに陥り、「戦争への意志で世界を満たした(28)」。戦争の罪は、軍の指導部、上層部だけにあるのではない。一人一人のドイツ人、民族全体が、「積極的な、そして消極的な協力(29)」によって戦争を支えたが故に、罪を負わねばならないのである。現実の戦争というものは、さまざまな原因が重なって生じるものである。そのことをブロッホも認めている。戦争は、経済的な、軍事的・秘密外交的な観点から、しかしまたより一般的な、「神から遠ざかっているというこの時代の現象」という観点によっても、説明できるかもしれない。しかしながら、「(確かに存在している)一般的な罪に訴えるというのは、世界だけ、つまりドイツ人以外の他の諸民族だけが有している権利である」[30]。ドイツ以外の諸民族は、一つの原因には帰すことのできない戦争のさまざまな側面について、思いをめぐらすことができる。しかしドイツ人にはそれは許されない。なぜなら「一般的な罪」に逃げることで、自己の罪を直視することなく、単に他人や他国に責任転嫁して終わってしまうからである。ブロッホが求めるのは、ドイツ人全体の回心だ。

戦争の決定的な根源でありその存続を支えているプロイセン・ドイツの一人一人が、改悛し、ドイツの戦争責任を心の最奥部で体験し、謙虚に、自らの過失において連帯責任を感じ、結果的にドイツが戦争を主導するに至った道のりと前提条件から方向転換しなければならない。そしてそれをとおしてのみ、すすんでゆかねばならないのだ。[31]

こう記すブロッホにとって、一人一人が、他国の責任をあげつらうよりもまず先に、積極的であれ消極的であれ戦争に加担したのだという自己の罪を感じ、それによって失われた命の重さを感じること以外に、ドイツ人が先にすすんでいく可能性はないのだ。このような考え方は、戦争の罪を、個人の「道徳的罪」、「形而上学的罪」にまで踏み込んでとらえようとした、後のヤスパースの議論にも通じるものがある。[32]

もっとも、この時期のブロッホの議論は非常に錯綜している。なるほど、「ドイツ人の戦争の罪」を問題とし、さらに、例えば「一八四八年の革命」を引き合いに出しつつ、「もう一つの」、「より良き」民主的ドイツの伝統に光を当てるなど、第二次世界大戦をとおして現れる議論をブロッホが「先取り」するようなところは多々ある。しかし——コロルがそれ故にブロッホを再評価しようとするのとは違って——以下にさらに詳しく検討していくように、ブロッホの議論は、戦後の近代主義的な「過去の克服」論に合致して尽きるわけではない。

ブロッホ研究においても、これまで重点がおかれてきたのは、ナチスドイツに対する批判と二度目の亡命であり、最初の亡命時に提示された論点の検証はなおざりにされてきた。結局のところ、ブロッホ研究者が反発を覚えるのは、若きブロッホが「西側」に肩入れしすぎていたことにあるようだが、まずこの問題から検討していこう。

三　光は西から

（1）「人間と理念」

戦争に対して厳しい態度で臨むならば、戦争を遂行している連合国側にも批判が向けられてしかるべきではなかっただろうか。そのような問いは当然、生じてこよう。反対派の作家のなかでも、例えばシュテファン・ツヴァイクは、むしろ戦争そのものを否定する平和主義の立場をとっていた。ツヴァイクは、一九一八年八月四日に『新チューリッヒ新聞』に掲載された論文「理念の脱価値化」のなかで次のように主張している。「もう四年もの間、ヨーロッパは何百万という人間を、幾つかの理念のために犠牲にしてきた。いま、その幾つかの理念を、何百万の人間のために犠牲にする時がきたのではないだろうか。[33]」ツヴァイクは、「自由」や「正義」や「国民精神」といった理念のためにあまりにも多くの生が失われているという現状に鑑み、そもそも理念なるものに価値を認めるという姿勢を放棄すべきである、そうすれば「世界を脱政治化」し、ひいては「戦争理念」の価値を否定することにつながる、という。そして、他人の命を犠牲にしてまで自らの信念を貫き通す理想主義よりも、個々の命にこそ何にも代え難い価値を見出し争いを止めようとする「敗北主義」を、正しい態度として受け入れようとするのだ。[34]

それに対して、ブロッホは「人間と理念――シュテファン・ツヴァイクへの返答」という記事を同年八月十四日に『自由新聞』に発表する。彼は、ツヴァイクの主張において、戦争に対する「闘い（Kampf）」が「戦争（Krieg）」そのものと混同されているとして批判し、ツヴァイクの「敗北主義」を断固、斥ける。そもそも、プロイセン・オーストリアという非人間的な「暴力国家」は「理念」ではありえない。ブロッホにとっては、古代アテネ、キリスト教、そしてフランス革命という「精神複合体」から生まれた「自由で生き生きとした人間」こそが「理念」であり、そこにおいて、「人間」と「理念」とは切り離されるものではないのだ。[35] すでに前章で示したとおり、戦争が始まった当初から、「一七八九年の理念」――これは、フランス革命だけを指すというよりも、西洋民主主義の理念という広い意味で用いられている――を擁護する態度を示していたブロッホではあったが、ツヴァイクらとの対決をとおして、この姿勢は強固なものとなっていった。

「世界は闘っているのであり、戦争を遂行しているわけではない。[36]」このように、ブロッホにおいては、「戦争」を遂行しているのはあくまでもドイツであり、それに抗する連合国側、すなわちブロッホの言う「世界」は、「根本的な悪」を根絶すべく「闘い」を行っているのだとして、正当化される。生死を賭けた戦争の多くは、人類の歴史のなかで、宗教の名のもとに行われてきた。しかし二十世紀の「神から遠ざかった時代」の戦争においても、自己の立場の正当化が宗教的な言辞によってなされるというのは興味深いことである。文化戦争のイデオローグは、西洋文明に対する戦いを「聖戦」[37] とみなしていた。それに対する連合国側は、とりわけアメリカ合衆国が参戦に際して前面に打ち出したように、自らを、ドイツ軍の野蛮に対して立ち上がる、平和と民主主義のための「十字軍」とみなしていたのである。[38] そしてドイツ人反対派の対抗言説においても、宗教的色彩を帯びた二元論、グノーシス的な「光」と「闇」との二元論が支配的であった。ブロッホにおいても例外ではない。プロイセン・ドイツとは「悪魔が棲む死の機械」(39)であり、それに抗するのは、「闘うキリスト教徒」(40)と呼ばれる。ドイツの内部から光が見えない以上、〈ドイツの外〉に救いの光が求められる。そしてその〈外〉とは、まず西洋であった。

第一次大戦時のブロッホに認められる西洋志向に対しては、多くが新左翼世代に属するブロッホ研究者から非難されてきた。いわく、ブロッホは西洋を理想化して、その現実の問題、例えばフランスやイギリスの悪名高い秘密外交、さらに植民地主義・帝国主義の分析をおろそかにしている。例えばミュンスターの見解によれば、ハプスブルク帝国による諸民族の抑圧は、フランスの植民地帝国がアフリカにおいて行ったことよりひどいわけではない(41)。しかしこうした批判に対して、次の二点を強調しておきたい。第一に、ブロッホは、西欧の帝国主義についても盲目で無批判であったわけではないということ。この問題については、次章以降で検討することにする。第二に、当時のブロッホが〈西からの光〉を語るとき、同時代のフランスやイギリスにはほとんど言及していないということである。フランスについては、主に歴史的偉業が称賛されるのみであり、イギリスについてもほとんど肯定的な言葉は述べられない。ブロッホは「西洋」を全面的に肯定しているわけではないのだ。

この西欧の古い二大国よりも、むしろブロッホが希望の光を見るのは、一九一七年の世界に新風を吹き込んだ二つの大国、すなわち、アメリカ合衆国とロシアである。若きブロッホが革命ロシアに希望を見出したということは、今さらあらためて強調する必要もないだろう。彼のロシア観については、第五章で見るとして、ここではまず、これまでの研究においてほとんど論じられることのなかった、ブロッホのアメリカとの連帯に注目したい。「自由で生き生きとした人間」という理念は、彼の見るところ、いまでは古い西欧ではなくアメリカ合衆国で輝いている。ブロッホは、大西洋の彼方を「横目」で見ることで、古いヨーロッパ内部で繰り広げられる泥沼の戦いを超え出て新たな世界への一歩を踏み出そうとする。第一次世界大戦当時、ブロッホのアメリカへの共感はさまざまなレヴェルで見出されるが、まず特筆すべきは、ウッドロウ・ウィルソン大統領への支持である。「一七八九年の理念」を断固として擁護するというブロッホの態度は、二十世紀において「一七八九年の良心[42]」を体現するこのアメリカ大統領の存在に支えられているのだ。

（２）〈ウィルソンのアメリカ〉の登場

もともと政治学者であったウィルソンは、一九一二年、第二十八代アメリカ合衆国大統領に就任した。民主党の「進歩的改革者」として、ウィルソンは、共和党のセオドア・ルーズベルトやウィリアム・タフトら前任者たちがとってきた帝国主義的外交政策を批判していた。第一次世界大戦を目の当たりにして、彼は自らの反帝国主義的信念を強め、ドイツ、そして西欧の連合国双方の権力政治から距離をとっていたという。しかし一九一七年二月、ドイツが潜水艦による無差別攻撃を開始したことを受けて、戦うべき敵は、「インターナショナルな帝国主義」ではなく、「ドイツの世界政策」となった。ウィルソンは、「すべての戦争を終わらせるための戦争」——ブロッホ流に言えば、「戦争」を終わらせるための「闘い」——を遂行する決断を下したのである[43]。今日でもウィルソンの名は何よりも、アメリカ外交の伝統である孤立主義を棄て、ヨーロッパの戦争への参戦を決定した大統領として、同時に、新たな「世界秩序」構想を提示した大統領として、記憶されている。ウィルソンによれば、包括的な平和連合という形態において、新たな国際的法秩序が築かれなければならない。その秩序は、国家の力の強さにかかわらず、すべての国家が平等であるという原則、すべての民族が民主的に自己統治を行う権利の承認、そして軍事力を制限していく努力に基づくべきである[44]。こうした考えに基づき、一九一八年一月には有名な

「十四カ条の平和原則」を発表、諸民族の「自己決定権」、すなわち「民族自決」を提唱し、また国際的平和維持機構である国際連盟の設立を目指した。

「勝利なき講和」を訴え、ヨーロッパの伝統的な「勢力均衡」ではなく「力の協調」を説き、また「人類の組織された大きな力で保障された平和」について語り、「海洋の自由」を求めるとともに「軍備の縮小」を唱えたウィルソンは、ヨーロッパの社会主義者や急進主義者の主張と多くの点で共通しており、ヨーロッパでも熱狂的な支持を得たという(45)。ロマン・ロラン、シュテファン・ツヴァイク、ヴァルター・ラーテナウ、フィリップ・シャイデマン、カール・カウツキーなど、ウィルソンを支持した人々の顔ぶれを見れば、「体制維持派」とは区別されるヨーロッパの「運動勢力」において、このアメリカ大統領への支持がどれほど広範なものであったか分かるだろう(46)。ブロッホをはじめ『自由新聞』に集うドイツ人たちも例外ではない。ウィルソンは、ドイツ人を民族全体として断罪するのではなく、何よりも、戦争を引き起こしたドイツの指導部の責任を問うた(47)。そしてドイツにおいても民主主義が可能と考え、民主化されたドイツは、新たに創設される国際連盟に参加すべきだとしていた。このような立場が、ドイツの民主派にアピールしたのは当然であろう。

また、ウィルソンという政治家に特有の理想主義がブロッホに大きな感銘を与えたようだ。彼が強調していることだが、ウィルソンはアメリカの利害だけを代表して行動しているわけではない。実際には、ヨーロッパの戦争によって、アメリカの軍需産業は大いに潤っている。自国の経済的利益だけを考えれば、わざわざ戦争に加わることもないのである。しかしウィルソンは参戦を決意する。ヨーロッパ列強の指導者のように、古い同盟関係や秘密条約にも拘束されることなく、「世界を民主主義のために安全な場にする(48)」という目的を掲げてのことである。ウィルソンは、史上初の世界戦争を教訓にして、世界規模での人類の平和共存の確立に道を拓いた指導者、

「世界の良心」[49]として受け止められたのである。そしてこのアメリカ大統領は、ドイツ文化戦争のイデオローグさえ回心させるほどの力をもっていた。マックス・シェーラーは、開戦時には反西洋の烽火を上げた知識人の一人であるが、一九一七年当時、スイスのブロッホらのサークルを訪れたという。その頃にはシェーラーは「平和主義者」になっており、ウィルソンを、十二世紀フランスの神学者で、第二回十字軍運動の説教師となったベルナルドゥス・ドゥ・クレルヴォーの生まれ変わりとして讃えたというのだ[50]。

ウィルソン率いるアメリカが世界に対して果たす貢献を、ブロッホは『便覧』のアメリカに関する一章のなかで次のように説明している。

ウィルソンは、農民の民主主義の候補者であり指導者である。トラストに反対し、政治的にも非常に憂慮すべき新しいタイプ、四分の三はプロイセン的なルーズベルトのタイプにも反対している。その彼が、アメリカを以下の方向に導いたのだ。すなわち、その古い民主主義的でピューリタン的でキリスト教的な伝統を［…］保持し確かなものにしようという方向に。彼こそが戦争の意義を決定的に明らかにした。そしてとりわけウィルソンによって、封建主義の最後の巨大な城を切り崩すという仕事を成し遂げるため、リベラリズムは、それがはまり込んでしまっていた単なる経済イデオロギーを脱して、もう一度、政治的理念へと上昇するのである[51]。

この言葉に明らかなとおり、ブロッホは「アメリカ」をも決して一枚岩的に見ているわけではない。例えばセオドア・ルーズベルトは、ブロッホの目には、アメリカにも存在する「プロイセン的」要素と映る。また、ブロッホはアメリカを自由の国そのものとして賞揚する一方、その「近年の資本主義的発達」や「黒人問題」について憂慮することを忘れない[52]。しかし、そのように決して手放しで称賛できない要素があるにもかかわらず、「農民の民主主義」の指導者ウィルソンがアメリカの指導者となったことこそが重要だとブロッホは考える。

上記の引用には、注目すべき、もう一つの留保がある。ブロッホは二十世紀の世界にあって、リベラリズムが「単なる経済イデオロギー」に堕してしまったことを承知している。かつて市民の解放運動を支えてきた思想は、ヨーロッパにおいて、とうにその批判的力を失い、それに対する疑義が高まっていた。ハイデルベルクのヴェーバー・サークルに現れた当時のルカーチとブロッホも、「反リベラリズム」を標榜していたという[53]。ブロッホの時代の知的なドイツ人の多くにとって、経済主義や、さらにはナショナリズムと結びついたリベラリズムが唾棄すべきイデオロギーになっていたのは確かである[54]。しかし、いまや、「政治的リベラリズム」の旗手ウィルソンが登場する。ヨーロッパでは堕落したリベラリズムを、「もう一度」、その本来の「政治的理念」へと高めることのできる人物が現れたのである。リベラリズムは、例えば十九世紀後半以降のドイツといった、ある特定の場所で、経済主義やナショナリズムのイデオロギーと結びついたからといって、放棄されなくてはならないというものではない。そうではなく、必要なときには、その本来の政治的意義を再認識し、蘇らせることが重要なのである。ブロッホは、ウィルソンによって世界が再びリベラルな方向に向かうことを歓迎する。とはいえ、このような動きに対し、とりわけドイツ人がどのような反発を示すかについても、ブロッホは十分に理解していた。

「統治される者の同意に基づいて、そして人類の、組織された公共の見解によって維持される法の支配」について、ウィルソンは語る。これは、ドイツ人の耳には——彼らは自らの意志の弱さと政治的現実の惨めな光景に対して、常に極めて洗練された、部分的には詭弁的で部分的には構成的な言語活動によって埋め合わせをしてきたのであるが——おそらく「月並み」に聞こえるか、あるいは、一度認められたものすべてに対する彼らの「歴史的」で「具体的」感覚に従えば、十八世紀の抽象的な啓蒙主義に聞こえるのである(55)。

ウィルソンが蘇生しようとする理念に対し、とりわけドイツ人は抵抗を示すであろう。というのも、彼らはそれを「具体的」な歴史を顧みない「抽象的な啓蒙主義」として批判してきたからである。しかしブロッホは、現状において、こうした批判は受け入れられないことを示す。彼は次のように続ける。

しかしながら、現実の世界が、一度でもそれほど「月並み」になるのであれば、喜ばしいことであるばかりか、世界がより深遠になることも簡単なはずである。それに、すべてが例えばオーストリア・ハプスブルク王政のように複雑であることはできない(56)。

ここには、ドイツで伝統のある啓蒙主義批判に対する痛烈な皮肉が込められている。ドイツ人は、個別の歴史を顧みない啓蒙主義的普遍主義に脅かされる犠牲者であると自らをみなし、啓蒙の理念を攻撃する。しかし「現実の世界」を直視すれば、その態度は誤りである。現実の世界においては、いまだ多くの人々が「法の支配」をこそ求めて、人間の権利が保障されるという「月並み」な世界をこそ求めて闘っている。ドイツは、自分たちの独自の歴史と文化を守ろうとして、普遍主義的な西洋文明に戦いを挑むのだが、中立国を蹂躙し、無辜の市民をも殺戮することで、自らもまた、他者の具体的な生、その固有の歴史と文化を破壊しているのである。「文化戦争」

のイデオロギーはここに破綻せざるをえない。さらに以下のように言うとき、ブロッホは自己の文化を本質主義的に規定しようとする「文化戦争」のイデオロギーの矛盾を見事についている。ここでブロッホはとくにオーストリアを名指ししているが、同じ批判はドイツにも当てはまるだろう。

オーストリアがいまや「理性」の反対物として利用しようとしている非合理性という原動力は、周知のようにベルグソンに由来しており、つまりはフランスの哲学的伝統の内部で作られたものなのだ。そしてその原動力は、ベルグソンがリアルであると評した唯一の「概念」である自由に対抗するのではなく、ただ、あの堕落して静止している「理性」と「組織」とに、とりわけ双方の皇帝国家において権力国家の抽象として設置された、あの軍事的で全体的な産業システムとに抗しているのだ。(57)

「合理性の国フランス」と「非合理性の国ドイツ」という対立は、文化戦争論では中心的な意義をもつものである。合理的であるフランスに対して、ドイツは非合理的であると自らを規定したのである。しかしその際、「非合理性という原動力」がベルグソンによって、つまりフランス内部の思想の伝統のなかで生まれたこと、そしてそれをドイツ人が自ら取り込んだことが忘れられている。一つの民族の内部にも、さまざまな思想があり、それらは民族や国の違いを越えて、流通する。ブロッホがここで言わんとしているのは、ある民族に固有の、しかも不変の本質を見出すことはできないということであろう。さらに、ここでは自らを「非合理」とする主張が陥った背理が明らかにされる。ベルグソンの「非合理性」とは、ドイツやオーストリアで誤解して受け入れられているように決して、「自由」に対抗するものではなく、「堕落して静止している『理性』と『組織』」とに、いわば道具的理性に抵抗するものである。しかしそのような道具的理性がどこよりも君臨しているのは、実際には自らを非合理的と称する「双方の皇帝国家」ドイツやオーストリアなのである。

「一九一四年の理念」のような錯綜したイデオロギー現象に対して、その都度冷静に対応し分析してゆくという姿勢は、ブロッホの戦時評論のなかでもとくに評価されてしかるべきものである。彼の議論は、「西洋文明」への留保なき支持ではない。次章以降でも見ていくように、彼は輝かしい文明の影の部分を見落とすことはない。しかし、いまブロッホが目の当たりにしているのは、「一九一四年の運動」がもたらした破壊である。そしてこの未曾有の戦争を経験することによって、彼は、人間の基本的な権利を謳う「一七八九年の理念」を、いま目の前にある闘いのために、新たに発見し、わがものとしていくのである。

四　アメリカという希望

（1）　若きブロッホとアメリカ

上に挙げた一連の引用から明らかなように、ブロッホは、抗争する両者の見解を客観的に検証し、判断を下している。しかし彼の評論が、常にそうした冷静なトーンに貫かれているというわけではない。ブロッホの対抗言説は、一方におけるドイツのイデオロギー状況に対する冷静な分析と、他方におけるドイツに敵対する陣営、とりわけアメリカへの熱烈な賛辞との間を行きつ戻りつする。ブロッホがアメリカに見るのはウィルソンという高潔な指導者だけではない。「友愛と共同体という新しい神秘主義」が「アメリカの力強く、オープンな若者から」生まれている。大西洋の彼方には、可能性に満ちた国があるのだ。以下は、『便覧』からの一節である。

その国は、意志によって、人間の目的、人間の憧れ、そして唯一の真理としての人間精神のプラグマティズムによって、さらに潜在的な形而上学によって満たされている［…］。それは新しい結びつき、新しい介入の国である。ウォルト・ホイットマン、ムルフォード、クリスチャン・サイエンスからウィリアム・ジェイムズの予感に至るまで、この国においては、弱々しく終わりかけていた個人が自らの生の意志、自らの祈りを、トランスミッション・ベルトのように神のまわりにからませる［…］。この国の憧れと冒険的性格においては、神が今週土曜の夜十一時二十五分にシカゴのイリノイ・セントラルに現れるといった神話にも場所があるのだ。(58)

まず目を引くのは、ブロッホがアメリカの文学や思想を積極的に受容していたという点である。彼がそもそもいつアメリカに関心をもったのかは、特定することができない。しかし、アメリカが参戦を決めた一九一七年に急いでアメリカ思想を取り込んだというよりは、すでに戦前から興味を持っていたと考えるのが自然である。というのも、二十世紀初頭のドイツでは、新大陸の文学や、新たな哲学運動「プラグマティズム」への関心が高まっていたからである。

ウォルト・ホイットマンについては、ツヴァイクが回想録『昨日の世界』において、自らのアメリカ旅行をホイットマンへの巡礼として描いていることからも分かるように、(59)当時ドイツ語圏において熱心な読者を見出していた。ホイットマン作品をドイツ語に翻訳して世に送り出したのは、オイゲン・ディーデリヒスであった。(60)第一次大戦をとおして右傾化し、後に民族主義的出版社として有名になるディーデリヒスがアメリカン・デモクラシーの使徒とも言うべき詩人の作品を刊行していたというのは奇妙に思えるかもしれない。しかし、エマーソンなどアメリカ文学の愛読者であったニーチェを賛美していたディーデリヒスが新大陸の文学にも門戸を開いたのは不思議なことではない。戦前には、ディーデリヒスは、「世界の文学」を紹介することによって、出版界で独自のプロフィールを得ていった。しかも、その「世界の文学」とは、ヨーロッパやアメリカだけでなく、広くアジアやアフリカをも含むものだったのだ。ブロッホはミューロン宛の手紙のなかで、「私の出版社」としてディーデリヒスの名を挙げているが、(61)こうしたことからも、ブロッホが戦前からホイットマンなどを読んでいたことは大いに考えられる。

さらに興味深いのは、プラグマティズムおよびそれを代表する哲学者の一人としてウィリアム・ジェイムズの名が挙げられていることである。「新世界の哲学」として十九世紀後半から興ったプラグマティズムについては、ジンメルやマックス・ヴェーバーも関心を寄せていた。(62)とくにジェイムズの著作『宗教的経験の多様性』(一九〇二年)は、ヴェーバーのかの有名な『プロテスタンティズムの倫理』に影響を与えたと言われ、実際ヴェーバーは一九〇四年にアメリカを旅行した際、ジェイムズとも会っている。(63)ブロッホもこうしたルートをとおして、新大陸の新たな思潮に触れていたと考えられる。

プラグマティズムとは、非体系的で、経験を重視し、民主的・平等主義的な基本姿勢をもつ。常に眼前の事実を直視して、思考が眼の前の問題解決に実際にどう役立つか、どんな成果をもたらすかを重視する。このようなプラグマティズムは、しばしば功利主義とも混同されてきた。(64)ハンス・ヨアスが示したように、ドイツにおけるプラグマティズムの受容史は、そもそもの始まりから、誤解に満ちた「悲しい歴史」でもあった。(65)とくに二十世紀を通じてドイツにおけるプラグマティズム受容の壁として立ちはだかったのは、フランクフルト学派であったという。ヨアスによれば、プラグマティズムに対するホルクハイマーやアドルノのネガティブな評価は、アメリカ社会に対する彼らの否定的評価と呼応する。彼らの見解によれば、アメリカにおいては——彼らが問題とするのは、われわれがここで取り上げている時代より後の、主に一九三〇年代から四〇年代のアメリカであるが——リベラルな資本主義が独占資本主義へと移行し、必然的に全体主義国家が生まれる。[66] プラグマティズムは、そうしたアメリカ社会にあって、「広汎な実業文化の精神の反映」にほかならないとして断罪されるのだ。[67]

ブロッホも、ヨアスが指摘する「誤解の歴史」に名前を残している。事実、『希望の原理』などの著作においてブロッホは、マルクス主義とプラグマティズムとを峻別して、後者をアメリカ資本主義と結びつけつつ批判している。(5, 320f.)[68]『希望の原理』をブロッホの主著と見る受容史においてよく知られているのは、フランクフルト学派の人々の憂鬱なアメリカ評とも相通じる、「マルクス主義者ブロッホ」の「アンチ・アメリカニズム」[69]であろう。それだけに、一九一〇年代の彼のアメリカ評は、こうした見方に変更を迫る、注目すべきものなのだ。少なくとも第一次世界大戦の間、ブロッホは、マルクス主義者流に、あるいはドイツ・ナショナリスト風に、「浅薄な資本主義の国」としてアメリカを、そしてそのプラグマティズムを全面批判することはなかった。もっとも、スイス時代の評論において、ブロッホがジェイムズの名を挙げているのは上記の一カ所のみで、そこから彼の理解がどの程度のものであったか推し量るのは困難である。しかし確かなのは、「ジェイムズの予感」をポジティブに評価していたということである。それが何を意味していたかは、後に考察する。

さて、このように、ブロッホによるアメリカ思想の受容を明らかにするという以外に、もう一つ上記の引用で注目すべきは、ブロッホの見るアメリカは神秘のヴェールに包まれているということだ。その国において神は死んでおらず、そのデモクラシーは神秘主義的である。しかしこうしたアメリカ像を、単にブロッホの願望の投影と見ることはできないだろう。クラウス・ハープレヒトは、アメリカ革命が「宗教的な諸価値に抗するものでなく、それらを世俗的な理想へと翻訳した」ところに、フランス革命とは異なる特徴を見出している。彼によれば、「独立宣言にも、人権宣言にも憲法にも、宗教的な炎が燃えている」[70]。ブロッホが肯定的に言及するのも、こうしたアメリカン・デモクラシーの土壌から生まれてきた思想のようだ。ジェイムズは、それが生に果実をもたらす限りは、宗教や形而上学に場を与えた。ホイットマンの確信は、「民主主義の中心には、結局、宗教的要素がある」[71]というものであった。彼は次のように述べている。

民主主義の新しい血液や新しい骨組みは、政治手段や上っつらな選挙権とか法律などによって命をつなぎとまっているというだけでは十分ではない。いや、民主主義がもっと深く食い入って、あたかも昔、封建制度やキリスト教会がやったように、少なくとも人間の心情と信仰を固く熱心に捉まえ、それ自らの尽きせぬ泉を作りはじめ、永久にその中心から湧き出すという工合にならなければ、民主主義の力は十分ではなく、成長はおぼつかなく、主要な魅力はないということは、私にははっきりしているからだ[72]。

ブロッホが連帯感を示すのはこのようなアメリカである。民主主義を単なる「政治手段、上っつらな選挙権とか法律」の問題に還元し、挙げ句にはそれを「超克」しようとする「ドイツ運動」に抗して、ヨーロッパにおける発展とは異なる独自の、「宗教的な炎」を失っていない民主主義を有する国、一七八九年の「神秘的なシトワイヤン」[73]が生きているようなアメリカ的民主主義のエートスをこそ、ブロッホはわがものとし、また、彼の国の人間もそれを受け入れることを望んだのであろう。ちなみにこのホイットマンの言葉は、トーマス・マンが自らの思想信条の変化を告白した一九二二年の講演「ドイツ共和国」に引用されているものである。ヴァイマル共和国において、第一次大戦時よりさらに急進化した反民主主義の危険を認識したとき、マンはデモクラシーの価値を承認し、ドイツ青年を「共和国」の側に獲得しようと、ホイットマンの「宗教的」民主主義を引き合いに出したのだ(74)。同様にブロッホも、普遍的な合理主義的議論を持ち出してドイツ人を説得しようとするのではない。合理性にではなく、むしろ共通の心情、共通の信念に訴えるのである(75)。大西洋の彼方に視線を投げかけながら、彼は言う。「人間の同盟、人間の共同体の新しい精神的普遍性という目標」は、「新しい神話、新しい道徳的・宗教的な形而上学のファンタスティックな炎によって動かされる(76)」。

(2) 「プラグマティック・オプティミズム」

〈ウィルソンのアメリカ〉による「正義」の闘いに触発されるかたちで書かれた評論に、若きブロッホのナイーヴさを見て取ることは簡単であろう。「デモクラシーと帝国主義」が結びつくということ(77)、それが古いヨーロッパの帝国だけでなく、二十世紀の新たな超大国にも当てはまるということに、ブロッホは無頓着ではなかったか？　ホイットマンにおいては、デモクラシーへの信仰はアメリカという彼の祖国への信仰と結び合わされている。彼によれば、アメリカはデモクラシーの福音を世界に伝え、それによって世界を「支配」すべきなのだ(78)。ブロッホが後年に至るまで、その信念の「真実さ(79)」を疑うことのなかったウィルソンにおいても、宗教的熱情に駆られた「道徳的帝国主義」、すなわち「人道主義とアメリカ的民主主義を教えることによって、アメリカの勢力範囲を拡大」しようとする態度が見られる(80)。若きブロッホがそれを見ることはなかったにせよ、アメリカ合衆国大統領の理想主義は、自国の利益から離れたものではありえない(81)。さらにウィルソンは、白人種の優越を疑わない人種主義者であったことも今日では知られている。「民族自決」の原則を掲げていたにもかかわらず、アジアやアフリカの植民地の独立は彼の念頭にはなかった。有色人種は劣っており、自ら統治することは不可能だと考えていたからである。[82] 先に示唆したように、ブロッホ自身はアメリカの人種問題を憂慮しており、その点で、「リベラルな革新派」ウィルソンの限界を超えている。ただそうであればなおさら、このアメリカ大統領に対しても批判する姿勢があってしかるべきだろう。

しかし、ここでも強調しておきたいのは、ブロッホの議論の基底にある戦争体験、自国に対する仮借なき批判である。西洋のデモクラシーは帝国主義と結びつくとするトーマス・マンの批判はたしかに正しい。しかし結局のところマンは、ドイツが反デモクラシーと帝国主義とを結びつける点を無視してしまう。このような事態に直面し、ブロッホは、人間が共存して生きるため、民主主義の価値を受け入れるのである。反民主主義を叫びつつ戦争を常態化させた国の人間として、あくまでもその責任を問う立場から民主主義を承認するというブロッホの姿勢は、正当に評価されねばならない。もっとも、自国への仮借なき批判のゆえに、その敵陣営の指導者を無批判に理想化するという傾向がブロッホにあらわれてくることは否めない。そして第二次世界大戦時には、〈ウィルソンのアメリカ〉への希望は〈スターリンのロシア〉へと転移することになる。

アメリカという国へのブロッホの希望は、実際のところ、一九一九年には潰えてしまう、非常に短いものであった。少々先取りして述べるならば、ヴェルサイユにおいて、ウィルソンの理想主義は、西欧の指導者たち、とりわけドイツに対する復讐心を燃やすフランスのクレマンソーの要求の前に屈した。国際連盟は誕生したものの、ドイツはそれに加わることを認められなかった。さらにあろうことか、アメリカ議会が、アメリカ自身の加盟を拒んでしまった。戦後まもなくウィルソンは病死する。「ウィルソンの悲しい退場」――一九三七年にもブロッホはこのようにウィルソンの最期を悼んでいる[83]――の後、一九二〇年代には資本主義の超大国として姿を現したアメリカに、ブロッホが光を求めることはなくなる。マルクス主義を取り込んでいくにつれ、彼の見るアメリカは、彼より年少のフランクフルト学派の人々と同様、陰鬱なものとなっていく。

けれどもブロッホと後者とを分かつのは、彼が、たとえ現実のアメリカには幻滅しても、リベラル・デモクラシーの理想を失うことがなかったという点にあると思われる。例えば、「バスチーユの襲撃」が「ヒトラーによる国会焼き討ち」へと通じる、つまり市民革命がファシズム全体主義へと必然的にすすんでいくかのような議論を展開するホルクハイマーを、ブロッホは批判している。(84) (6, 196) そうした見方に対する、彼の見解は次のようなものである。自由、平等、友愛といった一般的な理念は、なるほど欺瞞になりうる。けれども、市民革命の「最初の人間的な衝動」(85)が完全に消えてなくなることはない。それはその理念を承認する者の手によって、常に新たにされていく。「理想の回帰」と題された論考では次のように言われる。「普遍的な言葉は瞞着的でありうるが、また熱狂的でありうる。それは若い人たちと運動との黎明を告げる薄明のしるし」なのだ。(86)

こうした「理想の回帰」をブロッホがはっきりと主題化したのは一九三七年、すなわち、ファシズムの危機の只中にあって、「人民統一戦線」が形成されつつある時期だ。こうした動きを念頭に、ブロッホは、忘れ去られていた、あるいはすでに重要とはみなされなくなった一般的な理想が危機の時代に蘇るのだと記している。この時点で彼が依拠するのは、「人間性を擁護する」マルクス主義である。(87) しかしすでに二十世紀の最初の危機の時代である第一次世界大戦時に、彼は「理想の回帰」を経験していた、あるいはより正確に言えば、理想を蘇らせようとしていた。そしてその際に決定的であったのは、これまで見てきたとおり、アメリカの存在であった。

ヨーロッパでリベラリズムが堕落しようと、そんなことはお構いなしに、その精神を息づかせている国の存在、ヨーロッパ人のペシミズムなど気にもとめずに啓蒙の理想を語る他者の存在こそが、古い理想を新たに肯定する際に大きな役割を果たしたのである。第一次大戦時のトーマス・マンのように、啓蒙の理想は死んでしまった、いまさらそれを引き合いに出すのは時代遅れとするのもまた、ヨーロッパ中心主義だ。[88] ブロッホはそうした自閉的な歴史観を打ち破り、海の向こうの他者の声に耳を傾けながら――というのも「長く忘れられていたものが、[…]海の向こうで再び花をつけている」[89]のだから――、変化していく世界に期待をかけているのである。そして、こうしたブロッホの姿勢を支えたのが、「人間精神のプラグマティズム」ではなかったか。

すでに指摘したとおり、たしかに後年のブロッホは、プラグマティズムをアメリカ資本主義の哲学として批判するようになるが、その際にも、必ずしも、全面否定しているわけではない。ウィルソン同様、ジェイムズもまた、後々まで、ブロッホにとっては重要な人物でありつづけた。それを示すのが、アメリカ亡命時代の一九四二年、ジェイムズの生誕百周年に際して書かれた「ウィリアム・ジェイムズのもう一つの側面」という論文である。[90] これは、ジェイムズを主題とした唯一の文章であるが、『希望の原理』とは微妙にスタンスの違う、ジェイムズの「もう一つの」、すなわちポジティブな側面を描いている。そこで強調されるのは、世界の歩みが決定されているのではなく、多くの「偶然性」と「可能性」と「多様性」に満ちており、したがって常に別様でありうるという考え、そして、より良き世界を創造するための人間の意志と行動を重視する考えである。とりわけ、「当時の市民的思想家としては珍しく」、「可能性」というカテゴリーについて思索し、「可能性に満ちた大洋（ocean of possibilities）」として世界を把握したジェイムズの重要性を指摘している。一九一七年から一九年のスイスでブロッホの心をとらえていた「ウィリアム・ジェイムズの予感」とは、このような内容のものだったと考えられる。

ドイツにおけるプラグマティズムの「誤解に満ちた」受容史を超えて、ヨアスが積極的に評価するのも、このようなプラグマティズムの非決定論的な姿勢であり、目の前にある問題を創造的に解決していくなかで、新たなものを生じさせる、人間の創造的な行為だ。しかし創造性とは言っても、何の制約もないなかで生まれるのではなく、あくまでも、「状況づけられた」自由や創造性である。それは、現状への単なる「適応」とは区別される。[91] アメリカのプラグマティストたちは、「形而上学的な確実性」が崩壊したあと、それを「歴史哲学的な、あるいは合理主義理論的な種類の確実性」でもって置き換えることなく、その崩壊の帰結を引き受ける。その崩壊は、彼らを、いかなる絶望にも、文化的悲観主義にも導くことはない。[92] そうではなく、「有意義であり結びつきをもたらすと経験される価値としての間主観的構成の理論」へと歩を進めていくのである。[93] 保守的な右翼から、それに反対するはずのフランクフルト学派に至るまで、同時代を生きた多くのドイツ知識人たちが逃れられなかった文化的悲観主義から、ブロッホが奇妙にも離れたところにいるのは、「文化的絶望の政治」がもたらした破壊をくぐりぬける過程で「プラグマティックなオプティミズム」(10, 64)を自らのものとしたからではないだろうか。

一九一四年の戦争が引き起こした問題に直面したブロッホが試みたのは、まさに限られた自由のなかでの、創造的な問題解決である。プロイセン・ドイツの崩壊を求めるという一点を譲らないとすれば、ブロッホの取りうる立場は限られる。それは連合国側を支持するという立場である。しかしながら、「西洋文化の誇り」[94] であるデモクラシーを輸入して、ドイツをすっかり西欧化あるいはアメリカ化すればよいという議論を展開しているわけではない。「一七八九年の理念」をわがものとするということは、ヘゲモニーをもつ西洋の理念を「現地社会に適応したかたちで創造的に活用していく」という意味での「流用(appropriation)」なのだ。[95] ブロッホにとって、西洋に希望の光を求めることは、「社会主義への裏切り」ではなく、ましてや「ドイツ国民に対する裏切り」でもなかったのである。[96]

世界があらかじめ決定されておらず、「可能性」に満ちているということは、たとえ現在においてドイツが暗闇の国であろうとも、それもまた変わりゆく可能性を秘めているということである。母国において光が見えないという状況にあって、ブロッホは西洋に救いと方向づけを求めていく。とは言え、ドイツにはいかなる希望も見出されず、それは外国に求めるしかない、と考えているわけでもない。彼の観察によれば、今のドイツ人は、「悲劇的な状況」にある。

地球全体の、ラディカルに民主主義的な拍動は、臣下たちの国にも伝わっているのだ。その国は、それが最も心の奥深くから愛していながら、自らの罪によって自らをその敵対者にしてしまった、そのような理念に抗して戦わねばならないという悲劇的な状況におかれているのである。(16, 302)

ヴィルヘルム二世時代のドイツとは、ハインリヒ・マンが定式化したように、「臣下たち」の国であった。しかしブロッホによれば、この「臣下たち」も、実はデモクラシーを「心の奥底から」愛しているのである。それにもかかわらず、自らを、「自らの罪によって」、その「敵対者」にしてしまったというのだ。今日のドイツ人は、「古きドイツ的存在」の「堕落」した姿である(97)。そうである以上、亡命者はドイツとドイツ人とを批判せざるをえない。しかしその活動は、「ドイツ人を根絶することが目的ではない」。そうではなく、「彼らの最良の部分を探さねばならない」[98]。すなわちドイツ人の良き特性が、探し求められ、再びわがものとされねばならない。トーマス・マンは「ドイツ共和国」の講演において、ドイツ・ロマン主義とアメリカン・デモクラシーとの親縁性を強調し、ドイツとデモクラシーとの「有機的結合」[99]を探そうとしたが、この点でも、ブロッホはマンに先駆けている。一九一七年十月に『自由新聞』に発表された連載「敵の勝利がドイツにとってどんな損害をもたらし、どんな利益をもたらすか」は、この新聞への彼の最初の寄稿であるが、すでにそこにおいて、自国の敗北を求めるという、断固たる政治的立場を表明している。しかし同時に、ブロッホは、民主主義を愛する〈もう一つのドイツ〉を歴史のなかに探り、「臣下」へと堕落していないドイツ人の痕跡をたどろうとする。ドイツとデモクラシーとが「有機的に」結びつくような、そんな時代や場所があったはずだからだ。こうしてドイツの歴史を「振り返る」ブロッホの議論において、自由を愛するドイツ人は、まず「農民」の姿で現れる。

振り返ってみれば、ドイツの農民は、自ら好んで屈従することはなかった。[…]彼は厳しく強情で、自分自身であろうとする。そして多くの古き良き血がそこには含まれているのである。タキトゥスは、昔のゲルマン人が、自らの完全で制約のない自由以上に熱心に求めたものはなかった、と書いているほどである。[100]

ドイツ史のその後の発展において、ドイツの農民が封建主義に隷属する存在に堕したことをブロッホは認める。しかし例えばアレマーン族のスイス人などは、「古きドイツの民主主義的な共同体の理想を実現する」道を歩んだという。また、ドイツの農民たちが自由を愛する民であったことは、何よりも十六世紀の農民戦争が証明している。失敗に終わったとは言え、それは「イギリスよりも早く」、そしてフランス革命もその前では「色あせるほど」激しい革命の火花であったのだ。(101) ちなみに、近世のドイツに起こった農民蜂起を、ルター以降の「ドイツの悲惨」――というのも、ルターこそ立ち上がった農民たちを弾圧した張本人であるから――に対する対抗的記憶として呼び覚まそうとする試みは、ランダウアーやバルをはじめとする反対派に多く見られる。ブロッホはヴァイマル時代に入ってから、農民戦争の指導者トーマス・ミュンツァーのモノグラフィーを出版しているが、この仕事はすでにスイス時代に始められており、ミュンツァーに対するブロッホの関心も、亡命期におけるドイツ史の見直しという文脈においてとらえられるべきである。

古き時代の農民たちとならんで、ブロッホの歴史的パースペクティブにおいては、「中世」という時代もまた、新たな光を当てられる。なぜなら、「中世の帝国自由都市での生活は、ある一定の自由と、教会によって照らし出されたデモクラシーと、その独特の芸術的で精神的・神秘的な文化的雰囲気とを欠くことはなかった」からである。(102) この独自の文化とは、「ゴシック」(103) であるとされる。このように新たな視線で発見されるのは、ブロッホにおいては、しかし昔のドイツだけではない。民主的な伝統の痕跡をたどるブロッホの旅においては、ドイツ内部の地域的な差異も重要である。

前章で検討したプロイセン批判にも明らかなように、ブロッホには、「プロイセン」とそれ以外の〈本来の〉ドイツとを区別しようとする傾向が認められる。この〈本来のドイツ〉とは、プロイセン化された現在に対する過去のドイツでもあるが、同時に、プロイセンに対する「南ドイツ」でもある。ルートヴィヒスハーフェンに生まれ、ミュンヒェンやヴュルツブルクで青春時代を過ごしたブロッホは、生粋の南ドイツ人であり、南ドイツこそ、彼の故郷であった。戦前にベルリンに滞在したときも、プロイセンの首都に強い違和感を抱いていたことは、一九一一年のエッセイ「花咲く俗物」にも示されているが、この違和の感情は、南ドイツの出自からくるものでもあった。（11, 15）そして「粗野な理性国家」[104]プロイセンが世界を敵にまわして戦争を始めたとき、「南ドイツ」、とりわけその中心であるバイエルンが、ドイツ内部の反プロイセン勢力として発見されるのである。ベルリン・プロイセンが、「ほぼ農民のいない」土地であるのに対し、バイエルンは、農民の土地である。生命力を欠いたプロイセンの機械兵に対置されるのが、バイエルンの「冒険意欲と多彩な農民的ファンタジーを兼ね備えた力強い民衆」[105]である。ウィルソンのアメリカにも似た「土着的なデモクラシー」[106]は、ブロッホ自身の故郷、南ドイツの地にも存在したのである。外国から救いを求めるだけでは十分ではない。ドイツ内部に潜在する、プロイセンのヘゲモニーに対する抵抗力を蘇生すべきなのだ。民主革命が生じた年である「一八四八年」を想起すべく、ブロッホは、『便覧』のなかの、「南ドイツ人」と題された章において次のように書く。

一八四八年には、ドイツを三本の柱で支えようとする計画があった。第三の柱がより重要で、古い民族的土台に立つべきものであった。すなわち、南部と西部の、純粋にドイツ的な、大半が民主主義的である諸地域を自立的に統合し、［それにより］半分はスラブ的境界地域であり、誤って主導権を与えられているプロイセンとオーストリアに対抗することが望まれたのである。その計画は実現しなかった。けれども、新帝国の大プロイセンにおいてさえ、ヴュルテンベルクやバイエルンがとくに、プロイセンに対する本能的な緊張感を決して失わなかったというのは特徴的なことである。望むらくは、プロイセンが再び崩壊し、ユンカー的な郡長らが、再びラインラント、ハノーファー、クアヘッセン、クアザクセン、おそらくまたシュレージエンからも立ち去ることである。[107]

過去において実現されなかった理想は、ブロッホにとって、将来のヴィジョンとなる。

あれほど困った遺産であった王朝的分割、個々の部族地域の交差、いわゆる連邦諸国家は、ある特定の部族の複合体とぴったり重なり合うことは稀なのだが、それらは――民族内部であっても、自決権［が尊重される］という新たな時代において――新しく、かつ最古の定留地分割に取って代わられねばならない。ヘッセン人、プファルツ人、フランケン人、シュヴァーベン人、バイエルン人、チロル人、オーストリア人、チューリンゲン人、ザクセン人、ラインラント人、ヴェストファーレン人、ニーダーザクセン人、シュレージエン人、東エルベ人（この最後の二組は、ポーランド区域との分離の後）が存在するのであり、彼らは、厳密に定められた地域にしっかり根を下ろしている。とはいえ、もちろん、コストのかかる特別政府を維持したり、あるいはネーション・ステートを作ろうというのではない。ただ、言語的・文化的な統一が問題となっているだけだ。そしてこれら――一八四八年に人がそう呼んだように――可愛らしい小さな共和国群は、全ドイツ的な連邦共和国を、世界の諸共和国との同盟および管理上の統合において、常に望ましい色彩と独自性でもって、活気づけることができるだろう(108)。

一八四八年の（実現されなかった）構想からブロッホが引き出してくるポスト・プロイセンのヴィジョンは、連邦共和国のヴィジョンである。ブロッホの言葉だけを読んでいると誤解が生じるかもしれないが、実際には、ドイツ帝国も、れっきとした連邦制、ハフナーの言葉を借りれば「連邦国家と諸国家連合の中間物」であった。例えばバイエルンは統一後も、自身の軍隊と外交使節をもつことを認められ、実質は主権国家にとどまったのである。しかしそれでもプロイセンの優位とその強さは誰の目にも明らかであった。一八七一年に生まれたのは、「戦時には確実に協力し合えるくらいに一体的で、平時には依然として明らかに個々の国として存在しうるくらいに非一体的なドイツ、そしてその中では、プロイセンが主導権をもつ最大最強の国であるようなドイツ」であった。(109)その強さの源をハフナーは次のように説明している。「プロイセン王はすなわちドイツ皇帝であり、プロイセンは連邦参議院を支配し、帝国宰相を立て、帝国議会議員の大半を選出し、帝国軍事力の中核をなすのみならず、他のドイツ諸邦の軍隊をもプロイセン流に改革した。兵役義務を果たすドイツ人はみな『プロイセンに行った』。(110)」ブロッホも、統一ドイツが「大プロイセン」以外のなにものでもなかったことを認識し、そのようなドイツがプロイセン以外のドイツ人にも、さらに今時の戦争において諸外国にも災禍をもたらしたことを非難しているのである。戦後のドイツは、「粗野で異質な」プロイセンと結びつくことに強く抵抗してきた西南ドイツのバイエルンやヴュルテンベルク(111)の力を借りながら、プロイセンのヘゲモニーを取り払い、真に新たに生まれ変わらなければならないのである。

こう主張する際のブロッホの立論の特徴は、「ドイツ的悲惨さ」の象徴であった諸邦分立の解釈の仕方にある。彼は他の箇所でも「小さな諸国家の悲惨」というテーゼについて言及しているのだが、しかしそれは、「ドイツの共産主義者にとってのみ唾棄すべきものであった」という。そしてブロッホ自身はと言えば、諸邦分立をネガティブにとらえる「共産主義者」よりも、「幾つもの中心をもつことで多彩で生命力にあふれていた古いドイツ」を称賛する「ドイツの文化史家」に共感を示している。(112)（ここで具体的な名前は挙げられていないが、それが誰を指すのかは、次章で検討したい。）そして上記の引用において、彼は、確かに悲惨をもたらしてきたかもしれない小邦分立を、未来に向かって積極的にとらえ直そうとしているのである。「民族自決」の原則は、ドイツの内部にも適用されるべきである。古ゲルマン民族の行政区を意味する「ガウ」、すなわち「定留地分割」を復活させるという考えは、十九世紀ドイツの民主主義者・自由主義者に見られるものである[113]。ブロッホが望むのは、プロイセンによる支配が終焉した後には、この「ガウ」がそれぞれ言語的・文化的な統一体となり、その「色彩と独自性」とを保つことである。そしてそれらの「可愛らしい共和国」が集まって全ドイツ的な連邦共和国を形成する。この新しい共和国は、もはや世界から切り離されることなく、世界共和国と手に手をとって歩むのである。

ドイツとデモクラシーとの「有機的な結びつき」を示そうとするとき、意識してか、あるいは無意識にか、ブロッホは二つのことを主張しているようだ。一つには、農民戦争や一八四八年の伝統を引き合いに出すことで、「下からの革命」を現実には達成できなかったものの、西洋諸国と同じように、民主主義への衝動がドイツにおいても脈打っていたということである。ドイツでは実は「イギリスよりも早く」、「フランスにおけるより力強い」革命の炎が農民戦争に際して燃えたのだと強調するのは、しかしながら、「遅れたドイツ」という劣等感の裏返しとも読める。これはやはり、イギリスやフランスの発展を規範とした議論と言える。しかし二つ目の議論は、必ずしもそうではない。たしかにドイツは、「一七八九年」を経験しなかった。しかしドイツには、「権威主義的政治に対抗する独自のオールターナティブ」がある。それが連邦主義の伝統である[114]。多中心的構造をもつ神聖ローマ帝国以来、ドイツ人は、「政治的多元主義と文化的多様性[115]」を尊重する伝統を育んできた。そしてその過程で、西欧の隣人とは異なる形で、ドイツ独自の〈民主的なエートス〉を育んできたのである。ブロッホが描くポスト・プロイセンは、「遅れ」を取り戻したイギリスあるいはフランスだというのではない。ドイツは、歴史のなかで培われてきた独自の政治文化に拠りながら、自国の民主主義を発展させ、そして「世界の民主主義[116]」のために尽くすべきなのである。

このように、ドイツの内発的で独自の民主主義をたどる議論を読んで分かるのは、ブロッホがたとえプロイセン・ドイツの戦時ナショナリズムに反対していたとしても、ナショナルな心情と決して無縁ではなかったということだ。「プロイセンの敵である僕らは、ドイツの愛国者である」[117]という言葉からも読み取れるように、彼の民主主義は「ドイツ国民」に対する「愛国」の表現であり、それによって戦後ドイツの新たなナショナル・アイデンティティを模索しているのである。[118]

六　しかし「文明」だけではなく…

まずここまでの論点をまとめておこう。「大プロイセン」とそれによって遂行される戦争への断固たる批判者としてスイスへ亡命したブロッホは、ラディカルな民主主義者として自己を形成してゆく。「一九一四年の理念」を掲げるドイツ知識人の大多数に抵抗すべく、西洋の政治的伝統に範を求めると同時に、いわば〈真の愛国者〉として、自国の歴史に埋もれた民主的な伝統を掘り起こそうとする。このような自己形成のプロセスのひとつの頂点とも言えるのが、一九一八年八月三日に『自由新聞』に発表された「一八三二年五月二七日のハンバッハ祭における、あるドイツ民主主義者の演説」であろう。そこで彼は、自らの時代をメッテルニヒの時代と比較する。一八三二年、西南ドイツの民主主義者らが組織したハンバッハ祭において、ヨーハン・ゲオルク・アウグスト・ヴィルトが行った次のような主張は、まさにブロッホの現在においてアクチュアルであるという。すなわち、ヨーロッパ諸国においては、光と自由と国際法的な秩序が模索されているのに対し、ドイツにおいては、すべての民族の自由を抑圧するため、永遠に続く闇の帝国を作るため、奴隷制と粗野な暴力のために力が行使されているというのだ。専制主義の打倒を叫ぶ当時の革命的な青年に、ブロッホは反体制派亡命者としての自らの姿を見出しているのである。[119]

しかしブロッホ自身が十九世紀の民主主義者・自由主義者に己の姿を重ね合わせようとしているにもかかわらず、彼の当時の議論を全体としてみれば、ヴィルトには当てはまらない部分がある。十九世紀前半に生きたヴィルトは、「文明の止むことのない進歩」と自由な世界貿易がもたらす富と福祉とに確固たる信頼を寄せる進歩主義者であった。[120] このようなリベラルな思想の持ち主から見れば、ドイツやオーストリアの君主は、自由な文明の進歩を妨げる「東洋的」[121]専制君主にすぎず、それゆえに打倒されねばならないのである。二十世紀ドイツの反体制民主派のなかでも、例えば「文明の文士」ハインリヒ・マンには、一九一六年のエッセイ「ヨーロッパ人」にも明らかなように、停滞する「東洋」を支配し、世界に進歩をもたらすヨーロッパ文明への留保なき信頼がある。[122]

しかしながら、ジンメルやヴェーバーの思想を吸収したブロッホが、ヴィルトやハインリヒ・マンのようにナイーブに文明の進歩を信じていたのだろうか。それを考えるには、先に引用した、アメリカ支持の言葉を思い起こす必要がある。すなわちそこでブロッホは、「政治的」リベラリズムに対しては支持を表明していたが、「経済的」なリベラリズムについては、留保を付けていた。また、ドイツのみならず、イギリスやフランスの帝国主義、ヨーロッパによる非ヨーロッパの支配という問題に対する強い批判がブロッホにはある。政治的信念をヴィルトと共有するものの、彼のように自由な資本主義の発展、ヨーロッパ文明の進歩と拡張をばら色に描くことは、ブロッホにはもはやできないのだ。

ヴォルフガング・シヴェルブシュは、「敗北」の比較文化史研究において、敗戦後に立ち現れる「夢の国」について言及している。それは「敗戦国が追放された暴君に科せられた責任と罪のすべてからカタルシス的に浄化され解放されたと考える敗戦後の状態」を意味し、戦争が終わった後に一時的にあらわれる現象を指す[123]。しかし、早くからドイツの敗北を洞察し、またそれを希求したブロッホは、「暴君」が去り、すべての悪から浄化され再生をとげたドイツという「夢の国」を追い求めつづけたとも言える。彼の「夢の国」は、まず何よりも民主的なドイツだ。しかし、ではプロイセン軍国主義が崩壊した後は、(ヴィルトの念頭にあるような、あれか・これかの二者択一に従えば)資本主義的近代市民社会を望むのかというと、そうではない。では、階級が止揚された共産主義社会が、一九一〇年代後半のブロッホの「夢の国」であったか、というと、そういうわけでもない。なるほど、スイス時代のとくに後半には、「インターナショナルな社会主義」という言葉も散見されるのだが、後述するとおり、それによって何が考えられているのかは曖昧である。当時のブロッホが一貫して期待をかけているのは、インターナショナルなプロレタリアートよりも、むしろ「ドイツのフォルク」だ。彼が希求するのは、「プロイセンによって滅ぼされた、古い、文化に満ちたドイツの復活[124]」であり、「ドイツ民族の目的としてのゴシック」への回帰[125]だというのだ。なるほど、ブロッホが過去から呼び出してくる「ゴシック」の伝統は、「民主的」なものではあるが、しかし彼の議論は、民主的伝統の掘り起こし、というにとどまらない多義性を孕んでいる。「ドイツの文化史家」にとってと同様、ブロッホにとっても、「幾つもの中心をもつことで多彩で生命力にあふれていた古いドイツ」が、「憧れの時代」として、また、「近代のプロイセン・ドイツが決して与えてくれることのなかった、あの哀愁を帯びた郷土感情を引き起こす時代[126]」として立ち現れる。ここには「古いドイツ」へのノスタルジアが、その独自の文化への憧れがある。民主主義か軍国主義か、という政治的イデオロギーをめぐる論争をひとまず離れて、広く同時代の、資本主義と帝国主義によって規定された社会や文化の領域に視線が向けられると、ブロッホの議論は確固たる方向性を失う。次章以降でも詳しく見ていくように、「文明の文士」にとっては、近代以前の「暗黒」でしかない中世に、彼は失われた良き時代を認める。ヨーロッパ人が勢力を拡大する場としてしか見られていなかった東洋に、ブロッホは憧憬のまなざしを投げかけていく。そして資本主義的、帝国主義的な近代社会への批判は、近代プロイセンに対してだけでなく、西欧の社会に対しても向けられる。そのために、反ドイツ・西洋支持というブロッホの対抗言説の基本構図も、その対立軸が曖昧なものとなる。文明によって堕落させられていない「ドイツの農民」は、ブロッホの敵であるはずの、ドイツ民族派のイコンでもあった。タキトゥスの『ゲルマーニア』という民族主義者たちの「必読書」(127)に拠りながら、ブロッホもまた、大地に根ざした良き「ドイツ人」を呼び出してしまう。また、文化的保守主義者と同じように、「古い文化に満ちたドイツ」への憧れに駆られていく。

ブロッホは戦争の体験によって、西洋近代市民社会の政治的原理をあらためて評価する。しかしそれは、ブルジョワ資本主義・帝国主義としての西洋近代市民社会を擁護することと同じではない。彼は、近代批判としての文化批判的視座を放棄することはないのである。このことは、彼が「ドイツ的文化批判」に近づく危険をも秘めている。しかしわれわれとしては、そこにある可能性にも目を凝らしていかねばならない。

第三章 〈もう一つのドイツ〉というユートピア

一 「敗北の思考」のなかの文化批判

「ブルジョワ的生活様式、大都市文化、目的合理性、数量化、科学の専門化およびそのほかの当時忌むべきものと考えられていたあらゆる現象」への批判――ホーニヒスハイムがこのように定式化した、ヴィルヘルム時代の社会に対する批判は、『ユートピアの精神』を代表作とする若きブロッホの中心的なテーマとして、すでに多くの研究者によって取り上げられてきた。市民階級の出身者による資本主義への批判は、経済的な発展の成り行きそのものというよりも、「それが全体的な社会的および文化的現実に及ぼす影響」を主題化する。(1) 第一章で見たとおり、ジンメルは発達した貨幣経済によって得られる自由と、しかしそれにもまして、近代社会における人間の疎外を強調して取り上げた。ブロッホもまた早くから、資本主義によって刻印されたドイツの現実、その発達によって生じる文化的な帰結を問題としている。一九一一年のエッセイ「花咲く俗物」においてブロッホは次のように述べている。資本主義は虚栄心の強い成り上がり者と危険な権力志向の強い人間とを生み、それによって「古くて、入り組んでいて、敬虔で、夢に満ちた」、「ドイツの魂」を滅ぼしてしまった、と。(11,15)

前章では、『ユートピアの精神』が、戦争への意志に駆られたドイツを批判し、文明の理念を擁護した書であることを確認した。しかし長い執筆期間を経て世に出された処女作は、例えばバルの『ドイツ知識人の批判』のような、首尾一貫した戦争批判というわけではない。動員された知識人を批判した戦闘的な序文に続くのは、「古い甕」と題された章であり、そこでブロッホは「古い土着の手仕事」が消えつつあると嘆く。(16,13)『ユートピアの精神』は資本主義的工業国家へと急速に舵を切ってゆくヴィルヘルム時代が失ったもの、失いつつあるものへのオマージュでもある。彼によれば、機械の勝利は「ファンタジーを殺してしまうこと」にほかならない。というのも、それは至るところで「技術的な類似性」を生むからである。前資本主義時代の手仕事においては、それぞれ地域の特性を生かした固有の製品が作られていたのに対し、機械による大量生産は、至るところに同じ、あるいは似通った製品を流通させる。ブロッホによれば、こうしたプロセスの元凶もまた、プロイセン、とりわけその首都ベルリンにある。「機械は全てのものの生命を奪い、技術的にする術、そして人間以下のものにする術を知っている。まるで西ベルリンの通り全体がそうであるように。」(16,20f.)「プロイセン化」されたドイツとは、単に軍国主義的に染められたというだけでなく、機械化され工業化された〈ベルリン的なるもの〉がドイツ全土に広がることでもある。そうした画一化、均質化による文化的な損失を、ブロッホは以下のように記す。

ここでは精神的なものがいかに空虚に漂わねばならないか、精神的なものがいかに力なく階級の間をあちこちさまよっているかを見ると吐き気がするほどである。偉大な人物だけではなく、太古から有機的に成長した建築文化に満ちたハレ、マグデブルク、フランクフルト、ケルンといった美しい古い諸都市も、一様に規制され、伝統を喪失して味気ない状況に追い込まれてしまっている。このような状況は、機械時代にもかかわらず、他国の古い文化的土壌においては、他に例を見ないものである。イタリアの農民とヴェルディ、フランスの若者とベルグソン、ロシア的人間とドストエフスキー。全体的に見てこれらは、断絶のない連関であるが、このような連関は、この新しいプロイセン・ドイツ――それは悪意をもって無関係を装い、もしくはせいぜいのところ根無し草のスノビズムをもって、孤独な知識人のそばを通り過ぎる――では探しても無駄である。（16,300）

プロイセン・ドイツは、封建的・専制的であり、民主主義的ではないという意味で「遅れて」いて、「前近代的」なだけではない。それは同時に資本主義的・工業主義的近代の先端をいく。ベルリンはそうした近代のヘゲモニーをもつ中心であって、他の「有機的に成長」してきた古い地域的諸文化が、その前に屈服してしまうのである。上記の引用においても、ブロッホはドイツを他のヨーロッパ諸国と比較している。しかしそれは、ドイツの「政治的後進性」を批判するためではない。むしろ、前工業時代と工業時代との断絶がどこよりも激しく、そのために「伝統」との断絶がどこよりも深刻であると非難するためである。

では、近代ドイツの一般的状況に対するこのようなブロッホの批判は、これまでどのような視点から取り上げられてきたのだろうか。それはもちろん、後にマルクス主義者となるブロッホが、青年時代に資本主義社会をどのように批判的に観察していたのかを検証するという観点からであった。その際、若きブロッホの資本主義批判は、「ロマン主義的反資本主義」という、もともとルカーチに由来する定式をもって整理されてきた(2)。第一次世界大戦と革命の時代を経てマルクス主義者となったルカーチは、十九世紀から二十世紀への世紀転換期頃からドイツに現れた資本主義批判のさまざまな現象をその概念のもとに一括し、すべて反動的でプレ・ファシスト的だとして断罪した。それは同時にルカーチにとって、自分自身のブルジョワ的青年時代の思想への自己批判でもあった。

こうしたルカーチ流の見方が一面的であるとの認識が深まった二十世紀後半、ロバート・セールとミヒャエル・レーヴィはこの概念を再び活性化させる。彼らの定義によれば「ロマン主義的反資本主義」とは、前近代的価値に依拠した資本主義批判である(3)。この場合ロマン主義とは、単に十九世紀に現れた一芸術潮流ではなく、資本主義の台頭という経済的・社会的変動に対する「反応」において形成される独特の「世界観」を指している。それは、「近代文化の本質的な構成要素」であるという(4)。二人は「ロマン主義的反資本主義」を、多義的で振幅のある概念として再利用することを試みる。資本主義社会とは異なる、別の世界へのロマンティックな憧れは、「保守的・反動的」な、果ては「ファシスト的」な世界観に結実するだけではなく、「ユートピア的・革命的」な思考に至ることもある。また、「保守的」、「革命的」という両極の間にも、さまざまな中間形態があるとされる。

このように規定したうえで、セールとレーヴィは、ロマン主義的反資本主義の代表的な作品として『ユートピアの精神』を検討する。しかしブロッホの処女作は、一義的に、「革命的マルクス主義」へとつながる「マルクス主義的ロマン主義」の類型に、若きルカーチともども収められてしまう(5)。若きブロッホに見られる中世の理想化も、次のように説明される。ブロッホのユートピア的ロマン主義は、前資本主義時代への回帰ではなく、過去へと回り道をすることで未来の新しい世界を目指すことがその本来の目的である、と。「前資本主義的過去へのノスタルジアは、ポスト資本主義という将来への希望へと投影される」のだ(6)。過去に戻りつつ未来を志向するこのような立場は、「革命的ロマン主義」とも呼ばれるが、この概念は、ブロッホが後年になって、若い頃の自身の立場を、とくに『トーマス・ミュンツァー』を念頭におきながら説明するのに用いたものである。ルカーチの概念を拡大した「ロマン主義的反資本主義」にせよ、ブロッホ自身が使った「革命的ロマン主義」にせよ、どちらにしても、若きブロッホのロマン主義を左翼的な言説のなかに回収してしまう。当時のブロッホには、後にも検討するように、マルクス主義に対する留保があるのだが、セールとレーヴィはこれを十分に考慮していない。さらに彼らの分析に欠けているのは、ブロッホの「ロマン主義的反資本主義」が埋め込まれていた幅広いコンテクストへの配慮である。例えば前章で確認したように、ブロッホが中世を振り返るとき、そこには戦争体験をきっかけに、ドイツにおける民主主義の伝統を探るという愛国的な動機もあったのだが、それは全く考慮されていない。本章と次章では、ブロッホの「ロマン主義的反資本主義」に、未来のマルクス主義のみを投影するという従来の見方を脱して、それを、当時の植民地主義的グローバリズム、世界大戦と亡命、さらに敗戦（の洞察）という重層的なコンテクストにおきつつ、ブロッホがつきあたった諸問題への反応としてとらえ直す。その際、「ロマン主義的反資本主義」や「革命的ロマン主義」といった従来の用語に代えて、「文化批判」という概念を使いたい。その利点は二つある。

一つには、右派と左派との両陣営を循環していた、あるいはそもそも左右の区別が曖昧であるような「インターディスクール」としての「文化批判」のなかにブロッホのテクストをおくことにより、ブロッホの思考における保守的な要素を、それをタブー化することなく、検証することができる。もっとも、近年では、そうしたタブーも打ち破られつつある。ハンナ・ゲークレやミヒャエル・パウエンは、産業資本主義による文化の画一化を嘆き、前資本主義時代のドイツの多彩な、有機的な共同体をしばしばノスタルジックに回顧する『ユートピアの精神』に、保守的・ロマン主義的要素が入り込んでいることをすでに指摘している。(7) 若きブロッホの文化批判は、国民国家の枠を超えた国際的労働運動への共感へと一直線につながっていくようなものではない。「過去への郷愁」は、レーヴィが誤って想定しているように(8)、どこか場所の特定できない未来のユートピアへの希望につながるのではなく、かなり具体的にドイツへの希望を含みもっている。「古い、埋もれてしまった、僕たちに課せられた、ユートピア的ドイツ」(9)の再生こそ、彼が求めるものである。この点における、保守派との親縁性が検討されねばならない。

二つ目の利点は、ブロッホ自身の「文化批判」を問題にすることで、「文化戦争」への彼の介入を、さらに詳しく検討できる点にある。ゲークレとパウエンの指摘は、『ユートピアの精神』のみに基づいたものであった。しかし、ここで注目したいのは、スイス時代の評論においても、『ユートピアの精神』から連続するような文化批判が見出されるということである。『ユートピアの精神』のみならず、スイス時代の評論も、重層的である。前章で指摘したように、『自由新聞』紙上の連載「敵の勝利がドイツにとってどんな損害をもたらし、どんな利益をもたらすか」において、ブロッホは、ゲルマン時代の農民や中世都市の民主主義をたどっていく。しかしそこには同時に次のような記述も見られる。

[…]幾つかの力強い農民地域、そして少なくとも最初の頃の、かつての帝国都市において、あの独自のドイツ文化、すなわち暖かさ、小さきものへの愛、入り組んでいて、機知に富んでいて深遠な、神秘主義的なくつろぎというものが生まれた。それは全世界にも類を見ないものであり、ドイツの天才たちの作品へと通じる唯一の道であったのだ。ここにおいて、すなわちドイツ人が自由であり、お上の書記部屋と破廉恥な卑屈さ、さらには金銭的な事柄におけるモラルの喪失——これらによってドイツは、その社会立法にもかかわらず、資本主義のもっとも不埒な国となったのだ——が彼らをまだ堕落させることがなかったところにおいて、ドイツがその絶えることのない多彩さのなかに生きたところにおいて、ここにおいてこそ、ロマン・ロランが言うような、あの夢に沈んだ思想、そこからヨーロッパも滋養を得たところの思想の一部も流れ出し

たのだ［…］。(10)

資本主義的な現在がマイナスに評価されるに従って、過去がより良いものとして表象される。「古いドイツ」の「多彩な」文化をポジティブに形容する言葉、それに対する驚くほど率直な憧憬は、戦前のエッセイから『ユートピアの精神』、そしてスイス時代の評論に至るまで一貫して変わっていないことが理解される。しかしとくにこの亡命期の議論では、「独自のドイツ文化」が、「全世界にも類を見ない」ほど特筆すべきものとされ、また思想戦を戦った知識人のなかでもおそらく最も有名な一人に数えられるロランの名を引き合いに出しながら、ヨーロッパに大きな影響を及ぼしたドイツ思想の重要性が訴えられる。（ちなみにロランは、戦争勃発に際してはドイツを強く非難したが、もともとは親独派として知られていた人物である。）ブロッホは、「世界」の視線を意識しながら、苦境に立たされる「ドイツ文化」の独自の価値を擁護しているようだ。これは「文明の文士」ハインリヒ・マンよりも、その「保守的な弟」トーマス・マンの口ぶりである。

これを保守的な文化批判とするならば、ブロッホの戦時評論には独特の緊張が生まれることになる。「保守主義」とは、基本的に、フランス革命以前の社会や国家の状態を保持しようとする思潮であるとするならば、フランス革命を支持するブロッホの姿勢と保守主義とは、相容れないように思われる。(11) しかし、資本主義への批判という観点から見たとき、たしかにプロイセン・ドイツがもっとも不埒な資本主義国家として非難されるのだが、同時に、先進的な資本主義社会であるイギリスやフランスも批判を免れないことになる。そのとき、ブロッホは自らの敵であるはずの保守派と同じ文化批判の言説を共有していたのではないか、という問いがここで浮上するのである。

以下では、フランス革命の政治的理念の支持と並んで、それと部分的に緊張関係を保ちながら存在する、ブロッホ自身の文化批判をたどっていく。その際、次のことをあらかじめ確認しておきたい。すなわち、十八世紀から十九世紀をとおして西洋社会を大きく変えた二重革命に対するブロッホの姿勢は、基本的にアンビヴァレントなものであったということである。何故なら、彼が後に定式化したように、革命によって、「シトワイヤンからブルジョワが生まれた」[12]からである。確かにブロッホは、革命の「シトワイヤン」を支持する。その点で彼は明らかに保守主義者とは異なっている。しかし、革命の帰結として生まれた「ブルジョワ」社会に対する視線は、保守主義者同様に厳しいものとなるのだ。西洋が始動させた近代資本主義社会へのアンビヴァレンスは、ドイツに対する態度をもアンビヴァレントなものとし、「一七八九年の理念」を支持しながら、同時に、「ドイツ民族の目的としてのゴシック」への回帰を呼びかけることになる。

まず、ブロッホのテクストにおいても認められる、「プロテストするドイツ」の像を検討したい。そして、そのプロテストの二つの源泉を探る。レイモンド・ウィリアムズは、支配的な文化に属さないような実践、経験、意味や価値を表す「対抗文化」について語っているが、それをさらに「残存文化（Residual Culture）」と「新興文化（Emergent Culture）」とに分けている。「残存文化」とは、支配的な文化のなかにありながら、周縁に追いやられているような、例えば伝統的な宗教的価値や、過去の田園的世界である。「新興文化」とは、新たに台頭してくる対抗文化である。[13]ブロッホもまた、ドミナントな近代文化――それは何よりも近代的プロイセンを指すのだが、また、支配的な西欧文化をも包括する――に対抗すべく、この二つの文化に依拠している。本章では、土着の「フォルク」の「残存文化」に依拠したプロテスト、次章では、若者たちの「新興文化」、すなわち表現主義に依拠したプロテストを検証する。以下の分析によって、「敗北の思考」（シヴェルブシュ）のなかの文化批判においては、ドイツがデモクラシーを受け入れ、その意味で「西洋化」しても、それとは別に守られるべき「ドイツ文化」の独自の価値があるという考え、また、資本主義的・帝国主義的文明のグローバルな均質化に対して、守られるべき諸文化の多様性という考えが見出されるということが明らかとなるだろう。

二　「プロテストするドイツ」

前章において、ブロッホがアメリカ大統領のリベラリズムを擁護する議論を検討した。そこに明らかなとおり、ブロッホはドイツの戦争支持者たちが、どのような理路によって西洋を攻撃しているのかをよく承知していた。例えば合理主義的な西洋の普遍主義に対し、非合理主義的であることこそドイツ民族の「本質」とし、それをもって西洋に対抗しようとしていることを見抜いていた。そのうえで、そうしたプロテストを冷静に退けていた。しかし資本主義や帝国主義という観点から西欧が批判的に眺められたとき、「文化戦争」のイデオロギーに対する免疫がブロッホにあったかどうか、疑わしくなるのである。例えば、『ユートピアの精神』には、イギリスとフランスに対して「反抗する隣人」としてドイツをとらえ、その特徴を説明する次のようなくだりがある。

> 抵抗する隣人は、愛すべき隣人でさえあるのだ。アメリカ西部の荒くれ者の馬乗りに始まって、最近のフランスの若者たちの規律ある戦士に至るまで、いまだ市民的にはなっていない、いまだ家畜と化していないすべての心、男たちの荒々しい、まだ去勢されていない雄馬の心が、その隣人のものになる。自分の弁護士に対する嫌気、まったくの安穏への嫌気、平和主義だと善人ぶるアングリカン風道徳への嫌気は、よく理解できるものであろう。そこにおいて戦争は廃止されたわけではなく、ただ私生活のなかへと追いやられただけ

である。そしてそれは、この閉塞状況のなかで、［…］際限のない搾取と粗暴、憎しみ、嫉み、悪意、そしてルサンチマンのあらゆる形態を生み出すのである。一方でドイツにおいては――イギリスがかなり汚染してしまったので、事実としてはそうでないかもしれないにせよ、しかし原則的には――抵抗する力が、あるいはシェーラーが以前述べたところの、いまだ存在する信念の軍国主義が、自分自身のために、優勢であるのだ。これこそ、飼い馴らされたもの、計算するものすべてに対抗するものであり、またこれらを根絶やしにするものである。これこそが、忠誠には忠誠を与える、また信頼をもってする服従に対しては責任ある指導を与える、あの自明の温情と家父長的な礼儀である。（強調は引用者）（16,295f.）

ここでも西欧とドイツとが対比されている。ブロッホは政治的イデオロギーを問題とするとき、このドイツという「隣人」を、西欧との比較において、その「後進性」によって非難してきた。同時に、プロイセン・ドイツの急激な近代化は、ほかのどの国よりも、伝統との断絶をもたらしているとも批判してきた。しかし、ここでは彼は、別の視角から比較を行う。西欧では、市民的な安穏、偽善、退屈が支配的であるというように、ここでは西欧がネガティヴに評価される。それに対してドイツはまだ完全には西欧的な市民＝ブルジョワ社会とはなっていないのだが、そのことが、ここではポジティヴに肯定されるのである。というのも、まさにその「遅れ」のゆえに、ドイツは文明によって飼い馴らされておらず、野性的な心をまだ有している、ドイツはまだ抵抗する力をもっている、とされるからだ。「文明にプロテストするドイツ」とは、明らかに、文化戦争の決まり文句である。上記の引用において、ドイツは一方では荒々しい野生として、他方では「家父長的な礼儀」の国として表されるなど、支離滅裂なところもある。しかし明らかなのは、西欧がその都度ネガティヴな鏡となっているということだ。例えばそれが管理され窮屈な市民社会であるとみなされるのか、あるいは節操のない自由競争社会としてとらえられるのかによって、肯定されるドイツ像も変化するということだ。しかしさらに驚くべきなのは、「温かさ」や「礼節」が、よりによって「プロイセン」の特徴として描かれていることだ。ドイツの「抵抗する力」は、さらに次のように説明される。

しかしそれはとりわけ、西洋諸国のリベラルな落ち着きのなさ、そのデモクラシーのだらしなさ、その自由思想家たちにみられる責任感の欠如したディレッタンティズム、すなわち、十九世紀ドイツの思弁的哲学によってとうに克服されたところの、啓蒙主義の社会契約論に対する、無私の、有機的な国家観の、一般的義務においてのみ咲き誇る個性の闘いなのだ。そのように、プロイセン・ドイツは、単に抵抗する力があるだけではなく、築き上げられた王国、組織の中心地［…］でもある。それは単に死の強制力のある機械的な組織体であるわけではなく、そこでは最も力あふれる伝承、歴史、神秘主義が働いているのである。すなわち、プロイセン・ドイツの特別な組織化において、最も西洋的で、最も近代的で、最も合理的な計算が、［…］メッテルニヒ、ゲーテ、ヘーゲルの有機的な形態思考、有機的な伝統主義と一体となり、権威の精神、［…］神によって定められた序列と一体となるほどに。(16,296f.)

『ユートピアの精神』発刊当時のある書評は、このくだり全体を、おそらく皮肉を込めて、「驚くべきページ」と評している(14)。保守的な文化批判と好戦的態度が混じり合ったこの文章を、当時の論者たちは見過ごすことがなかったのである。むしろ真に驚くべきは、ブロッホ研究において、二ページにわたって続くこの箇所が全くと言っていいほど無視されてきたことである。[15]「反西洋」のエネルギーが充満したこの文章をまともに受け取るならば、『ユートピアの精神』序文におけるドイツ知識人への痛烈な批判も効力を失ってしまう。ドイツの戦争に対する断固とした闘いも、水泡に帰してしまうほどである。

もっとも、この箇所をまともに受け止めるべきなのかどうか、という問題はある。この長いくだりの後に次のような言葉があるからだ。「おおよそこんな具合に、語ることができるだろうし、それで満足もできるだろう。」この言葉はどう理解すべきであろうか。このあっさりとした一文によって、ブロッホは、それまで二ページにもわたって熱っぽく開陳された思想から、一瞬にして身をかわす。そしてこの箇所全体が、一九一四年の開戦時の決まり文句の皮肉な引用にすぎないように思われる。そしてさらに続く次の文こそ、彼自身の本当の立場を示しているように思われる。いわく、「しかしいまや、ロシア革命が勃発した。そしてこの革命の前ではじめて、諸価値を正しい位置に据えよう［…］という気持ちが本当に芽生えるのだ。」(16, 297)

ブロッホが自らの「驚くべきページ」に対して距離をとっていることは明らかなようだ。しかしだからと言って、それが動員された知識人の言葉の単なる引用であるとも限らない。実はブロッホは、一九一五年に書かれたと推測されるルカーチ宛の手紙のなかで、次のように告白している。「もし僕が、以前のように、保守的プロイセン的な基本感情を少しでも保っていたならば、不愉快きわまりない気分で、戦争に動員されただろう。[16]」「不愉快」ではあっても、自らの信条に従えば動員されていたかもしれない、という意味であろうか。ブロッホの断固としたプロイセン批判をたどってきた読者としては、当惑させられてしまう言葉だ。しかし、「プロイセン」そのものも差異化して考える必要がある。ハフナーの指摘によれば、十九世紀の最後の十年間、とくにビスマルクが退陣した後、「プロイセン」そのものにも断絶が生じたという。「エルベの東に位置するユンカーと農民の国」、質素や堅実を旨とする「古いプロイセン」自体が、「工業国」となった新しいドイツの「華美、その金持ちぶり、その権力欲」に対して、そしてヴィルヘルム二世時代のドイツにみられた「成り上がり者風の見苦しいひけらかしや思い上がった振る舞い」に対して、不満を抱くようになったというのだ。(17) ブロッホは、一方では、十八世紀はじめの軍人王からルーデンドルフとヒンデンブルクに至るまでの「プロイセン軍国主義」の連続性を強調している。しかし他方で一八九〇年以降の断絶を察知し、ヴィルヘルム時代のブルジョワ資本主義、工業主義に対する嫌悪の情が、「古いプロイセン」なるものへの共感を引き起こしていたとしても不思議はない。いずれにせよ、この箇所は、『ユートピアの精神』という書物に含まれる幾つもの層――戦前にブロッホをも魅了した「保守的」な理念、戦争勃発によって生じた、その理念への距離、そしてロシア革命によって生まれた新たな希望――を明らかにしてくれる。「一九一四年の理念」に流れ込んだ「反西洋」の感情は、ブロッホ自身を強くとらえていたのであり、それを我が身で知り尽くしているからこそ、その理念の容赦ない批判者となることも可能だったのかもしれない。

しかしこの箇所のように、多少なりとも意識的に文化戦争のイデオロギーと対峙しているのではない場合、ブロッホは、それを無意識に受け入れているようにも思われる。例を挙げよう。先の引用では、「だらしのない」民主主義、自由主義体制に対し、「権威」に拠った厳然たる序列が求められていた。このような志向は、『ユートピアの精神』の他の箇所でも見出される。そこでは、「経済的利益に基づく序列」は否定され、下には「農民と手工業者」がおり、そして上では「精神的貴族の権威」が支配するような序列が求められている。(16,410) そこには個人主義的、自由主義的な西洋近代社会とは異なる秩序を模索する姿勢が認められる。そしてその際、ブロッホはそこから何らかの距離をとることもしていないのである。

また「信念の軍国主義」という、上の引用にもあるとおり、もともとマックス・シェーラーに由来する概念を、ブロッホは戦時評論において無批判に援用してしまう。シェーラーによれば、「信念の軍国主義」とは、「そこにおいては、単なる衝動や好みが、中心となる精神と意志の支配下におかれ、生が新しく、とりわけ反ブルジョワ的に、反資本主義的に感受され、また世界観としても正当に評価されるような、より高貴で騎士的な生の形式」である。[18] シェーラーは、ブルジョワ社会に対する戦闘的な態度を讃え、信念ある軍国主義に高貴で倫理的なアウラを与える。シェーラーは無論、それによって、西欧に対するドイツの戦争を正当化するのである。亡命者となったブロッホは、プロイセン・ドイツにそのような高貴な軍国主義をもはや認めることはなく、次のように断言している。プロイセンは、「昔の騎士のエートスにあるような、持続的で本質にかなった信念の軍国主義」を持ち合わせていない。[19] しかし、「反ブルジョワ」、「反資本主義」を志向するシェーラーの概念そのものを、ブロッホが捨て去ることはないのだ。そして彼の戦時評論において、高貴なエートスを与えられるのは、古い戦士の本性をもつ「南ドイツ人」、その「力強いフォルク」である。[20] プロイセン・ドイツに対する闘いにおいて、ブロッホは、〈本来のドイツ〉、南ドイツにいまだ生き生きと残る本源的な力、有機的な力に頼ろうとする。しかしながら、ブロッホが描き出す南ドイツの「フォルク」はともすれば、「文明に飼い馴らされていない」、あの「隣人」の姿に重なり合う。ブロッホが希望を託す〈本来的な〉ドイツ人が、プロイセンに対してだけでなく、西欧に対してもプロテストするとき、いかに危険な存在になりうるか、彼は気づいていたであろうか。

三 「農本ロマン主義」とその帰結

『ユートピアの精神』からスイス時代の評論まで、一九一〇年代の著作を貫いているのは、「有機的なるもの」、「土着的なもの」に魅了されたブロッホの姿である。戦争機械と化したプロイセンに幻滅した後も、彼がかつてそこに見出した「有機的な伝統」という理想を捨てることはなかった。ただ、有機的な共同体の理想が、他の社会へと移しかえられるのである。アメリカ、とりわけウィルソンを支持するのも、彼が――ブロッホの眼鏡で見れば――「農民の民主主義」を代表しているがゆえである。後に見るように、ブロッホのロシア像にも、有機的なものへの憧憬が強く表れている。しかしアメリカやロシアにもまして、憧れをもって描かれるのは、土着の民族文化を有する「古いドイツ」や「南ドイツ」なのである。一九一〇年代のブロッホのこうした方向づけには、二つの源があると思われる。一つは、ヴィルヘルム・ハインリヒ・リールに始まる「農本ロマン主義」、二つ目は、グスタフ・ランダウアーの「ロマン主義的な社会主義」である。まず前者から見ていこう。

リールの思想がブロッホに影響を与えたということは、これまでブロッホ研究において議論されたことはなく、また彼自身もその名に言及してはいない。ブロッホに対するリールの影響を実証することはできない。(21) しかし、ブロッホが亡命時代においても共感をもって言及した「ドイツの文化史家」が誰なのか考えてみるとき、ひとつの有力な可能性として、この名前が浮上してくるのである。というのも、リールこそ、「哀愁を帯びた郷土感情を引き起こす時代」として「幾つもの中心をもつことで多彩で生命力にあふれていた古いドイツ」を、「近代のプロイセン・ドイツ」に抗して呼び起こそうとする「文化史家」であったからだ。リールが活躍したのは十九世紀半ばである。しかしその著作が広範囲に読まれるようになったのは世紀転換期以降だ。したがって、若きブロッホがリールの思想、もしくは当時数えきれないほどの亜流によって喧伝されていたリール的な思想から養分を得ていたとしても不思議ではないだろう。(22)

一八二三年生まれのリールは、十九世紀ドイツの大きな社会変動を身をもって体験した。彼が生きたのは、革命がドイツにも飛び火し、古い階級社会が綻びはじめた時代、産業革命の波がドイツにも到達し、農業社会から次第に工業社会へと変わりつつある時代、それとともに人口が都市へと流れ込んだ時代である。一八五〇年代からリールは農村に入り、現地で変わりゆく農民たちの生活を観察した。一八五一年から一八六九年にかけて出版された全四巻の『ドイツ社会政策の基礎としてのドイツ民族の自然史』、そして彼がドイツ各地をまわって行った講演は、時代の潮流に逆らうものであった。都市を中心に編成され、すべてを均質化、平準化してゆく近代の市民社会、工業社会に対して、ドイツ民俗学（Volkskunde）の創始者としても知られるリールは、「フォルク（Volk）」、すなわち「民衆」、「民族」(23)の自然な、大地に結びついた文化の重要性を説き、市民や労働者のような「運動する力」に対抗して、「固執する力」としての農民層に光を当てたのである。(24)リールは、保守主義の論客であった。彼は革命に反対し、台頭する新しい運動勢力としての市民階級、そして何よりもプロレタリアートに対抗する。歴史の新しい力は、身分上の差異も含めた、自然な差異を壊してしまうからである。リールは、近代社会の到来をうけて、マルクス／エンゲルスとは異なる処方箋を提示する、二人の「好敵手」(25)だ。台頭してくる社会民主党を批判して彼は次のように述べている。

社会民主主義者は、パリの労働者プロレタリアートを研究して、ある一つの理論を立てる。しかしそれは、無言のうちに、このパリのプロレタリアートという小さな集団のもとに、全ヨーロッパの、いや、全地球の社会を押しこもうとするものである。［…］［しかし］ドイツの社会状況というのは、フランス、イギリスなどにおけるのとは全く異なっているのだ。民族は、そのあらゆる点において個性的なのだ。(26)

このように、リールは、ある国で起こった運動がそのまま他国にも、さらには全世界に広がっていく（広がるべき）とする考えを斥け、個々の「社会状況」や「民族の個性」の差異に注意を促している。また、ミュンヒェン大学教授として、後にはバイエルン国立博物館館長として、南ドイツを中心に活躍したリールは、十九世紀を通じて進んだ「プロイセン化」を批判していた。彼は、プロイセンの「近代的で均質化する警察・官僚国家」の弊害を指摘し、「抽象的な国家理性という紋切り型」のために、「民衆の生活の自然な力」が忘れ去られてしまうことを憂えている。(27)

文化史家・民俗学者としてリールが訴えたのは、対外的には、すなわち他のヨーロッパ諸国との比較においては、「多中心的」なドイツにおいて、さまざまな部族の生活が織りなすドイツ文化の「色とりどりの多様性」(28)であった。また対内的には、リールにおいて、「フォルク」と「国家」が緊張関係におかれている点に注目すべきである。この国家とは、プロイセン国家である。ベネディクト・アンダーソンは、十九世紀半ばからヨーロッパに登場した「公定ナショナリズム（Official Nationalism）」について語っている。「公定ナショナリズム」とは、そもそも「国民的なることとは無縁」のヨーロッパの諸王朝が、「国民」へと「帰化」することで生まれた、「国民と王朝帝国の意識的合同」であるという。(29)ドイツにおいては、ホーエンツォレルン家のプロイセンが、対ナポレオン戦争を契機に興った国民主義運動を吸い上げて、ドイツ統一国家を完成させていく。しかし、このプロイセンという「近代的で均質化する警察・官僚国家」の、いわば「上から」の国家主義に対し、リールの「フォルク」は反発を感じるのだ。

近代化がもたらす弊害がますます強く意識されるようになった世紀転換期以降、リールは新たに発見される。大都市への集中化と均質化がすすんでいくなかで、それぞれの「郷土」の独自性を守ろうとする郷土運動（郷土芸術運動、郷土保護運動）がドイツ各地に広範に現れるのだが、リールはその思想源となった。リールが表明した「農本ロマン主義と大都市への敵対心」[30]が受け継がれただけではない。この運動においても、「フォルク」と「国家」との間にはある種の緊張関係がある。プロイセン国家が先導していく近代化、工業化は、「フォルク」の本源的な土地、「郷土」を破壊すると考えられたのだ。郷土作家らの批判の的となったのは、プロイセン国家の中心地たるベルリンである。アルザス出身のフリードリヒ・リーンハルトは、ヴィルヘルム時代におけるベルリンのヘゲモニーを痛烈に批判し、いわば周縁に追いやられた者の立場から「脱ベルリン」と「脱中心化」を訴えた。[31]

リールに見られたような、フランス革命に反対する姿勢や原理的な反社会主義が、ブロッホの共感を呼ぶことはなかったはずである。しかしながら彼は、近代的で機械的なプロイセン国家と、自然で有機的な「フォルク」との対立という、リールの、あるいはリール的な思想の根幹をなす対立を受け継いでいる。こうして、農民とフォルクのロマン主義にからめとられることで、しかしブロッホは、危うい領域に足を踏み入れてもいる。

それを見るには、リールが強調する「フォルク」が孕む二重性をもう一度確認しておかねばならない。「フォルク」は、一方では、近代化を推進するプロイセン国家と緊張関係にあるものとして想定されている。（もっとも、それはお上に対して立ち上がるような「人民」でもないのだが。）他方において、リールの「フォルク」は、フィヒテやロマン派の伝統に立って、言語や慣習を同じくする者の共同体、文化共同体として、西欧の隣人のヘゲモニーにも対抗する。モッセが指摘するように、リールが保存しようとするフォルクの文化は、「自然に根ざした民族の文化」でもある。そしてそれを「機械的・物質主義的文明」、何より「西洋的」な「文明」の「対極」として持ち上げるところに、「フェルキッシュ」、すなわち「民族主義的」な思想、民族のナショナリズムが生じてくるのだ。[32]

ブロッホの同時代人たちは、リールに刺激された民族のナショナリズムを受け継ぎつつ、しかしその際、リールとは違って、帝国の拡張を目指すプロイセン・ドイツの「公定ナショナリズム」と和解する。「脱ベルリン」を唱えてそれぞれの郷土への回帰を訴え、郷土への牧歌的な愛を謳ったはずのハイマート作家は、戦時には、「ドイツのハイマート」を守るべくベルリンと和解した。そこからは、フランス人であれ、ユダヤ人であれ〈よそ者〉は排除される。そして民族主義的なイデオローグたちはこの純粋な民族共同体を、必要とあらば、最新の近代的兵器で防御することを厭わない。さらに、大地に根ざしているはずの民族が、さらなる繁栄のため、海を越えていくことも。彼らは、「海の農民」[33]というアクロバティックなアイデアを創出しながら、帝国主義的な野心をもみたしていく。他者たちのハイマートを侵略することは、彼らには何ら問題とならないのである。ナチス時代、リールは、民族意識を鼓舞した功績によって讃えられることになる。なるほど、基本的には、「美的な本性の人であって、決して政治的な本性の人ではなかった」リールに、二十世紀ドイツ民族派の「大ドイツ的膨張衝動」の責任を負わせることはできないかもしれない。[34]しかし、ドイツ各地のアルカイックな部族的文化を観察しながらリールが練り上げた、ドイツという「民族主義的な共同体」のプログラムは、そうした発展の芽を孕むものであったのだ。[35]

ブロッホの問題は、戦時評論においてプロイセンの「公定ナショナリズム」だけを批判し、「フェルキッシュ」

なイデオロギーの危険を看過していることにある。なるほど彼は、すべてのドイツ人が戦争に加担した責任を問題にしてはいる。しかし基本的に、ドイツの民衆を抑圧する、戦争機械と化したプロイセン国家に根本的な罪があるとする主張にほぼ終始する。そしてそのプロイセンに対抗するために、南ドイツの農民やフォルクの文化といった、リール的な言説を持ち出してくる。ブロッホが見落としていたのは、彼の敵であるドイツのナショナリストたちもまた、リール的な言説に依拠していたということだ。ブロッホが反プロイセンの闘いのために依拠しようとしたドイツ民族の「有機的」な力こそ、民族派のイデオローグや、トーマス・マンのような保守主義者、そして先取りして言うならば、ブロッホが完全なる共感を寄せた表現主義者に至るまで、反西洋の戦争を支えた力なのである。しかし彼自身が、大地に根ざした「フォルク」のロマン主義に深くとらわれていたために、まさにドイツの大地から、「下から」わき上がってくる「フェルキッシュな」ナショナリズムの危険を見なかったのだ。その意味で、彼の対抗言説は、部分的に失敗していると言わねばならない。「もし牧歌的な考え方が技術的進歩に打ち勝っていたならば、ドイツの近代性は、あのドイツの破局を引き起こすことはなかったであろう。[36]」「牧歌的な考え」と「技術的進歩」を接合させた民族派が、「牧歌的な考え」のみにこだわった反対派を圧倒したのである。

四　有機的なもの、土着的なものの魅惑と社会主義

(1)　ランダウアーと「ユートピア」

さてしかし、大地に根ざした「フォルク」(民衆/民族)の力に訴えることが、攻撃的な「フェルキッシュ・イ

デオロギー」に必ずしも直結するわけではない。近代化以前に存在したような、あるいはまた農村にいまだ息づいているとされるような共同体への憧憬を表明したからといって、それが常に「反動的モダニズム」となるわけではない。モッセも、『フェルキッシュ革命』の新版への序文で、次のような可能性を示唆している。「フェルキッシュな範疇で考えるが、各人それぞれに人類への貢献を認めること、フォルクを永遠に与えられたものとしてでなく、人類統一へ向けた一段階として受け入れること」は可能だというのである。そして、このような考えを提示した人物として、「反権威主義的社会主義者」グスタフ・ランダウアーの名前を挙げている。モッセはランダウアーの思想を「フェルキッシュな社会主義」と呼び、それがドイツで力をもつことはなかったとも付け加えている[37]。もっとも、ランダウアーの思想が帝国主義的・人種差別的主張を含む「フェルキッシュ・イデオロギー」と一線を画すというのであれば、「フェルキッシュ」という用語を避け、〈フォルクの社会主義〉として区別したほうがよいだろう。ここでも「フォルク」とカタカナ表記で示すのは、ランダウアーにおいても中心的であったこの概念が、ひとつの安定した定義に還元できない多義性を孕んでいたことを示すためである。

ランダウアーの思想は、「フェルキッシュな社会主義」以外にも、「ロマン主義的社会主義」、また「アナーキスト的社会主義」などさまざまに呼ばれている[38]。彼はもともと、当時最大のマルクス主義政党であったドイツ社会民主党に属していたが、後に袂を分かった。資本主義社会の超克を目指すが、彼の社会主義は反工業主義的で反都市的な方向づけをもっている[39]。「フォルク」、さらに「精神」や「土地」、「共同体」が彼の社会主義の中心的キーワードであり、また、親交のあったアナーキスト、クロポトキンと同様、中世に理想の社会を見出した。工場プロレタリアートではなく、「フォルク」の共同体を基盤とするランダウアーの「社会主義」は、一般的な「マルクス主義」とは一線を画すものである。ブロッホの「社会主義」も、このランダウアーの系譜にあると考えられるが、それについては第五章であらためて論じたい。ランダウアーは、戦争中は一貫して反戦・平和主義を貫き、一九一九年のバイエルン革命の際には、独立社会民主党のクルト・アイスナーが暗殺された後、ミュンヒェン・レーテ共和国に参画、まもなく彼自身も反革命軍によって殺害された。ユダヤ人革命家による〈フォルクの社会主義〉は、ドイツでは力をもつことができなかったのである。こうした社会主義の思想家、活動家としての顔をもつ一方、ランダウアーは、マイスター・エックハルトなどドイツ神秘主義思想の研究も行っており、同様の関心をもっていたブーバーとは戦前から親交を結んでいる。そして、ランダウアーは、ブーバーに刺激を受けながら、ユダヤ民族文化の覚醒運動にも加わっている。

　ブロッホ自身はランダウアーの名に言及することはほとんどなかった。二人の間には直接的な関係はなかったようだ。しかし例えばブロッホの友人であったズースマンは、ブーバーとランダウアーとも親交があるなど、間接的な接点が認められる。ブロッホがランダウアーから多くのものを吸収したということ、厳しい言い方をすればランダウアーの思想を「盗んだ」ということについては、これまでも指摘されてきた(40)。しかしランダウアーのブロッホへの影響は、もっぱら、ユートピア概念の受容に関連して議論されてきた。というのもランダウアーは、『ユートピアの精神』におよそ十年も先駆けて、その歴史哲学的な著書『革命』（一九〇七年）において独自のユートピア論を展開していたからだ。そこでランダウアーは、完成された理想国家という従来のユートピア概念がもつ静的なイメージを払拭し、変化をもたらす力としてそれを動的にとらえなおしたのであった(41)。

　ランダウアーによれば、「トピア」とは、相対的な安定を保つ共同生活の秩序の総体である。それに対し、「ユートピア」（「非トピア」）とは、共同生活が営まれる領域にではなく、個人生活の領域に属する。それは「常に均質のものではなく個別的なものであるさまざまな個人的行為と意志の傾向が混合したものである」。この非均質的で個別的なものが、「危機の瞬間において熱狂的陶酔を通じて一つの全体性へ、一つの共同生活の形態へと統一され、組織される」[42]。こうしてユートピアは、既存の秩序トピアを揺るがせ、解体する。ユートピアは二つの要素から構成されるという。一つには、ユートピアが生まれてきた母体であるトピアに対する反作用であるという要素。そしてもう一つは、かつてあったことが知られているすべてのユートピアに関する記憶であるという要素である。つまり、それぞれのユートピアには、先行するすべてのユートピアを「熱狂的に想起するというモメント」[43]が含まれているのだ。ランダウアーのイメージでは、ユートピアはいわば常に「仮死状態」で、現存するトピアという「棺」のなかに入れられているのだが、危機が訪れたとき、その棺から蘇るのだ[44]。しかしユートピアは、また新たなトピアを生じさせるので、歴史とは、トピアとユートピアとの果てしない繰り返しである。そして「革命」とは、二つのトピアの間の境界に、「自由へと向かう探究と努力」[45]として生起するのだと言われる。

危機の瞬間に、過去のユートピアの「想起」として革命が生じるととらえるランダウアーにおいて、歴史は非連続性に貫かれており、当時主流の「リベラル派や第二インターナショナルのマルクス主義者たち」の進歩史観とは異なっている[46]。ランダウアーにとって、過去とは、単に過ぎ去ったものとして切り捨てることのできないものである。

過去というのは、既成のものではなくて、生成されるものである。われわれにとって存在するのは、途のみである。未来のみである。だから過去も未来なのだ。過去は、われわれが歩み続けることによっておのずから変貌し、別のものになっていくのであるから、その意味で未来なのだ［…］。われわれのなかに生きている過去は、あらゆる瞬間に未来へ向かって身を投じているのだ[47]。

過去をいまだ清算されていないものとするランダウアーは、『革命』のなかで、ドイツ農民戦争からイギリス革命、アメリカ独立革命、そしてフランス革命に至る近代の革命運動の歴史をスケッチしながら、そのときどきの熱を帯びた解放の理念の痕跡をたどっていくのである。

このように見てくると、ブロッホがユートピアの理論家として、ランダウアーの動的なユートピア論を受容した、と言うだけでは十分ではないことが分かる。ランダウアーがすでに『革命』において提示していた、「トピア」と「ユートピア」の交差する動的な歴史観、固定されたものはもはやなく、すべてが変わりゆくというダイナミックな世界観が、戦時中のブロッホの批評活動の支えとなっていたと思われるのである。第一次世界大戦という危機の只中で、現存するトピア、すなわち軍事国家プロイセンは崩壊の時を数えている。そこではかつてのさまざまなユートピア、アメリカやフランスのみならずドイツの農民たちの革命が想起される。過去に存在した変革への衝動は、ポスト・プロイセンという未来のために、現在において活性化されるのだ。

ランダウアーにおいては、さらにまた、疎外をもたらす近代的資本主義社会を超えるために、社会主義が求められていくのであるが、理想の社会を模索する際、その視線は中世へと向けられる。そこにも「清算されていない過去」が存在すると信じるがゆえである。以下では、中世や「フォルク」へのロマン主義的な志向が、保守派とは異なるベクトルを向いて、復古ではなく解放へ、偏狭な民族ナショナリズムではなく、諸民族の共存へと向かっていることを示したい。

（2）〈フォルクの社会主義〉

『革命』において、ランダウアーは、近代へと人間が飛翔する以前の「暗黒時代」として中世を見るという、当時一般的に受け入れられていた歴史観に対して異議を唱えている。そしてむしろ「共同精神」が息づいていた中世を理想の時代として描き出す。ランダウアーによれば、中世においてはキリスト教が人々を一つに結びつけていた。中世から近代への歴史の経過は、決して積極的な意味での「進歩」ではない。むしろ、中世に存在した「すべてを結びつける精神[48]」が近代では失われ、個人はアトムとなってばらばらになってしまった。その意味で、近代は克服されねばならない過渡期なのだ。一見すると保守主義に近い考え方のように思われるが、ランダウアーが支持する中世とは、封建的序列社会ではない。

中世に認められるのは、近代においてそうであるような「中央集権主義と国家権力」の原則ではなく、「積層の原則（Prinzip der Schichtung）」であるという[49]。中世においては、「村落＝マルク共同体」、「ギルドや組合や固有の裁判権を保持した都市市民の友愛的結合」、「都市的な盟約や騎士的な盟約」など、多くの自立的な構成体が、「お互いに押し合いへし合いながら、また層を成して積み重なりあいながら」、存在していたという。しかしそれは「一つの整然たるピラミッドを成していたわけではなく、なんらかの集合的な強制力を構成していたわけでもない」。むしろ、キリスト教という絆によって固く結ばれながら、「素晴らしく多様に分化された」地域的・社会的な構成体の自立性が活かされるような、〈多様なものの統一〉であった[50]。「自由と結合との綜合[51]」を成し遂げた稀有な時代として、ランダウアーは中世を再評価し、それによって未来を志向している。「すでに過去のものとなってしまった共同精神から、強制力とそれに対する反抗、大衆の欠乏とそれに応えて新たなものを作り出す独創性といったものを通じて進んでいく途、個人から新しい共同精神へと至る途、それが革命であり、それがわれわれの途である[52]。」こうしたランダウアーの考えを、友人のブーバーは次のように解説している。ランダウアーにおいては、「真の共同社会的形態において保たれてきたものすべて」を捨て去るのではなく、新たな建設へと組み込んでいくことが重要である、と。そしてランダウアーの立場を「革命的保守」と定式化し、それを次のように説明している。「すなわち保存する価値のある、また新たな建設に役立つ、社会的存在の諸要素を革命的に選択すること。[53]」

「新しい共同精神」を実現させるものとしてランダウアーは彼の社会主義を規定し、一九〇八年には「社会主義同盟」を結成する。人々が自給自足の「ジードルング」を作り、そこに共に住まい、働くことによって、新たな、自発的な共同社会を実現させていくことが、その目標であった。「ジードルング」とは、「移住地、居住地」を指すが、ランダウアーの文脈においては、「社会主義的村落」といった意味合いをもっている。そうした取り組みのなかで、中心に出てくるのが「フォルク」の概念だ。例えば次のように言われる。社会主義とは、「フォルクという新たに生成する有機体のなかに生きる[54]」ものである。また、フォルクとは、「かつてあったもので、いまもあり、これからもあるであろう」集合体である[55]。

ランダウアーの「フォルク」概念を一義的に定義することは困難である。しかしブーバーは、ランダウアーの言葉、「国家を破壊するとは、いまと別の関係に入ることにより、互いにいまと別の態度をとることによってである」を引きながら、この「別の関係」こそが「フォルク」であると説明している[56]。このように「国家」との対立関係にあるものとして、「国家という殻の下に潜む」本源的な共同体として、「孤立した原子的個人の総和ではなく、さまざまな集団から一つのアーチのように自己を拡大しようとしている有機的な共属性[57]」として、ランダウアーの「フォルク」は理解される。大窪一志も示唆するように、ランダウアーは（そしてブーバーも）、当時のドイツにおいて流通していたような、産業化や都市化に対立する、大地に根ざした「自然生成的」な「フォルク」の概念に訴えていた[58]。しかしランダウアーのフォルクは、ドイツの郷土作家たちのように、プロイセン国家と和解することはない。モッセは、「フェルキッシュ・イデオロギー」との差異を強調しつつ、ランダウアーのフォルクを「平等な人々の間での民主的な共同体」[59]とみなし、また大窪も、「自然の絆によって結ばれた緩やかでボランタリーな組織というイメージ」を強調している[60]。それは反国家と反権威のシンボルでもあるのだ。プロイセンの軍国主義や工業主義に対して立ち上がる主体として想像される、ブロッホの「フォルク」も、これに近いようにも思われる。

(3) 「コスモポリタン・ナショナリズム」

しかしここで問いとして提起しておきたいことがある。モッセや大窪において試みられているのは、ランダウアーの「フォルク」を、「民族」や「国民」とは切り離すことである。しかしそれは可能なのだろうか。なるほど、ランダウアー自身も、ある箇所では、フォルクを「国境や国籍とは関係がない」ものと断っている[61]。しかし興味深いのは、ブーバーが、ランダウアーのフォルク概念について、次のようにも述べていることだ。

この「フォルク」に属するのはまた、国民と呼ばれるもののもっとも内的な現実でもあるのだ。つまり、国家化、政治化を解消しても残るもの、多様性のなかにある、本質の共同体、存在の共同体である[62]。

「社会主義、自由、および正義は、古くから共属してきた人々の間でのみ達成されるはずである」というランダウアーの言葉を受けて、ブーバーは、「存在様式、言語、伝統、共通の運命の記憶というものにおける民族同胞の相互の近しさは、共同社会的実存への永続的な素地」であるという見解を引き出している[63]。つまりランダウアーが考える「フォルク」を、言語、伝統、運命を共にする民族的共同体としてとらえているのだ。ここで忘れてはならないのは、ランダウアーがブーバー同様、ユダヤ民族文化復興運動の只中で思考していたということだろう。

ブロッホの〈ユダヤ性〉という問題も含めて、このユダヤ・ルネサンスの運動については、後にあらためて論じるつもりである。ここで確認しておきたいのは、ブーバーら「シオニスト」にとって、フィヒテやロマン派によって鋳造された「民族（Volk）」や「国民（Nation）」の概念——その基底にあるのは、言語、慣習、文化の共同体、さらには血の共同体という想定である——が決して否定すべきものではなかったということだ。統一された国民国家をもたないドイツが、ナポレオンによるドイツ支配に対抗しつつ、民族の一体性を基盤にした国民国家を創成していくプロセスは、ユダヤ人国家の創設をめざすシオニストにとって、共感できるものだったのである。「若いシオニストたちが『ドイツ国民に告ぐ』のなかに見たのは、嫌悪でも攻撃でもなかった。そうではなく、国民としての強い自覚をもつことによって、一人ひとりが道徳性を高められるということだったのである。国民主義は倫理的要請であり、独自の個性をのばす手段であった。」(64) つまり、フィヒテによって提示された「民族」や「国民」は、若きシオニストたちにとって、自らの民族性の自覚を高める、歓迎すべき観念だったのだ。ブーバーがランダウアーを民族主義的に読解したと言えないわけではないが、しかし、ブーバーをシオニズムの指導者として、「ある国民が生成するとき」に必要な「詩人であり預言者」(65) として讃えていたランダウアー自身、「民族主義的」思考からそれほど遠いところにいたわけではないだろう。

若い頃ユダヤ運動に参画し、後に著名な歴史家となるハンス・コーンは、ブーバーやランダウアーにも共有されていた考えとして、二つのナショナリズム、〈悪しき〉ナショナリズムと〈良き〉ナショナリズムを区別している。

ひとつは、「外的な存在」にかかわるものであり、「経済的・権力政治的」なナショナリズムである。そしてもうひとつは、「民族の精神的・文化的な生」、「内的な」生にかかわるナショナリズムである。[66] この区別は、彼らにおいて、常に否定的に用いられる「国家（Staat）」と、肯定的に用いられる「民族」、「国民」との区別にも相応する。そしてこの後者のナショナリズムは、民族の独自の個性を育てるのであるが、それが排他的な自民族中心主義に陥ることなく、他民族の個性の独自性をも認め、人類文化の多様性に貢献するものなのだ。「真のナショナリズムと人類とは互いに排除し合うものではなく、互いが互いを条件づけるのである。[67]」啓蒙の時代から初期ロマン派にかけて育まれた、そして二十世紀初頭の若きユダヤ系ドイツ人たちにアピールした、この〈良き〉ナショナリズムを、コーンは「コスモポリタンなナショナリズム[68]」と名づけている。また、「国家」の廃絶を訴えても、「民族」の廃絶を主張したわけではなく、それぞれの民族が独自の「役目（Amt）」をもち、人類文化に貢献すべきと考えたランダウアーの思想[69]を、ユージン・ランは、「文化的多元主義」と呼んでいる。[70]

同様にブロッホも、プロイセン国家の権力政治的なナショナリズムを批判しつつも、ドイツ民族のもとで培われてきた「精神的・文化的な生」への深い愛着を示している。そして彼にも、フィヒテに対する共感がある。第一次世界大戦が勃発し、ドイツ・ナショナリズムの父として再び脚光を浴びていたフィヒテではあるが、そのことが、フィヒテに対するブロッホの共感を失わせることはなかった。一九一五年にルカーチに宛てた手紙にあるように、フィヒテが今時の戦争を体験したとしたら、それを厳格に否定しただろうというのが、ブロッホの見解であった。[71] また、スイス時代の評論でも、ブロッホはフィヒテを引き合いに出している。なるほど亡命者となった彼は、「祖国」、「国民」、「民族」への固執がいかなる危険を引き起こすか自覚し、一方ではそうした観念をネガティブに見ている。しかしそれを脱するヒントを、彼はフィヒテの「世界市民性」に見出している。[72] もちろん、フィヒテにあっては、根無し草の「コスモポリタン」が称賛されているわけではない。むしろ、個々の民族性に根をはったうえでのコスモポリタニズム、まさに「コスモポリタンなナショナリズム」が志向されているのである。ブロッホが一九四〇年代においてもフィヒテを擁護して述べるところによると、フィヒテの「国民」は、個人と人類をつなぐ仲介者であり、フィヒテの「愛国主義」とは、世界市民性がそれぞれの土地において示す精神に他ならない。(73)フランス革命を支持しながらも、ナポレオンの「世界君主制」に対して立ち上がり、民族文化の個性の保持を訴えたフィヒテの愛国は、ヴィルヘルム時代の帝国主義的ナショナリズムに収斂することのできない何ものかであったのだ。(74)

こうして、ドイツ伝統の「フォルク」概念――これがその後、自分たちの運命にいかなる悲劇をもたらすのかについて、当時のロマン主義的ユダヤ人にはまだ分かっていなかった――はシオニストたちによって流用されることで、排他的ではなく、他者へ開かれたものとなる。ブロッホも「ドイツ民族」の独自の「精神的・文化的な生」のもつポテンシャルにこだわっているのだが、とりわけ、それを「コスモポリタン」なものとして救おうとしてるように思われる。

五　文化的な多様性を求めて

ブロッホがドイツの農民や中世のゴシック文化を引き合いに出すのは、ドイツが世界を敵にまわして戦い、世界から孤立しているときである。反体制派の亡命知識人として、ブロッホは、自国と世界との「レヴェルの差」、すなわち「非同時代性」を自覚させ、民主化へと向かう世界の流れに自国を接続させようとする。ブロッホはドイツの政治的な「遅れ」を自覚し、ドイツが戦争に負けて、「西洋文化の誇り」であるデモクラシーをドイツ人が受け入れることを望む。しかしそのことは、「ドイツ固有の文化」の存在を否定するものではない。こうした志向は、次のような認識、すなわち、もともと西欧に発する、資本主義的で工業主義的な近代文化を受け入れることが、必ずしもプラスとならないという認識と結びついている。その際、ドイツにおける、近代的市民社会・資本主義社会の発達という面での相対的な遅れ、そしてそのことによる豊かな伝統文化の存在が、むしろ積極的な意義を帯びるのである。

もっとも、ブロッホの言う「ドイツ文化」とは何なのか、はっきりとその像を描くことは難しい。理想化されるのは、南ドイツの大地に根ざした農民や、中世だけではない。以下に引用する箇所では、彼はとくに、「一八二〇年頃」のドイツ文化の多様性と広がりを指摘しているようだ。

ドイツに生まれ、過去に沈んでしまった古い文化を自らのうちにもつ者にとって事実であるのは、他のいかなる民族、いかなる国においても、そしてロシアにおいてさえ、この混乱し、感情にあふれ、彼方まで輝かそうとする過剰なものという遺産、始まりから没落に至るまでの、思弁的な稲妻という遺産――それを前にしては、すべてラテン民族的な炎はまだ鬼火でさえないのだが――に出会えないということだ。それに対し、ドイツではすべてのものに出会うことができる。ここで人はジェノヴァを感じ、パリを感じ、そしてまたサンフランシスコを感じる。ここでかつては、青い空気と、軽くて、色彩豊かで、響き渡る地中海文化を、北方の光によって照らし出されたように、獲得することができたということを感じる。そしてロシア的人間に出会うために、わざわざ遠くまで旅する必要もないということを感じる。ホフマン氏、ドイツの学生、古い、忘れられた、ファンタスティックな王国、すべての基礎となる国。(16,303f.)

ここに明らかなのは、ドイツに対する抑えがたい憧れ、そしてドイツへの矜持である。とくに、「感情にあふれ、彼方まで輝かそうとする過剰なもの」といった表現、また「ホフマン氏」という名前によって、ロマン主義の伝統を、また「思弁的な稲妻」という表現によってドイツ哲学の伝統が強調されているようだ。ドイツは、「すべて」を、「ジェノヴァ」から「サンフランシスコ」まで、「地中海文化」から新大陸まで、そして「ロシア的人間」まで、内に秘めている。その「深さ」、その「多彩さ」において、いかなる国にもひけをとることはない。ブロッホにおいて、「古いドイツ文化」の発見は、プロイセン的なるものとは異なる、世界に対して開かれたドイツの文化を世界に提示したいという欲求、政治的に敗北しても滅ぼされることがあってはならない独自の文化への愛着と矜持、さらに、資本主義の世界的な展開にともなって進行する文化の画一化、均質化に対して文化の差異と多様性の承認を求めるモチーフが混然と絡み合っているとみるべきであろう。

「僕たちは貧しい、と同時に豊かである」(16, 304)、とブロッホは言う。「貧しい」とは、民主主義の貧しさ、ヴィルヘルム時代においてドイツが陥った精神的な貧困、例えば物質主義や権力志向を指すのだろう。しかし、その歴史、文化においてドイツは「豊か」である。「古い時代と現在との異質な要素がわれわれドイツの生活においては、奇妙に混乱しながら混じり合っている」――シュレーゲルがこのように評したドイツは、遅れているというよりも、文化的な豊かさを表すのである。ブロッホは、ハイネの苛立ちとロマン主義者の自負を合わせもっているかのようだ。しかし彼はここで、かつてのロマン主義者の議論を反復するだけではない。そしてドイツが「豊か」なのは、ただ伝統が豊かであるというにとどまらない。彼は、同時代に生きる「少数の、若く創造的な人々」

に言及する。その若者たちにおいては、過去の「偉大な宝」に拠って、「根源的な力と、神話を形成する対象性が、これまでになかったほど、沸き上がり始めている」。そして次のように言う。

自己を表現しようと、向こう側で始められたことは、ここでは、パリにおいてよりも、もっと深いものになった。身ぶりを描写すること、ただ感情の高揚に身をまかせることは、フランス人にはすぐに思いつくことであった。しかし、表現は、そして偉大で、疾走し、歌い、指図し、深みへとはまり込んでいく、何ものかの、内容の、目標の情熱は、ドイツ的本質に元来親縁性があり、ここにおいてはじめて、その成熟のゴシック的豊饒へと至るのである。（16,304）

ここには、「ドイツ的本質の深み」と「フランス的浅薄さ」との対立が見られる。一九一二年にルカーチに宛てた手紙においても、ブロッホはこのようなフランスとドイツとの対立図式を提示している。そこでブロッホは、ドイツ史においては、「最も深い形式の生」が、外的には断絶されているように見えても、実際には連綿と続いているのだと主張している(75)。ブロッホが別の箇所では冷静に無効だと判断した――フランスの合理主義とドイツの非合理主義という対立に対するブロッホの批判を想起されたい――独仏の対立図式に、彼自身がからめとられていた、と批判することは容易かもしれない。しかし重要なのは、〈故郷離脱〉という状況のもとで、プロイセンとは異なる〈もう一つのドイツ〉に自らの支えを見つけようとする、文化的なアイデンティティーへの抑えがたい欲求を確認しておくことである。その際に彼が依拠するのは、「残存文化」だけではなく、ブロッホの同時代、グローバルな帝国主義の現実に直面した時代に生きる若者たちが生み出す新たな文化としての「表現主義」

である。というのも、世界の諸民族の文化の多様性に目を見開いたのは、この芸術運動であったからだ。

第四章　ゴシック、表現主義、自己との出会い

一　ブロッホと表現主義

ブロッホを、ランダウアーのような社会主義者とも、そして保守的な郷土運動の作家たちとも結びつけるのは、前資本主義的、農村的共同体への憧れ、「自然生成的」な「フォルク」とその有機的な文化への憧れというトポスであった。しかし、こうした諸運動との結びつきについて、彼は沈黙するか、あるいはそもそも意識しないままであった。けれども、ブロッホが常に結びつきを意識しつづけた運動がある。それが表現主義である。彼は、二十世紀初頭のドイツに興った若い芸術家たちの運動に対して、同世代の一人として共感を抱いた。『ユートピアの精神』は「哲学的な表現主義」の著作とみなされ、若きブロッホは、表現主義の一派である「行動主義」に数えられることもある(1)。また彼は、一九一〇年頃から一九二〇年頃までの表現主義の盛期が過ぎてなお、それどころかその長い生涯を通じて、常にこの運動の擁護者でありつづけた。一九三〇年代末、表現主義をめぐって論争が交わされたとき、ブロッホが擁護の立場にまわったことはよく知られる。

この事実に基づき、ブロッホ研究において、表現主義という文化現象は常に好意的に解釈されてきた。その典型的な例は、例えばハンス・ハインツ・ホルツの解釈に見られる。いわく、表現主義のトポスとは、「現実に対

する嘔吐と忌避」、「青春、時代の転換期、創造性」である。表現主義が隆盛を迎えたのは、ホルツによれば、「若者たちの目覚めとプロテスト」の時代であった。さらにホルツは、表現主義者たち、ひいては若きブロッホの立場を、一義的に「進歩的」なものと位置づけている。「ブロッホの初期の作品が、この運動の進歩的な路線の相貌に決定的に属しており、それに本質的特徴を与えているように、この運動の衝撃、スタイルがブロッホの思考を刻印したのである。」(2) すなわち、表現主義者たちとブロッホは相互に刺激しあう関係にあり、そして、ブロッホがこの運動に参画することで、その「進歩的」な性格が明らかとなる、というのである。しかしこれもまた、後年の〈ブロッホの眼鏡〉に合わせた、きわめて一面的な解釈だと言わざるをえない。表現主義が、若者たちの「創造的なプロテスト」として、そして必然的に「進歩的」運動につながっていくものだとして、これほど単純化され、常にプラスの記号を付与されて解釈されてきたところはブロッホ研究をおいて他にはないのではないか。実際には、この運動が一体何であったかについては、常に評価が分かれてきたのである。

「表現主義とブロッホ」を論じるうえで、まず必要なのは、彼の表現主義評価の偏りを確認することである。そもそも彼が「表現主義」について語るとき、ほとんど常に、ミュンヒェンで活躍した芸術家グループ「青騎士」のみを念頭においている。詩人エルゼ・ラスカー＝シューラーや、スイスで亡命者仲間となるシッケレといった名前が言及されることもある。しかし、『ユートピアの精神』に始まって、一九三〇年代の『この時代の遺産』と「表現主義論争」、さらに後年の評論やインタビューなどにおいても、ブロッホは、表現主義をほとんど「青騎士」グループによって代表させている。しかし、表現主義とは美術のみならず、文学や演劇も含む総合的な運動であったし、またそれはミュンヒェンのみならず、ベルリン、ドレスデンなどドイツ各地に興っている。その全体像をとらえようという姿勢がブロッホには欠けていたという点は、まずおさえておかねばならないだろう。そのうえで、〈ブロッホの眼鏡〉をはずし、表現主義の「世界観の複雑性」[3]を認識すべきである。ミヒャエル・シュタルクは、表現主義が誕生して以来、それに貼り付けられてきたさまざまなレッテルを次のように列挙している。「形式主義的・逃避主義的、プレファシスト的、ニヒリスト的、社会主義的、ユートピア的、反動的、ボルシェヴィキ的、行動主義的、共産主義的、アナーキスト的、革命的、平和主義的、左翼的、ヴィルヘルム的、保守的、など」[4]。シュタルクは、すでに一九八〇年代初頭に発表された研究において、表現主義をこれまで以上に、「時代の保守的なイデオロギーとの関連」という点から見直さねばならないと主張していたが[5]、この間、そうした視点もすっかり定着した感がある。表現主義者たちの多くが第一次世界大戦を、少なくともその初期には、熱狂的に支持したことも批判的に検証されるようになっている[6]。マグダレーナ・ブースハルトは、「モデルネ」と言われ、「アヴァンギャルド」と呼ばれる——これらの語は従来は「進歩的」な路線で解されることが多かったのだが——表現主義者たちが、「ゴシック・リバイバル」を推進するうえで、文化批判的保守主義と極めて近い立場にあったことを明らかにしている[7]。しかもブースハルトがとくに取り上げている表現主義者とは、他ならぬ「青騎士」の作家たちだ。このような問題意識は、ブロッホ研究者には欠落していたのである。

必要なのは、ブロッホと表現主義との出会いを、一九一〇年代のコンテクストに立ち戻って検証することである。ホルツは、ブロッホが表現主義に「進歩的な相貌を与えた」と言うが、しかしすでに見てきたように、ブロッホの当時の立場はそのようには特定できない。それに彼が『ユートピアの精神』で表現主義に共感を示すときも、何も「進歩的」であるという理由からではない。表現主義が、（左翼的な意味で）革命的だというブロッホの解釈は、事後的なものなのだ。しかし、以下の分析の目的は、若きブロッホの世界観が混乱して見通しがきかないものだと示すことにあるのではない。彼は、他のいかなる文化運動でもなく、表現主義を選び取る。彼の「ゴシック」志向も、表現主義経由である。そこにこそ、彼は大戦中の困難な時代に拠り所を見出し、そして生涯、その運動の重要性を説きつづけた。ブロッホにとって表現主義には特別の魅力があったに違いない。それゆえ、表現主義がブロッホにとって重要なものとなった、特有の理路を明らかにすることが、以下の課題となる。そのために、彼にとって表現主義そのものであった「青騎士」およびそれに関わる動向が考察の中心となる。

二　グローバルな「照応」と表現主義の誕生

一九七四年に行われたインタビューのなかで、ブロッホは、表現主義が誕生した時代について次のように述べている。「中国が視野のなかに入ってきました。農民の芸術が新しい、独自の意味を獲得し、そして青騎士が登場したのです。」(8)中国、すなわち非西洋の世界が視野に入り、農民の芸術に新しい光が当てられる――ひとつは、帝国主義の時代においてドイツ人の視野が広がったという、広く国際政治にも関わる事柄、ひとつは、それまで顧みられることのなかった「農民の芸術」が評価されるようになったというローカルな文化的な出来事。一見すると無関係に思われる事柄が関連あるものと知覚され、そしてこの関連のなかで表現主義が誕生したという。「農民」の文化があらためて光を浴びるのは、ただ近代化、都市化という、一国内の変動の結果としてだけではない。ブロッホにとっては、グローバルな連関も、決定的に重要であったのだ。

ミュンヒェンで「青騎士」を名乗る若い芸術家たちが出現した時代、それはヴィルヘルム皇帝の世界政策によってドイツも非ヨーロッパ世界に植民地をもつようになった時代であった。ドイツ帝国は、中国の青島にも保護領と称する植民地を有していた。ブロッホは、ヨーロッパ人による「すべての他民族に対する支配」という考え方を否定し、「競争と拡張」への意志に駆られた帝国主義的資本主義が世界を覆う現実に嫌悪を示している。(16, 401) この点では、ドイツのみならず、「協商国」側の植民地政策も批判の的になっている。(16, 295)

さてここでもう一度、あの一八三二年の民主主義者・自由主義者ヴィルトの言葉を思い出してみよう。彼はヨーロッパ諸国の自由な経済活動がもたらす福音を信じて疑わない。ドイツやオーストリアの君主制は、ヨーロッパ諸民族の進歩の足枷となっているため、その古い体制を脱却して進歩的ヨーロッパの仲間入りをしなければならない、というのが彼の議論である。「文明の文士」ハインリヒ・マンも基本的には同じ主張をしているようだ。彼の断固たるドイツ批判は、最終的には、ドイツ人が無益な「プロテスト」をやめ、ヨーロッパの仲間入りをすることを目的としている。しかしドイツ人、フランス人、イギリス人らが互いに熾烈な戦いを繰り広げるなかで、「ヨーロッパ人」としてのアイデンティティーはどこに求められるのか。マンが一九一六年のエッセイにおいて主張するところによれば、それは、非ヨーロッパ人との差異においてである。「インドやエジプトの黒い群衆」と向かい合ったとき、ドイツ人もイギリス人も、「ヨーロッパ人」としての同一性を認識する。「アジアとカオス」、その「反理性」と「奴隷的残酷さ」を目の当たりにしたとき、「理性のヨーロッパ」は、それに立ち向かうべく一致団結する。ヨーロッパ人は、たとえ商売目的で、すなわち自らの利益のためにアジアに赴いても、「人道的」行いをしているのであり、アジアの人々を幸福にするのだという。というのも、ヨーロッパ人こそが、「数千年もの間ねむっていた」彼らの魂を目覚めさせるのだから。(9) マンのエッセイは、確かに一方では、ヨーロッパの内戦を憂い、いち早く「一つのヨーロッパの家」という理想――今日のヨーロッパ統合へとつながっていく理想――を提唱した点で歴史的に評価されるべきである。しかし現代の視点から見れば、それはヨーロッパ中心主義のイデオロギーにとらわれている。ヴィルヘルム帝国の仮借ない批判者であったマンは、そのアジアに対する姿勢において「ホーエンツォレルン家の君主」とほとんど変わるところがないのだ[10]。この点で、トーマス・マンによる兄への批判は、正当なものと言わねばならない。すなわち、弟は、『非政治的人間の考察』において、ハインリヒによる「ヨーロッパ人」の定義をうけ、次のように皮肉っているのだ。「ヨーロッパ人とはすなわち人道主義的な実業家であり進歩的人間に他ならないという、最近教えられたヨーロッパ人の定義、この華やかに提示された定義が当たっているとすれば、アルトゥール・ショーペンハウアーはヨーロッパ人ではなかった。しかし東インド会社のお偉方を別とすれば、今日までいったい誰がそういうヨーロッパ人であったろうか？[11]」

プロイセン・ドイツの敵対者である点で、ハインリヒ・マンと立場を同じくするブロッホは、しかしヨーロッパと非ヨーロッパという問題においては、異なる意見を持っていた。非ヨーロッパ世界へと向かうヨーロッパ人たちの動きに彼が認めるのは、ヨーロッパ人としての団結ではなく、むしろあるパラドックスである。『ユートピアの精神』には次のような言葉が見出される。

企業家たちはその地歩を固めるところ、いたるところで、プロレタリアートをも生み出す。同様に、新しい、東洋的に刺激を与えるオリエント区域もまた、いかなる併合も原則的に否定しつつ、もしかしたら、一つの信念、すなわち、計算高い市民を減らし、ついに魂の非合理的な部分を補うような、そうした信念を創り出すかもしれないのだ。(16, 305)

「プロレタリアート」というキーワードが登場しているが、ブロッホはこのテーマをさらに深めることはない。新しい社会階級は、この頃の論考においてそれほど重要性をもっていないのだ。むしろここでブロッホが注意を促しているのは、ある一つの動きがそれに対抗する運動を生み出すということである。企業家が活動すれば、その敵対者プロレタリアートを生み出す。ヨーロッパ人たちが東洋へと進出すること、それは各地を「併合」しつつ、ついに世界のヨーロッパ化を完遂するというよりも、むしろそれを「否定」する「信念」を生む。世界中に「計算高い市民」を増やすのではなく、逆にそれを「減らし」、またヨーロッパ人の誇りとする合理的思考がより広がるのではなく、逆に「魂の非合理的な部分」が覚醒されるようになる。「文明の文士」において、非ヨーロッパと出会うことが、ヨーロッパの確固たるアイデンティティーを保証してくれるのに対し、ブロッホにおいては、それが揺らぐ。ヨーロッパと非ヨーロッパとの出会いは、決して、優位に立つ前者による後者の支配というような単純な帰結をもたらすだけのものではないのだ。

こうした問題に、ブロッホは深く関心を抱いていたようである。表現主義の作家・評論家であるカール・アインシュタインによる一九一五年の著書『黒人彫刻』は、「黒人芸術」、「原始芸術」へと目を見開いていったヨーロッパの新たな芸術の動向を記録した画期的な書物である。このアインシュタインの論考について、ブロッホはいち早く関心を示し、書評を書いている。そのなかでブロッホは、「ロココの中国化」、「大英帝国のエジプト化」について注意を喚起する。すなわち、ロココ時代のヨーロッパが中国から、あるいは大英帝国がその支配下にあったエジプトの文化から逆に影響を受けた、といった歴史的な事象を引き合いに出しながら、文化間の出会いの双方向的な、より錯綜した影響関係を指摘し、それを「新たな照応」と呼んでいる(12)。ブロッホの見るところ、かつてロココ時代に起こった、あるいはイギリスにおいて起こったこのような「照応」が、ドイツの若者にも広がりつつあるのだ。世界戦争のさなか、ブロッホは、ハインリヒ・マンのように「ヨーロッパ人」の団結に期待をかけるのではなく、むしろ、「新たな照応」に導かれた、新しい世代の「ドイツ人」に希望を託している。しかしそもそも「ドイツ的」とは何なのか。彼は次のように説明する。

確かに人は単にドイツ的であるわけではないし、そうであったこともなかった。いかにギリシア的であったり、キリスト教的であったりするかということのみが、ドイツ性を表すのだ。その独自の本質を見つけるのは難しい。そして今、僕たちはもはやギリシア的ではない。僕たちのかまどは、もはやそれほど近くにあるわけではなく、単に南方にあるわけでもない。眼を閉じれば、イタリアの風景が僕たちのより正確な憧憬のイメージとしてとどまり続けるわけでは決してない。教育手段としてのイタリア旅行は、僕たちのような新しいファンタスティックな世代には、次第に狭すぎるようになった。というのも、その世代に対しては、黒人の方がギリシア人より多くのことを語り始めるからだ。（16, 304）

ここでブロッホは、ドイツにおける新しい世代の誕生を宣言する。世界のあらゆる地域が知られるようになったという新しい状況に生きる「僕たち」にとって、精神の発火点である「かまど」はヨーロッパに、とりわけ南ヨーロッパ――ルネサンス発祥の地としてのイタリアを念頭においているのだろう――にとどまるものではない。「僕たち」の眼はもっと広い世界に向けられる。「教育手段」として、つまり、他者から学ぶために。「黒人」と「ギリシア人」との対比などは、今日の読者には、何か唐突な感じを与えるかもしれない。しかし、当時において、それが示唆するものは明らかである。ブロッホはここで、ヴォリンガーの芸術論によって息を吹き込まれた表現主義の言説に依拠しているのである。彼が言祝ぐ「新しいファンタスティックな世代」とは、グローバルな「照応」によって生まれた表現主義世代を指しているのだ。

三　ヴォリンガーという衝撃

美術史家ヴィルヘルム・ヴォリンガーは、もとは博士論文として発表された『抽象と感情移入――様式心理学への一つの寄与』（一九〇八年）によって一躍脚光を浴び、さらに『ゴシックの形式問題』（一九一一年）によってその名声を確固たるものとした。ブロッホが、当時広く読まれたヴォリンガーの著作に深く感銘を受けていたことは明らかである。『ユートピアの精神』においてのみならず、ルカーチとの文通においても、ヴォリンガーの仕事が称賛されているからである。(13) ブロッホが、五歳年上の美術史家を直接知っていたことを示す証拠はない。しかし二人の間には、その修業時代の履歴において、接点も見出される。二十世紀初頭、二人は芸術と文化の都ミュンヒェンの魅力に引き寄せられ、哲学者テオドール・リップスのもとで学んでいる。さらにヴォリンガーはブロッホより一足先にベルリンでジンメルの講義を聴いている。ちなみにジンメルは、『抽象と感情移入』の成立に際し「産婆役」のような役割を果たしたという。(14) こうした伝記的な事実も照らし合わせれば、ヴォリンガーがブロッホにとって気になる存在であったことは明らかであろう。美術の専門家ではなかったブロッホによるヴォリンガーの受容は、ヴォリンガーの芸術論が美術史という狭い専門の言説を越えて、いかに一世代の自己理解と世界理解、歴史観に決定的な影響を及ぼしたのかを示すものである。

美術史におけるヴォリンガーの業績はすでによく知られているが、簡単にまとめておきたい。彼がオーストリアの美術史家アロイス・リーグルの影響も受けつつ成し遂げた研究は、次の二点で画期的だった。すなわち、美術の歴史を、もはや芸術家の技能（Können）の歴史とはみなさず、芸術への意志（Wollen）の歴史としてとらえ直したこと。さらに、従来の美学理論——ここではリップスのそれが念頭におかれている——が唯一の原理とみなしていた「感情移入」に対し、もう一つの、それと同等の原理として「抽象」を対置したことである。[15] ヴォリンガーは「古典」、すなわちギリシア・ローマおよび西洋近代を唯一の規範、「絶対的な頂点」とする従来の芸術史観の根本的な見直しを迫った。というのもそれは「近代の一面的な古典的・ヨーロッパ的図式」にすぎず、それによって、「非ヨーロッパ的な芸術の総体」に対する理解が妨げられたからである。[16]

ヨーロッパの古典を頂点とする見方は、実は相対的なものであるにもかかわらず、絶対的なものだと受け止められてきた。美学・芸術史におけるこのヨーロッパ中心主義のため、ながらく、非ヨーロッパの芸術はその価値を認められてこなかった。このように、自らの見方の「一面性」が洞察される条件となる、新たな世界状況をヴォリンガーは次のように説明する。

こうした非ヨーロッパ芸術の全体に対して肯定的な評価をするということは、一般のヨーロッパ的な芸術的偏見から解放される術を心得ているごく少数の者の特権にとどまっていた。しかし他方、世界の交通の発達にともなって、この非ヨーロッパ的な芸術そのものがヨーロッパの視野のなかにより強く迫ってくるようになったことが、芸術過程に対するより客観的な規準の要求を徹底させ、また今までは技能に関する多様性だけしか認められなかったところに、意志の多様性を認めさせるのに寄与したのである。[17]

「世界の交通の発達」によってヨーロッパ人の視野が広がり、非ヨーロッパのさまざまな芸術形式が知られるようになったことで、従来の芸術観が「一面的」であったと認識されるようになった。そしていまや「意志の多様性」が承認されるようになったという。

ヴォリンガーの「様式心理学」は、芸術が「古典」という頂点に向かって、技能としてどう進歩してきたのかではなく、「時代や民族によって異なるさまざまな心理的欲求」に照らして芸術作品を認識することを教える[18]。『抽象と感情移入』において、彼は人間が外界に対してどう対峙するかという観点から人間の発展史をとらえ、「人間の発展における三つの根本類型」を提示し、それぞれ「原始人」、「古典人」、「東洋人」と名づける。「原始人」に特有の心理は「抽象衝動」である。これは、「外的現象の内にいまだ法則性を見出すことができず、変化する外的現象の無秩序な多様性によって不安をかきたてられた人間が、その不安から逃れようとして、変化を逃れた『抽象的な』形象を作り出し、そのことによって此岸的現象に対立する彼岸を固定しようと求めることを意味する」[19]。「古典人」は、外界に対する認識能力の獲得によって特徴づけられる。そして人間と外的世界、主体と客体との間に、「幸運なる汎神論的で親密な関係」が成り立つ。「感情移入」が古典人の創造の特徴であるが、それは「主体の生命感情が、客体の内に置き入れられることである」[20]。最後に、「東洋人」においては、再び抽象化に向かう傾向が認められる。しかしそれは原始人においてそうであるように、外界を認識できないという理由によるのではなく、認識を断念することによるのである。小田部胤久の要約に従えば、ヴォリンガーは、「人間の『発展史』に二つの系統を、すなわち原始的な『抽象衝動』を残存させている「東方人」の系統と、『抽象衝動』から『感情移入衝動』への合理主義的発展を示す『古典人』（すなわち古代人および近代ヨーロッパ人）の系統を認めている」と言える[21]。ヴォリンガーによる革新は、その二つの衝動を同等に価値のあるものと認めたことだろう。もはや古典だけが規範であるのではない。ブロッホの言うとおり、「イタリア旅行という教育手段は、狭すぎる」ものとなったのだ。

しかしヴォリンガーは単に、「原始人」や「東洋人」の芸術の価値を認めようとしただけではない。『ゴシックの形式問題』で、彼はさらに一歩すすみ、上述したような視野の拡大が、どのような「反作用」をもたらすのか、問題にしている。

このように拡大された認識は、より狭いヨーロッパの芸術過程の評価においても反作用をもたらし、何よりもまず、今まで古典の側から相対的な、もしくは否定的な評価だけを受けてきた、ヨーロッパの非古典的な時代の権利回復を要求したのである。この権利の回復、すなわち自らの形式構成の積極的な解釈を最も強く要求したのはまさしくゴシックである。なぜならば、古典古代以降の全ヨーロッパの芸術過程は、ゴシックと古典に集約された対立に、ただちに還元されうるからである。(22)

「非古典的芸術の権利回復」を求めるヴォリンガーは、その当然の帰結として、ヨーロッパ内部の非古典芸術、すなわちゴシックの権利回復をも求めていく。そして『ゴシックの形式問題』においては、「抽象」と「感情移入」の対立は、「ゴシック」と「古典」との対立として描かれることになる。

ここで重要なのは、二十世紀初頭のドイツにおける〈ゴシックの発見〉が、「世界交通の発達」によって可能となった、「原始芸術」や、より一般的に言えば、非ヨーロッパの芸術の発見とともに生じたということである。つまり単にヨーロッパ近代の美術が行き詰まって過去の様式を振り返ったというだけではなく、非ヨーロッパという外の世界を横目で見ながら後ろを振り返るという動きがここにはあるのだ。この経緯が重要なのは、そこにヨーロッパ中心主義に対する批判的な契機がひそんでいるからである。(23)これまでヨーロッパ古典と比較して「未発達の技能」の所産として価値を否定されてきた、さまざまな時代、さまざまな民族の作品は、いまや、その都度に「異なる意志」[24]の所産として認められる。そしてそれによって、文化的表現の多様性が承認されるのだ。

四　「青騎士」の文化多元主義

ヴォリンガーの芸術論は、表現主義者たちにセンセーションを巻き起こした。とくに、外界の物質世界を模写するという西洋美術の伝統から解放された、新しい「精神的な」芸術を模索していた「青騎士」の作家たちは、ヴォリンガーの著作を自らの創造の理論的支えとして歓迎した。『抽象と感情移入』を読んだアウグスト・マッケは、フランツ・マルクに対し、「僕たちにとって」重要な本だと書き送っている[25]。ミュンヒェンの芸術家グループは、単に絵画の創作という実践面で、ヴォリンガーから刺激を受けただけではない。理論的な頭脳の持ち主でもあったヴァシリー・カンディンスキーとマルクは、「芸術意志」の理論をさらに発展させてゆく。「技能」ではなく、芸術への「意志」こそ重要なのだとすれば、意欲に導かれていれば――もしくはカンディンスキーの表現に従うならば、「内的必然性」[26]に導かれていれば――芸術創造にはいかなる制約もないことになる。未開民族および東洋の民族の芸術、そしてゴシックのみならず、文化的制作のさらなる広大な領域、すなわち民衆や農民の芸術、さらには子供や精神障害者たちの作品が、独自の承認を求めて視野に入ってくることになる。「青騎士」たちは、これらをすべて自分たちの表現主義芸術の「精神的な祖先」の系譜に連ねたのである[27]。

とりわけ、素朴な民衆芸術の発見という点で、グループの方向を決定づけたのは、カンディンスキーとその弟子であり恋人でもあったガブリエーレ・ミュンターであろう。母国ロシアでは法学博士であり民俗学者でもあったカンディンスキー、そして若くしてアメリカ旅行も敢行した世界漫遊旅行者ミュンターという、広く世界を見聞してきたカップルが、ミュンヒェン近郊の小さな村ムルナウで、バイエルンに古くから伝わる宗教的な民衆芸術の美を発見したのだ。非ヨーロッパの文化作品が視野に入り、それまでのヨーロッパ中心、厳密には古典中心主義的な見方が崩れる。そしてそれにともなって、ヨーロッパの内部でも、それまで周辺に追いやられてまともな評価を受けてこなかった文化作品が新たに発見され、またその刺激を受けて、「モデルネ」の作品が生まれる。このようなダイナミックな「照応」の運動を伝えるのが、一九一二年に出版された年鑑『青騎士』[28]である。そこには、青騎士メンバーのほか、アンリ・ルソーやゴッホといったモデルネの作家の作品と並んで、アフリカやオセアニアの彫刻、日本や中国の絵、ロシアの民衆芸術、バイエルンの奉納画、中世ヨーロッパの木版画、子供の絵など、さまざまな時代、さまざまな民族の、ジャンルを超えた作品が一堂に会している。「内的な必然性」に基づいて創造されている限りにおいて、すべての作品には同等の価値がある――年鑑の編者カンディンスキーとマルクは、このように宣言する。植民地の征服にやっきになり、その土地の「精神的な宝」には見向きもしない同時代のヨーロッパ人たちの姿勢を彼らは批判し、それに目を開かせようとする。[29]「ゴシックや原始的なもの、アフリカや偉大な東洋、かくも表現力に富む根源的な民衆芸術や子供の芸術」と、「フランス、ドイツ、ロシアにおける最新の絵画運動」とを結びつける「繊細な糸」[30]を示して見せる『青騎士』は、「照応」のドキュメントであり、ヨーロッパ近代の美学によって排除されてきた作品に独自の価値を認める文化創造の多元主義のアピールである。しかし、そうして民族文化の多元性に立脚しながら、彼らが「芸術と呼ばれる作品の総体」に認めるのは、「国境や民族」ではなく、「人類」であるという。[31]第一次世界大戦前夜のドイツに彗星の如く現れて消えて行った「青騎士」は、美術史において「魔術的な概念」[32]として記録されている。もとより、前衛芸術家による「未開芸術の発見」もまた、当時のヨーロッパ列強の「未開」民族に対する圧倒的な力の優位に依拠していた。今日では、こうした問題によリ厳しい視線が投げかけられている[33]。しかしここで重要なのは、「青騎士」がブロッホにとっても「魔術的な概念」となり、彼の独自の思想を発酵させていったということである。

ブロッホが「青騎士」を知ったのは、一九一五年のことだったという[34]。それが正しいとすれば、彼は解散後にこのグループを知ったことになる。大戦の勃発をうけ、カンディンスキーはロシアへ帰国、マルクやマッケは志願して戦場へ赴き、命を落とした。ブロッホが『ユートピアの精神』の執筆を始めた年でもある一九一五年には、「青騎士」たちはすでにミュンヒェンにはいなかったのである。それでも、ブロッホの処女作は、彼らが生きたミュンヒェンの「不思議な空気」に満ちあふれている。南ドイツのバイエルンは、これまで述べてきたことからも明らかなとおり、ブロッホにとって特別な重要性をもっている。そこでは農民が生き、「土着の民主主義」が息づく有機的な空間である。しかしそれだけではない。ミュンヒェンは同時に、新しい芸術が生まれる「精神的な首都[35]」でもあったのだ。そこではウィリアムズの言う「残存文化」と「新興文化」とが交差しながら、プロイセンの軍国主義的で帝国主義的な文化に対抗するのだ。近代世界は、生を機械化し、ファンタジーを窒息させる。「しかしその代わりに、僕たちも再び未開人のように絵を描くのだ。初期のもの、落ち着きのないもの、野蛮なものの最高の意味において。」（16, 19）「青騎士」たちは、自らを「ドイツの未開人」と称した[36]。ブロッホもまた「ドイツの未開人」の実践に共鳴し、連帯感を示す。同時に、すでに『ユートピアの精神』において、この運動の観察者としての顔があらわれる。そこには、「青騎士」に対するもっとも早い論評が見出される。もっとも、理論家であったカンディンスキーやマルクの言葉に依拠してのことではあるが。

子供や農民が常にそうであるように、今ではまた、人生の労苦に襲われた困窮した素人愛好家も――彼は腕前においては、昔の画家でもっともさえない者とも比較できないほどなのだが、それにもかかわらず――この時代の不思議な空気のなかで、作品とは言えないような、様式もないような、しかし表現力にあふれた象徴的な形象を生み出すことができる。それらの形象は、ギリシアや近代の様式時代のもっとも偉大な表現と比較されても恥じる必要がないほどである。それこそが、青騎士が進もうとした道、草木に覆われた目立たない脇道であり、それこそが人類の発展の本道を形成するのである。(16, 22)

子供や農民の絵、あるいはアンリ・ルソーのような、絵画の教育を受けてこなかった素人愛好家の絵も、ギリシアから近代に至るまでの「偉大な」芸術作品と比肩しうる。ここでブロッホは、「青騎士」の芸術論を承認する。では最後の一文は、どう理解すべきだろうか。実はここでも、ブロッホは、マルクの綱領的発言に依拠している。『青騎士』第二版への序(一九一四年)のなかで、マルクは次のように述べている。

われわれは、偉大な諸世紀に否をつきつける。この単純な否によって、科学と勝ち誇る「進歩」の、真剣で組織的な歩みを断ち切るわけにはいかないのは分かっている。われわれは、この発展を出し抜こうとも考えておらず、周りの人々に嘲られ、不思議がられながら、およそ道とも思えぬ脇道を進み、これこそが人類の発展の本道だと言う。(37)

こうしたマルクの言葉からも明らかなように、「青騎士」の作家たちもヴォリンガー同様、決して美術の世界だけの変革を求めたわけではない。単に、古典古代からルネサンスを経た西洋美術の発展、「偉大な」作品が並ぶ大通りから外れた脇道に入ろうというだけではない。彼らは「人類の発展」そのものをも省察する。そして「科学と勝ち誇る『進歩』」という、まっすぐの一本線があるという考えを退け、人々には気づかれなかった「脇道」があることを示すのだ。マルクらに導かれながら、ブロッホもまた、その道をたどっていこうとする。「草木に覆われた脇道」を切りひらき、人類が歩む道の数を増やそうとするのだ。しかし戦時下に執筆された『ユートピアの精神』のなかでは、そのような議論もまた、〈ドイツ的なるもの〉の探求という言説に組み込まれていくのである。

五　ブロッホによる〈ゴシックの発見〉

「青騎士」は、ヴォリンガーの理論を自分たちの目的のために必要な「装備」[38]として利用した。ブロッホもまた、『ユートピアの精神』において、ヴォリンガーの論を下敷きにして自らの論を展開している。それはまず、第一章の美学的考察に明らかである。そこでは、ギリシア芸術、エジプト芸術、ゴシック芸術という三つの理念型について考察されるのだが、とりわけ、ゴシックなるものの特徴づけにおいて、ブロッホはヴォリンガーの模範に従っているように思われる。

『ゴシックの形式問題』においてヴォリンガーが試みたのは、古典主義とは決して折り合うことのない、その「反対の現象」としてのゴシックの復権であった。ヴォリンガーにおいてゴシックとは、通常そうであるように、ある特定の時代の様式という意味で理解されているのではない。むしろそれは、「もっとも深い、根本のところにおいて、時代を超えた人種的現象」であり、「北方的人間のもっとも内的な素質に根ざしており、したがってまた、平準化するヨーロッパのルネサンスもそれを根こそぎにはできなかった」という(39)。ヴォリンガーは、ルネサンス以来周縁においやられてきた北方芸術の創造の原理に光を当て、「北方的人間」の「魂の、そしてそれとともに創造的な基本姿勢(40)」を明らかにしようとする。北方的人間の魂の状態とは、原始人にみられるような、「認識の欠如から生ずる素朴さ」をすでに失っている。しかし東洋人のような「認識の偉大なる断念」にも、古典人のように「認識の幸福」にも達することができない。それは「あらゆる自然な満足」を奪われて、「ただ身をふるわす不自然な満足に浸りうるにすぎない」。

このような強烈な高揚だけが、北方装飾をある感情圏のなかに、すなわちついには自らの内的な不調和の感情を喪失させ、自分と世界像との間の不安な不明瞭な関係からの救済を発見させるような感情のなかへ引き込んでゆく。北方装飾は現実に苦しめられ、自然なものから排撃されながら、超現実の世界に、超感覚の世界に進もうとして努力している。それは自己を超えてはるかに高く自らを引き上げるために、感覚の麻酔を試みる。それは陶酔のうちにおいてのみ永遠への畏敬を感ずる。このような崇高な病的興奮こそ、何よりもいちじるしくゴシック現象の特色を示すものなのである(41)。

このようにヴォリンガーは、北方的、すなわちゴシック的人間とその芸術の特質を、古典人、東洋人、原始人と対比させながら明らかにしていく。そこではとりわけ、古典的人間とゴシック的人間との比較に重点が置かれ、前者が世俗的、合理主義的であるのに対し(42)、後者は宗教的で、「非合理主義的、超合理主義的、超越的(43)」である、と規定される。しかし美術史家ヴォリンガーが目的とするのは、あくまでも、それまで支配的であった古典的類型を相対化することであり、価値の逆転をはかろうとしているわけではない。彼においては、それぞれの様式にあらわれる心理を記述することが目的である。

しかしブロッホは、ヴォリンガーによって示された、古典的人間とゴシック的人間との区別を受け継ぎつつ、それに価値づけを行っている。すなわち彼は反古典主義、親ゴシックの姿勢を打ち出すのである。「芸術意志」に焦点を当てる芸術論をブロッホは高く評価する一方、そうした新しい試みが「滑稽な相対主義」に陥ることに懸念を表明してもいる。(16, 34) 美術史の教授連のように、さまざまな様式が同等の価値をもつと主張することではなく、価値の転換、つまりゴシックこそ最も優れた表現だと示すことが、ブロッホの目指すところだ。「ギリシア的生は平板であり、エジプト的生は死んでいる。」(16, 31) しかしゴシック的な生については、次のように言われる。

もしいま、救いというものがそもそも可能であるとしたら、それは、このほとんど忘れられた北方的な線を再び受け入れることをとおして以外にはありえない。花開き、豊かになるべきすべてのものは、北方的形象のもとに修業に行かねばならない。この北方の有機体の荒々しく、雲に覆われた空気のなかで、そして風になびくもの、音楽的に予感に満ちたもの、無限のものによって満たされた空気のなかで呼吸していないならば、いかなる渦巻きも、いかなる逸脱も、そしてこの奔放の深い有機的法則をともなう建築的な力もありえない。さらに、ヴォリンガーによって、素晴らしい関連豊かな叙述がなされて以来、次のことは疑いがない。すなわち、ここ［北方装飾］においてこそ、北方的な魂が、原始的で表出する魂の道と故郷が、そしてドイ

ツのルネサンスが、バロックが、ゴシックが、かの秘密のゴシックが与えられていることに、疑いはない。（16, 32）

ここではヴォリンガーの名が挙げられ、その業績が讃えられる。しかしヴォリンガーにおいては、ゴシックの「病的興奮」といったネガティブな規定も見られるのに対し、ブロッホにおいては、ゴシックの超越性は完全にポジティヴにとらえられる。そしてゴシックは同時に土着的で有機的なものとして表象される。さらにブロッホは、ゴシックに「救い」を、そして「故郷」を垣間見るのである。ここで「ハイマート」という、後にブロッホの「希望の哲学」のキーワードとなる言葉が登場しているが、それは一九一〇年代の文脈においては、「北方」、すなわち「ドイツ」という具体的な空間を指している。

さらにゴシックは、古典との比較においてのみ、その優れた特質が認められるわけではない。新たに視界に入ってきた世界中のあらゆる表現形態に対して、ブロッホは開かれた態度を見せる。しかし、価値の相対主義が主張されているわけではない。視野の拡大とほぼ軌を一にして「発見」された北方のゴシックが、例えばアフリカの彫刻とも比較されるとき、ブロッホは前者に軍配を上げ、後者については次のように評しているのだ。「それはどことなく滑っているようで、どことなく低次の段階にあり、そしてどことなくアフリカの精神に属している。」[44] ブロッホの見るところ、あらゆる表現形態のなかでゴシックこそが頂点を成すものである。「ただ北方ゴシックの線だけが、自己のなかに中心的な炎を秘めているのであり、そこにおいて、もっとも深く有機的な、そしてもっとも深く精神的な存在が、同時に成熟してゆくのである。」（16, 32）ブロッホは、ヴォリンガーが心理主義に陥っていることをしばしば批判しているが[45]、しかし、ゴシック的人間の心理描写については、ヴォリンガーが認めたネガティヴな要素を巧みに排除しつつ、同意しているように見える。ヴォリンガーによって明らかにされた、北方の宗教性と精神性こそ、ブロッホの魂が帰る場所なのだ。現実世界に満足せず、そこから引き裂かれ、さまよう魂が、最終的には「ゴシックの部屋」において「自己に出会う」（16, 444）――これこそ、『ユートピアの精神』の主たるテーマである。パウエンは、「美的経験」において「自己との邂逅」を果たすことが、グノーシス思想の特徴であるとして、ブロッホとグノーシスとの結びつきを強調している。(46) しかしここには、もっと「世俗的」な背景もあるのではないか。つまり、「ゴシック」においてこそ、戦争によって傷つけられたドイツ人が、ドイツ人としてのポジティヴなアイデンティティを取り戻すことができると信じたのではないだろうか。

六　「アレクサンドロスの遠征」――東方＝北方への旅と自己邂逅

世界の隅々にまで視野を広げること、その果ての自己との邂逅という主題は、芸術の歴史に関する考察にのみ現れるわけではない。「新しい、ファンタスティックな世代」が抵抗するのは、ヨーロッパの美術史だけではない。むしろ、西欧近代の歴史の過程そのもの、「敬虔な心を失い、夢もない」現代（16, 310）へと至った歴史そのものへの反抗である。西欧近代がたどった歴史の診断において、ブロッホは、ヴェーバーとほぼ同意見であるようだ。しかしヴェーバーが、「鋼鉄の檻」のなかで男らしく耐えることを是とするのに対し、ブロッホが試みるのは――ボルツの定式を借りるならば――「脱魔術化された世界からの脱出」(47) である。『ユートピアの精神』において、ブロッホはこの脱出を「アレクサンドロスの遠征」と名づけ、もはやヨーロッパに「かまど」を見出すことのできない若者たちの魂の彷徨を描き出している。

かつてアレクサンドロス大王は、「人工的な西洋主義のすべてにうんざりして」、「その『前段階』へと遡るために」(16, 315)東方へ赴いた。そしていま、二十世紀の若者は再び東方世界に引き寄せられている。ブロッホは問う。「他にどうしろというのだ？　というのも、精神的な道は、常に繰り返し東へ向かったのだから。」(16, 307)若きブロッホが信じるところでは、東方にこそ、西洋を襲う「脱魔術化」という宿命を逃れ、未来を別様に創造する、何かが見つかるはずである。

僕たちは、ここでは育つことのなかった、あの穀粒をさらに探し求めるのだ。それはまだ花を開かせるかもしれない、再び、色とりどりの、ファンタスティックな型を織るかもしれない、そして僕たちの将来の絨毯を作りあげるかもしれない。(16, 313)

東方への旅を思い描くなかで、ブロッホは、重要なパースペクティヴの変化を体験する。すなわち、ヨーロッパはもはや世界の中心ではなく、「小さな半島」として現れるのである。こうして視野がずれたとき、次のことが洞察される。

僕たちは、ギリシア芸術とその思想家を念頭においてギリシアの出来事が価値をもつと強調するがゆえに、それらが過度に重要であるとみなすにすぎないのだ。[…] かつてはひとつの全体を形作っていた東洋の政治史について、そしてテヘランにいわば統一点を、すなわちタンジール、チュニス、カイロ、イスタンブール、バグダッド、デリーから、いや北京からさえ表敬訪問されていた中世のオリンピアを所有していた東洋

の政治史について、輪郭程度すらも意識しないのが常だった。（16, 314）

ヨーロッパの歴史記述が、世界の諸地域の歴史を否応なく周縁に追いやってきたことについて、ヨーロッパ中心主義による視野の狭窄についてブロッホが批判するとき、彼はヴォリンガーが美術史で試みたことを世界史一般に応用しているのである。もっとも、ヨーロッパ中心の歴史観そのものを相対化するという試みは、この時代に特徴的である。やはりヴォリンガーの影響を受けたと言われるシュペングラーの『西洋の没落』（一九一八／二二年）、また、「自分自身に至る最短の道は、世界をまわることである」というモットーを掲げて実際に東洋を旅したヘルマン・グラーフ・カイザーリングの『哲学者の旅日記』（一九一九年）にも、同様の意図を見出すことができよう。ちなみに、ここでこの二冊のタイトルを挙げたのは恣意によるのではない。ブロッホの回想によれば、第一次世界大戦後、出版者フィッシャーは、『ユートピアの精神』およびこの二冊を、若者が求める方向性を指し示す書物として評価したというのだ。(48) もちろん、同様の企図を抱いていても、内実は異なっている。例えばシュペングラーには、東洋をロマンティックに美化するようなところはない。他方でブロッホにおいては、「光は東から」（16, 314）という考えが、ある部分で非常に強く前面に出ている。そして「東」が話題になるとき、現実の東洋がどうであるか、ということではなく、彼がそこに見たいと思う別世界を見ている。別の世界には、西洋近代が失ったものがいまだに残っている。「オリエントでは」――とブロッホは言う――人は、「魔法と家長的空気」を味わうことができる。さらにオリエントは「母なる国」としても表象され、女性的なイメージが付与される。（16, 315）東方の広大な世界――「東洋」、「オリエント」、「アジア」といった語は明確に規定されることも区別されることもなく、さらに「ロシア」さえ、そこに組み込まれている――は、「鋼鉄の檻」となった西洋とは異なる世界を求めるブロッホの願望の投影板となるのである。

「一七八九年の理念」の信奉者を自認する『ユートピアの精神』の作者が、同じ著書の別のところでは、西洋近代を病理と見て、「東からの救い」を求める。ラディカルな民主主義者を自認し、ドイツとオーストリアの「オリエント的専制」を断罪する人物が、「オリエントの家父長制」に憧れを抱く。戦時期のテクストが孕む矛盾は明らかだ。ブロッホのオリエント像が、近代西洋人の「オリエンタリズム」（サイード）に他ならないと批判することも容易であろう。ブロッホのオリエント像は、ハインリヒ・マンのそれと比べて、ただプラスとマイナスの記号を逆転させただけだとも言えるのである。

もっとも、こうした若者たちの「東洋」志向は、それとして当時すでに意識され、批判的な議論の対象にもなっていた。例えばヴォリンガーは、一九二四年の講演「ドイツの青年と東洋の精神」において、ドイツ精神が東方へ向かっていく原因を、戦争による世界的災厄の経験に見ている(49)。ヨーロッパは、「称賛されてきた自らの文明のシステムが道徳的に崩壊した」ことを認識せざるをえない(50)。ヴォリンガーは、危機の時代に「精神的な若者」の視線が「道徳的な再生」に憧れて「東」へと向けられることを自然な動きとして認める(51)。そしてこれを「ドイツの魂がさまざまなパースペクティヴの間を架橋する運動」と名づけ、表現主義に固有のものと記している(52)。ブロッホの「アレクサンドロスの遠征」はその典型と言えるであろう。もっとも、この講演においてヴォリンガーは――この時点では、彼にとってすでに表現主義は終わっていた――ドイツ青年の東への志向に理解を示しながらも、彼らがどこか東洋の世界で自己を失ってしまいかねないことに懸念を表している。しかしブロッホに関して言えば、ヴォリンガーの心配は無用だっただろう。確かにブロッホも、西洋文明の現実に疑義を抱き東へと向かう。しかし彼は東洋に迷い込み、そこで自己を失ってしまうことはない。ブロッホは東方において「北方」に出会うのだ。東への憧憬に駆り立てられた行路の行き着く先は、実は自らの「北方」なのである。

次のことは、僕たちには二重の意味で当然のように思われる。ロシア的温かさと奇跡の期待において、大河と平原と霧とに包まれたインドとして、まったく際限のないロシアが僕たちに現れてくる。そしてドイツ的思考において、この占い棒と魔法のランプにおいて、この深みの裂け目、そして精神の王国の聖杯において──そこから他の広大な自然と、音楽と精神の無限性とが僕たちに対してしぶきを上げて向かってくるのだ。そう、北方全体が東洋なのだ。所与ではないが、選ばれた東洋、夢としての、北方の光としての、霧のなかの光としての東洋［…］なのだ。(16, 316)

「北方」は、いまや新しい光のうちに見出される──「北方全体は東洋である」！「東方」への旅によってはじめて、「北方」の魂が明らかになる。これこそ、ブロッホにおいて特徴的なことである。

ボルツは、西洋の「鋼鉄の檻」から脱すべく、ブロッホが自分のために「さまざまなオリエント」の像を生み出したと評しているが[53]、むしろ、〈さまざまなドイツ〉像を紡ぎ出したと言うほうが正確であろう。ボルツによれば、『ユートピアの精神』は、西洋対東洋の二項対立によって貫かれている[54]。だが、戦時下のブロッホにとって最重要の問題であったドイツの位置づけの複雑さを考慮するだけでも、そのように単純に図式化できないことが分かる。実際のところ、ブロッホがプロイセンとは異なる〈別のドイツ〉を求めて、どれほど多様なドイツ像を描き出したかを考えると、驚くべきものがある。政治の議論を一歩離れれば、ドイツが「西洋」と異なることが積極的に評価され、「東」と連帯することが求められるのだ。「ドイツ人は、方向を誤らせられたヘゲモニーへの夢を、イギリスとの競争においてではなく、ロシアと並んで、より深い存続のうちに守るべきである。」また、「再生された人類の深みにおいて、ロシアは心を、ドイツは光をもたらすであろう。」(16, 302f.)

こうした、本来あるべきドイツに対するブロッホのさまざまな欲求、矛盾がないとは言えないさまざまな欲求を受け入れる、柔軟なシンボルが「ゴシック」であったのだ。「教会によって照らされた民主主義」を有したドイツ、有機的な共同体を有するドイツ、西洋的な近代文明に屈服することなくこれに抵抗し、ファンタジーと精神の力を有する北方ドイツ、東洋の魂と照応するドイツ——これらすべてが、「ゴシック」において結びつけられる。「ゴシックへの回帰」という若きブロッホの呼びかけは、単純に「保守的な文化批判」や「革命的ロマン主義」に収まるものではない。むしろそれは、さまざまな「照応」に開かれたドイツへの希求でもあったのだ。ゴシックのドイツこそ、いまや世界から憎まれ、世界から孤立したドイツが本来帰るべき場所であり、これをこそ、ドイツは世界に向かって誇ることができるのだ。

ブースハルトが指摘するように、「青騎士」ら表現主義における「ゴシック精神」の発見は、「インターナショナルなコンセプト」に包まれていた。[55] しかし忘れてならないのは、戦争の時代となり、この「ゴシック精神」が、「ゲルマン化」され、表現主義も「ナショナルなスタイル」へと変貌を遂げていったということだ。[56] もともと表現主義は、フランスに由来する印象派に対抗する芸術運動という一面もあったため、ナショナリズムに貢献するのは困難なことではなかった。インターナショナリズムのなかでこそ、逆にナショナルなものの意識が強まっていく。「青騎士」はそのような危険をも孕んでいた。ブロッホがとくに称賛していたマルクもまた、すすんで出征し、「ドイツ」のために、命を落とすことになる。もちろん、マルクを「民族主義」思想に回収することは早計であろう。しかし表現主義から出発し、やがてナチスに加担するパウル・フェヒターのような作家もまた、一九一〇年代には、ヴォリンガーのゴシックに「北方ゲルマンの魂」を見出していた[57]。ヴォリンガーによるゴシック精神の発見は、極めて危ういものを孕んでもいたのである。ブロッホと同じパトスをもって、しかし正反対の目的のためにゴシックを発見した者もまた数多く存在したのだ。そしてその事実にブロッホは盲目であったように思われる。

第五章　来るべき世界のヴィジョン

一　ロシア革命と世界史の目標

前章までの叙述において、すでに幾つかの箇所でロシアについて言及してきた。まず、「西洋」の一員としてのロシアについてである。もともとロシアは、大戦勃発時にはまだツァーの国であったにもかかわらず、第一次世界大戦においては連合国側についてドイツと戦っている。第一章で見たとおり、ドイツ人たちは「文明」に対抗して、「文化」を守るために戦争を肯定した。しかし興味深いのは、ドイツ社会民主党による戦争の正当化である。彼らにとって、ロシア・ツァーリズムは「ヨーロッパの反動の忌まわしいたまり場」であり、「進歩と文化すべての敵」である。そして第一次世界大戦は、彼らにおいては、ロシアという封建的専制に対する「文明」の戦いとして受けいれられたのである。(1)　一九一七年に至って、真の意味で――二月革命を受けて世界はそう確信したのだが――ロシアも「自由と民主主義」の陣営に加わったこととなる。ブロッホの評論では、このような輝けるロシアに対してドイツの暗闇が強調されていた。しかし他方で、ロシアはその「東洋的」な魂をもって、ドイツと連帯しながら西洋の近代的な文明に対抗する役割をも課されていた。

「東方ロシア」への憧れは、トルストイやドストエフスキーの作品が広く受容された世紀転換期からドイツの知識人層に広がっていた。リルケが評したように、そこは神なき西洋とは違い、いまだ神が住む土地であったからだ。(2) ブロッホの身近な存在としては、親友のルカーチがロシアという「東方からの救い」を確信している。このような状況において、若きブロッホも同様に、ロシアへ熱いまなざしを送っていたとしても不思議ではない。(3)

しかし、ロシアが「西洋」でもあり、また「東洋」でもあるがゆえに、ブロッホのロシア像もまた、アンビヴァレントなものとなる。このことは、従来、初期ブロッホにとって最も重要な出来事とみなされてきたロシア革命に対する評価にも当てはまる。革命の勃発とその経過を目の当たりにしながら執筆された当時の評論には、称賛だけではなく、率直な批判や懐疑も入り交じっている。以下では、まず世界史の方向をめぐる問い、ボルシェヴィズムへの批判、マルクス主義との批判的な取り組みという三つの観点から、ロシア革命をめぐる議論を整理する。それによって、ロシア革命とそれを支えるマルクス主義のイデオロギーが、ブロッホにとって、必ずしも戦後世界の基礎づけとなるものではなかったことを明らかにする。それを踏まえて、さらにこれまでの議論を総括しながら、ブロッホにとって来るべき世界のヴィジョンがどのようなものであったのかを検討する。

すでに指摘したとおり、一九一七年のアメリカの参戦は、ブロッホにとってロシア革命とほとんど同じ重みをもつ世界史的事件であった。二つの大国の新しい動きが、硬直した世界に新しい風を吹き込んでくれると期待したのだ。しかしそれでも、ブロッホがアメリカ参戦にもましてロシア革命に特別の重要性を認めていたことは、次の言葉にも明らかである。

プロイセンの軍事支配に対する闘いが、イギリスとアメリカをも、だんだんと軍事化してしまい、[…] 帝国主義的な拡張のプランを歯止めなく盛り上がらせてしまうという危機は限りなく大きかった。しかしいま

や、あらゆる私有経済から遠く離れて、労働者と兵士の評議会が誕生したのだ［…］。（16, 298）

正義の人ウィルソンに導かれたアメリカ合衆国でさえ、帝国主義戦争の進展にともない軍事化してゆく可能性は否定できない。そのように考えるブロッホは、危機を打開する新しい力としてロシアを歓迎するのである。事実、この国が成し遂げた「跳躍」に、ブロッホは深い感銘を受ける。若きブロッホにとってロシアとは「東方」に属していた。西欧が中世から近代へとたどった発展を、ロシアは知らない。もっとも、西欧の「進歩」に加わらなかったことは、文化批判的な視座において、独特の魅力をロシアに付与する。一九二〇年代になってからの表現であるが、ロシアは「素晴らしい非同時代性」（9, 599）の国とされる。ここで「非同時代性」ということが肯定的に評価されている点にも注意するべきだろう。そしてその国において、「西洋の資本主義的でナショナリズム的な病に侵された時代」を社会主義的に「乗り越え」ようとする革命が起きたのだ(4)。第二章で明らかにしたとおり、ブロッホは、民主革命を成し遂げた西洋の功績を認めている。しかし同時に、それによって誕生した市民社会が「病的な時代」を生み出したという認識に立ち、その克服を目指す。社会主義革命は、西洋的世界に対抗して立ち上がるのだが、それが真の平等を求めるという点で、もともと西洋近代が掲げた理想である「一七八九年の理念」のさらなる追求でもあるわけだ。

このように大いなる任務を背負い世界の表舞台に登場してきたロシアに対して、ブロッホは、ドイツ人として複雑な感情を露わにしてもいる。『ユートピアの精神』には次のような言葉が見出される。「ロシア革命が、それまでのドイツの影響から意識的に逃れることによって、そして偉大なる西洋の民主主義の影響のもとで勃発したということは、ドイツの恥である。」（16, 298）『自由新聞』紙上においても、ブロッホはこうした不満を隠していない。そもそも「カール・マルクス、エンゲルス、ラッサールを輩出した」ドイツこそが、ロシアに先んじて、革命を起こさねばならなかったのだ。しかし、「ベルリンから起こると期待していたことが、この時代にはペテルスブルクで生じた。そして政治権力を奪取したプロレタリアートは、よりにもよってロシアに、すなわち、基本的にはプロレタリアートというものがまだ存在せず、本質的には農民と、首都の知識人が形成する薄い階層しか存在しないようなロシアに、出現したのである」(5)。もっともこのように驚いたのは、ブロッホだけではなかっただろう。ロシアでの革命の勃発は、マルクス主義の教本に沿ったものではなかった。それによれば、革命が起きるのは、産業が発達し、歴史の主体たるプロレタリアートが人口の多くを占める西ヨーロッパのはずであった。しかし現実には、産業労働者が人口のわずか三%を占めるにすぎない低開発国のロシア、「最も遅れ、最もヨーロッパ的でない国」で革命が起こったのだ。(6) 経済的にも社会的にもドイツの方がロシアより「進んでいる」。そしてこの文脈ではドイツは「西」に属するのだ。優越する「西」のドイツという立場に立ち、そこからロシアを見下すような目線がブロッホにもしばしば見出される。上の引用もその一例だ。とは言え、ブロッホを何よりも苛立たせたのがドイツの現状であったことに変わりはない。そしてたとえロシアからであれ、新たな世界へ向けての第一歩が踏み出されたことを、ブロッホは歓迎するのである。

ロシア革命に対するコメントをたどっていくと、人間の歴史が向かう方向、歴史がたどり着くべき目標についての考え方が、この時期にブロッホのなかに芽生えていくことが分かる。これまで検討してきた彼の論考は、ドイツがまず西洋で実現されているような民主主義を達成すべきだとしていた。しかしロシアをここに加えると、西洋的民主主義は相対化され、「最小限の民主主義」と評されることになる。これは、「市民的自由」および「政治的自由」を意味する。まだ「最小限の民主主義」にさえ達していないドイツは、これを達成することが急務である。しかしそれで終わりというわけではない。彼が確信するところでは、「最小限の民主主義」という段階を経て、「そのうえではじめて、社会的な自由、経済的・社会的な民主主義、最大限の民主主義が本当の自由となりうる」[7]。この「最大限の民主主義」を達成することこそが、人間の歴史の目標であるというのだ。このような信念を、ブロッホは生涯捨て去ることはない。そしてこの終極の目標を指し示したという点では、ロシア革命の体験が、彼にとってやはり決定的であったと言えるのである。

ところでブロッホは、最小限から最大限へと、段階を経て目標に至るという書き方をしているが、実際の歴史においては、さまざまな飛躍がありうる。そしてロシアはまさにその例である。すなわちロシアは、市民的自由、政治的自由という「最小限の民主主義」を経ることなく、社会主義革命を起こそうとしたのである。しかし、このミニマムの民主主義を決してないがしろにしてはならないと確信していたブロッホは、ロシアの跳躍が引き起こす問題を見逃すことはなかった。

二　「赤いツァー、レーニン」――ボルシェヴィズムへの批判

ロシア革命によせるブロッホの期待は、その進展にしたがって、次第に幻滅へと変わってゆく。その原因は、ボルシェヴィキの台頭にあった。ブロッホらスイスの亡命ドイツ人たちはボルシェヴィキに強い不信感をもっていた。なぜなら、このロシア人たちがプロイセン・ドイツとつながっているとみなしていたからだ。それには、次のような背景がある。二月革命が勃発すると、レーニンをはじめスイスに亡命していたボルシェヴィキが、いわゆる「封印列車」でドイツをとおってロシアに帰国できるよう、ベルリン政府が便宜を図ったのである[8]。レー

ニンらが帰国することによって、ロシア国内の混乱が一層深まることを期待するドイツ側と、一刻も早く帰国したいというレーニン側の利害が一致した結果であった。さらに、十月革命によって政権を奪取したボルシェヴィキが、一九一七年十二月から中欧列強側とブレスト・リトフスクにおいて和平交渉を始めたのである。これは一九一八年三月にブレスト・リトフスク条約として結実し、ロシアは戦線から離脱する。ブロッホがボルシェヴィズムを批判する背景には、革命ロシアが、彼の忌み嫌うプロイセン・ドイツと一種の協力関係を結んでいたという歴史的事実があったのである。

しかしブロッホは、単に革命家たちの現実政治的な戦略に幻滅したというだけではなく、ボルシェヴィキが主導する革命の進行そのものにも深く失望していた。最初の革命に対する熱狂は、苦渋に満ちた幻滅に変わったのである。「赤いツァー、レーニン」と題された一九一八年二月二七日付の記事でブロッホは次のように述べている。

強制とツァーによる専横という古い、恐ろしい世界が、いかに新しい精神の前で、苦もなく、ほとんど武器も使わずに崩れていったか［…］、昨年の三月にこれらを読むことができたときには、無限に幸福で、まったくありえない夢のようであった。これこそが東方、これこそがトルストイ、これこそがロシアであった。すべては内から生じ、ほとんど暴力もなく、革命的なイデーは、世界がこれまでに経験した最も残忍な独裁政治に対してさえ、刀をもって殺すというよりは、［…］護符のように悪魔を祓うような形で働きかけるのである。けれども、いまや、「赤い兵隊」が登場する。それは一見するとまるで子供を恐がらせるお化けか、あるいは、探偵映画に登場する犯罪者の一味の名前のようである。(9)

一九一七年の二月革命は、「ありえない夢」のようであった。ブロッホの想像するとおりのロシア、深い宗教性と精神性に貫かれたロシアが、「ほとんど暴力もなく」、ツァーに支配された「古い、恐ろしい世界」を変革したのだ。しかしボルシェヴィキはそのロシアを裏切ったのである。一九一八年十一月十六日付けの記事「病にかかった社会主義」では、次のように言われる。

何よりもロシアは途方もなく情け深い、温かくて深い、キリストのような声をもっているので、どうしてボルシェヴィズムがそれほどまでに絶望的に恐ろしい口調になるのか、それほどまでにぞっとするほど非人間的で神をも畏れず、すでに一年も前から、ライナー・マリア・リルケの次のような愛の言葉、認識の言葉――「他の国々は、山と海と河に境界を接しているのだが、ロシアでは神に境界を接しているのである」――を汚しているのか、理解に苦しむ。(10)

リルケの「ロシア」、「東からの救い」の夢が、音を立てて崩れていく。かつて飢えに苦しみ、そしていまや略奪行為を行う兵士たち、探偵映画の「犯罪者」の一味にもたとえられる「赤い兵士」たちは、決して「目覚めた世界プロレタリアート」ではない。(11) レーニンは、「赤いツァー」としての自己の正体を露わにする。民主主義を達成するどころか、新たに生まれてきたのは、「権力への意志と独裁」(12) である。こうした事態に直面し――自らを「社会主義者」とみなすブロッホ自身が驚かざるをえないことなのだが――ウィルソンかレーニンか、アメリカかロシアか、と問われるならば、彼は前者を選ばざるをえない。

ウィルソンに対するあらゆる敬意にもかかわらず、社会主義者としては、かつて期待されたモスクワの太陽を、ワシントンの太陽がこれほどまでに上回ることが可能だとは、つまり、まだ資本主義的なアメリカから自由と純粋が、しかし社会主義革命を生んだロシアからは、悪臭と腐敗、そして民衆の解放者として振る舞い、ニセの社会主義の記章をもった新しいジンギス・カーンしか現れなかったということは、信じられなかったものである(13)。

「資本主義」の国アメリカに昇る太陽の光が、「社会主義」の国ロシアのそれを凌駕する。ロシアが「最大限の民主主義」ではなく、新たな「独裁」しか生み出しえなかったことの原因を、ブロッホはあの「跳躍」そのものに帰そうとする。つまり、ロシアは、西洋が経験した市民社会を経ることなく、一気に社会主義革命へと進もうとしたのだが、その試みは失敗に終わったのだ。『ユートピアの精神』に見られるドイツとロシアの連帯の夢想は、現実を前に砕け散る。ブロッホは、ドイツのみならず、ロシアも西洋に対して「遅れ」ていることを痛感せざるをえない。連合国は、「一七八九年の理念を、ドイツ人のように罵ることもなく、また見分けのつかぬロシア人のように軍隊の残骸によって覆い隠し、無神論的にそれを阻むこともしなかった。そうではなく、[連合国は]四年半もの間、助けとなり、慰めとなる目的として、そしてすべての政府に義務づけられた目的として、この理念が真実であると誓ったのである(14)」。ここにおいても西洋の発展が規範となり、それに対して、ドイツのみならずロシアもまた、ネガティブな意味での「非同時代性の国」として批判されているのは確かだ。もっともよく読めば、ここでブロッホがドイツとロシアとの間に境界をもうけていることが分かるだろう。ドイツ人が一七八九年の理念を「罵る」とはつまり、彼らはその理念を理解したうえで、それを罵倒するのに対し、ロシア人は「人権という理念の力」[15]について、全く理解していないかのように描かれているからである。さてしかし、ロシア革命に対してブロッホが抱いた幻滅はそれだけではない。彼の「文化批判的」な心情がここでも表面に出てきている。

ロシアでの革命の経過に関してブロッホが失望したのは、民主主義が生まれなかったというだけではなく、それが「古い共同体」を滅ぼしたからでもある。革命によって引き起こされた社会の転換によって、ブロッホの「夢のロシア」が滅ぼされてゆく。とりわけ「悲しむべき帰結」は、ロシアにおいてそれまで「幸福にも保たれてきた」古い「ミール」、すなわち農村共同体が、次第に切り崩され、「工場の村」へと変貌したことだ。革命には、喪失がつきまとう。「このようにして、人々は、農民と、トルストイの精神と、そして資本主義的でナショナリスティックな西洋の病的な時代を飛び越えて、ロシアが社会主義的になることを望んだ農民の神秘主義とを失う準備をしたのだ。」[16]ブロッホが指摘するのは、革命の皮肉な帰結である。彼によれば、そもそも革命前のロシアには「農民の自由、共産主義的な農村経済の残余」があったにもかかわらず、共産主義を目指す運動自体が、その基盤を取り壊してしまったのだ。ところで、「ミール」に関するブロッホの見解については、まともに受け止めるべきではない、という研究者トラウチェ・フランツの意見もある。というのも、一八六一年の農奴解放令によって法的にも制度化された農村共同体が、ストルイピンの改革によって一九一七年以前にはほとんど消滅していたことを、ブロッホは知っていたからだ、というのだ[17]。もっともそう主張するフランツは、ブロッホがそれを知っていたことを示す証拠を挙げてはいない。いずれにせよ確かなのは、一九一八年の記事「赤いツァー、レーニン」においてブロッホが、古いミール制が「いまだ途絶えることなく存続している」と述べているということだ[18]。そしてその認識がたとえ事実に反していたとしても、彼が古い農村共同体に対して、独特のノスタルジーを抱いていたことは明らかである。しかしこのように、「古いロシア」を理想化することで、ロシアに関するブロッホの言説は矛盾を孕むことになる。なぜなら、他方において、「古いロシア」とは、「最も残忍な専制」に他ならなかったのだから。

三　マルクス主義との対決

戦時評論に見られるブロッホのロシア観は、刻々と変わりゆく情勢を前にして、揺れ動いている。注目すべきは、このような混乱のなかで、彼がマルクス主義と批判的に対峙していることである。若きブロッホがマルクス主義に対して距離をもっていたということは、これまで述べてきた文脈のなかで——例えばツィンマーヴァルト派への批判やドイツの小邦分立に関する議論のなかで、また、リールやランダウアーなどマルクス主義に批判的な人々に近い立場をブロッホがとっていたという文脈のなかで——示唆しておいた。若きブロッホの曲がりくねって錯綜した思考の道をたどる試みの最後に、マルクス主義批判についてまとめておきたい。彼がこの時期に提出した疑義は、後にも重要なものでありつづけるからだ。

ロシア革命の「悲しい帰結」は、ブロッホによれば、マルクスの教え自体にすでに組み込まれている。まずボルシェヴィキの暴力支配という第一の悲劇は、「プロレタリアートの独裁」という教えに由来する。そもそも「独裁」という言葉自体、ブロッホにとっては忌避すべきものだ。それは彼において、否応なく、プロイセンと結びつく。事実、ロシアにおける新しい「独裁」のなかにも、ブロッホは「プロイセン的なるもののルネサンス」を見てしまうのである。(19) 悪の権化であるプロイセンと結びつけるとは、いかに彼がボルシェヴィズムを嫌悪していたかをよく示している。さらに第二の悲劇である農村共同体の崩壊も、マルクス主義の教説にその責任があるという。なぜなら、「工場システムを組合によって永遠化すること」[20]もそれが教えるところだからだ。同様の批判はすでに『ユートピアの精神』にも見出せる。ドイツにおいて伝統的な手仕事が失われつつあると嘆くとき、ブロッホは同時に社会主義者の工業至上主義をも批判している。「社会主義の側では、工業に奉仕する民（Industrievolk）だけを本質的なものとして措定し、永遠化してしまう」（16,20）というのだ。マルクスの教えに対する批判的洞察は、ロシアでの悲しむべき事例によって証明された形となったのだ。一体、マルクスの理論は、国や地域に関係なく、どこにおいても適用されうるものなのか。ロシア革命の成り行きが、ブロッホに原理的な問いを投げかけたのは間違いない。その際、彼は常に自国の行く末についても考えている。ロシアの問題についての省察は、常にまたドイツの問題と結びつけられる。マルクス主義に対する批判的議論において、とりわけ以下の二点が焦点となる。

批判の第一点は、マルクスが「イギリスの高度に発達した資本主義的工業社会の状況」を観察しながら自らの理論を作りあげた際、「農業問題」を見逃したということである。マルクスにおいては、「ただ工業資本主義だけが徹底的に考え抜かれ、単線的に片づけられてしまった」という。マルクスの視点は明らかに限定されたものだったにもかかわらず、イギリスとは事情が違う他の国や地域においても自動的に適用されてしまう。ボルシェヴィキはマルクスの悪しき工業主義をそのまま受け入れたがために、「いまだ存在している」ところの農村共同体の基盤に立って「農業プロレタリア的な政治」を行う可能性を見ることなく、「プロレタリアによる工場汚染」を引き起こしてしまったのだ[21]。ちなみに、マルクス自身は後年、ヴェーラ・ザスーリチ宛の手紙の草稿のなかで、ミールの例をとって、古い社会制度を必ずしも壊すことなく、むしろ「集団的生産の新たな形式」を発展させ、「古代的な社会のタイプを高い段階において再生」させる可能性を探っていた[22]。しかしこれは当時のブロッホが知るよしもなかったことであろう。

「農業世界を工業世界に還元する」[23]ようなマルクス主義的思考は、翻ってドイツにとっても弊害をもたらす。なぜならそのために「ユンカー」階級の特殊性を見逃してしまうからである。[24]この批判は、ブロッホの戦時評論において「戦争責任」問題と結びつけられる。ブロッホのみならず、バルにも言えることであるが、彼ら反プロイセンを標榜する作家たちの見るところ、マルクス主義が掲げる「二つの階級の対立」という図式は、「絶対的なユンカー国家」の特殊性を認識できず、したがって、ドイツに特有の罪にも切り込むことができないのだ。[25]

第二の点は、マルクスが、人間の「精神性」という問題圏をあっさりと通り過ぎてしまったという批判である。若きブロッホにとってマルクス主義者とは、量的な思考法に陥ったがために、「人格的なもの、質的なもの、文化的なもの、倫理的なもの」に対して盲目的である人々を指す。[26]このことはまず、ドイツの現状に照らして問題を孕んでいる。すなわちマルクス主義者は、ルーデンドルフのような「人物」の重要性を認識できないのである。

あれほどまでに個性的に、古代ペルシャの大王とは言わないまでも、太守のように公衆の前に姿を現すルーデンドルフという人物は、すでにこの人物とその役割からして、プロイセン・ドイツにのみ可能であるように思われる。それは、単なる資本の代理人としてではなく、また組織技術的に自立した権力関係の単なる交差点としてでもなく、第三のものとして、純粋にプロイセン的な軍事的特殊性として現れるのである。[27]

ルーデンドルフのような「人物」は、単に「商売」によって突き動かされているわけではなく、組織の一コマにすぎないわけでもない。単に経済的利益によって突き動かされるのではない人間の行動について考えるとき、ブロッホは、マルクスの説明モデルに限界があるとみなすのだ。単にイギリスと、ドイツもしくはロシアでは国の事情が違っているというだけではない。十九世紀中葉の世界と世界大戦の只中にある二十世紀という時代の違いも、決定的に重要である。「マルクスはリベラルな時代に生きた。その環境においては、上部構造が現在のように凝り固まって、完全に自立して経済に反するまでの機能をもつことさえ可能だと考えられるような、前提条件が欠けていたのだ。」[28]ブロッホがここで指摘しているのは、「経済に反して」でも貫かれる戦争意志を分析の俎上にのせる必要性であり、それによって、彼は「文化戦争」という錯綜したイデオロギーの核心に迫っている。もっとも、ここで考えられているのは相変わらずプロイセンの特殊性のみで、戦争の英雄が例えば表現主義の若者でもありうることは想定されていないのだが。

しかし、経済的利益に反してでも戦争を欲する意志があるとすれば、逆に、経済的利益に反してでも、戦争に反対する意志もありえる。「精神」の問題に取り組まないマルクス主義への批判には、それが、自由を求める人間の意志、さらには宗教や道徳の力をないがしろにしたという非難も含まれるのである。人間には、「より良きもの」を目指す「自立した力」がある、とブロッホは確信している。[29]実際、「祖国の裏切り者」と罵倒されても、ドイツの戦争を断固として否定し続けるという姿勢を支えたのは、このような信念であったのだろう。亡命者にとって、道徳を「完全に経済的要素へと還元し、それに対して倫理や精神なるものは、単に付随現象、それに依存した上部構造、それとしては実体のないイデオロギーとして機能させてしまう」[30]マルクス主義の方法は到底受け入れられないものであったのだ。

もちろん、マルクス主義に対する懐疑は、ブロッホの多くの同時代人に共有されていた。彼のマルクス主義批判には、マルクス理論の普遍性をすでに同時代人として攻撃したリールを受け継ぐ文化保守主義的な口調が混じっているとみることもできよう。しかしより近いところでは、次の二人からも刺激を受けているように思われる。まず、マックス・ヴェーバーである。経済的な領域とそれ以外の領域との錯綜した関係を分析するために、若きブロッホが方向づけを求めたのは、マルクス流の唯物論ではなく、むしろヴェーバーの社会学であった。『便覧』のなかでブロッホは次のように述べている。

> しかしまさに経済もまた、それ自体によって生きているのではなく［…］、独自の経済的エートスが存在するのだ。国民経済学者マックス・ヴェーバーが一連の素晴らしい研究のなかで、とりわけ資本主義とカルヴァン主義との関連において、歴史的に証明したとおり、この経済的エートスは、その時代の支配的な宗教体系にかなり依存している変数として規定されている。経済的状況は後から条件づけるのであり、精神的なるもの――すなわち常に経済状況を跳躍して方向性を示しながら立ち上がるもの――を生み出すことはないのだ。人間も、道徳も、神話も、歴史の原動力から追い払うことはできないのである。[31]

こう主張したからと言って、ブロッホは精神至上主義を打ち出そうというわけではない。彼が付け加えているように、「経済的な歴史把握をまったく取り除こうというわけではない」[32]。工場と労働者の町に生まれ育ったブロッホは、経済的闘争の重みを受け止めていた。むしろ、彼がヴェーバーから引き継いでいるのは、偏狭な唯物論および偏狭な唯心論をともに否定するという態度であろう。カール・レーヴィットは『マックス・ヴェーバーとカール・マルクス』(一九三二年)において、マルクスに対するヴェーバーの立場を適切にも次のように要約する。ヴェーバーの宗教社会学は、「あらゆる種類の一義的演繹を原理的に断念し、その代わりに『具体的な』歴史分析として、歴史的現実のすべての要因の相互的な制約関係を指摘し、それによって唯心論的、ないし唯物論的な歴史形而上学の『一面性』そのものの根底をくつがえ」そうとするものである、と。[33] ヴェーバーは、自らの方法とマルクス主義の方法の違いを、「経験的方法」と「独断的方法」として区別していた。レーヴィットによれば、「個々の成分や一つの個別的要因を独断的に拡大して［…］一つの『世界図式』の全体にまで作りあげる」ことに抵抗するヴェーバーはまさに「社会学的経験主義者」として最もよく理解されうるのだ。[34]

後年のブロッホがヴェーバーとの出会いを軽視したために、彼がそもそもハイデルベルクの師から何を学んだのかということは、これまでほとんど研究者の関心を呼ばなかった。しかし、互いの結びつきはそれほど深くなかったにせよ、ブロッホが戦前から亡命期にかけて――スイスでは『社会科学・社会政策論叢』の委託を受けて仕事をしていたことを想起されたい――ヴェーバー・サークルの磁場に身をおいたという事実はもっと重く受け止められてしかるべきである。そこではマルクス主義は「多くの諸傾向のなかの一つにすぎなかった」のである。[35] そして若きブロッホは、上記の引用が示すように、マルクス主義唯物論を二十世紀の現実に照らして超克しようとするマックス・ヴェーバーを、時代に即した学の提唱者として評価していたのである。ブロッホもまた、現実の「経験」に立脚することで、「独断的な世界図式」、「独断的経済的史的唯物論」[36] に抗う。そして、十九世紀的な思考ではとらえられない「現実」への視線、「現実の学問」を、ブロッホはヴェーバーから学んだのではないだろうか。もっとも、ブロッホがヴェーバー的な懐疑を体得していたにせよ、自らの営為を現実の「理解」にとどめてしまうのは、彼の流儀ではない。ヴェーバーの影響を過小評価すべきではないが、結局のところ、二人は袂を分かつことになる。

さてしかし「ブルジョワ社会学」以外にも、反マルクス主義を掲げる力強い声がもう一つ存在する。それはランダウアーから発せられた。ハイデルベルクの学者によるマルクス批判が学問的な批判にとどまるのに対し、ロマン主義的社会主義者は、現実の「変革」をこそ問題とする。ただその際に、マルクス主義者の「生命のない唯物論」に基づく変革に異を唱えるのである。これまでの叙述からも読み取れるように、ブロッホは、自らを「社会主義者」と規定している。マルクス主義を批判する際も、その批判は「ラディカルな国際的社会主義」の立場から行われるのだ、ということを強調している[37]。もっとも、彼が「国際的社会主義」という言葉によって何を意図しているのかは、必ずしもはっきりしない。むしろそれは、ランダウアーが主張する「社会主義」から、透かし見えてくるように思われる。

四　ランダウアーとブロッホの「社会主義」

ランダウアーが、マルクス主義的進歩史観とは異なる独特の歴史観をもっていたこと、また、工業プロレタリアートというよりも、自然生成的「フォルク」に変革の主体として期待をかけていたことは、すでに第三章で述べたとおりである。『革命』と並ぶランダウアーの主著『社会主義への呼びかけ』(一九一一年)において説かれる「社会主義」は、マルクス主義との対立において構想される。彼にとってそれは、「不倶戴天の敵[38]」とまでみなされるのだ。ランダウアーの反マルクス主義の詳細な研究は本書の目的ではないが、ブロッホとの比較という観点から、以下の点を確認しておきたい。

まずランダウアーは、社会問題を基本的に「農業問題」としてとらえている[39]。そして農業に基礎をおく、いわば大地に根ざした「土着的」な社会モデルを構想することで、工業的近代に足場をおくマルクス主義者と一線を画すのである。ランダウアーは彼らとの距離を次のように表現する。

マルクス主義者にとって、中世の都市共和国、あるいは辺境の村、あるいはロシアのミール、あるいはスイス・ドイツ、あるいは共産主義的なコロニーのようなものが、社会主義とほんの少しでも似通っているということはありえない。［…］農民たちが栄え、芸術的な手仕事が花開き、貧窮も少ない、そんな時代のなかにある場所をマルクス主義者に見せると、彼はそれを小ばかにするのである(40)。

ランダウアーの「反工業的、反都市的」な傾向については前にも指摘しておいたが、伝統的な農村共同体の再生、それに根ざした社会主義こそ、彼の目指すものである。しかしまさにこの点で、社会が自動的に発展してゆく、社会には進歩のプログラムが内在しているのだと考える当時のマルクス主義者たちと対立するのである。

またランダウアーは、「プロレタリア独裁」という考え方を退けている。ある一つの階級だけが「解放」を達成し、そしてその階級による「独裁」が確立するという思想は、彼にとってばかげたものである(41)。それは支配をなくすこと（「非支配」＝アナーキー）ではなく、新たな支配を生み出すだけだ。むしろ目指すべきは、「支配からも国家からも自由な、自立した個人による社会(42)」、自立した個人が連帯する社会である。次のような言葉は、ランダウアーのマルクス主義批判の核心をなしていると言えよう。

マルクス主義者たちは、ばらばらになって混乱した多くの伝統の一つ一つを、一本の糸につなげ、一つの秩序と一つの統一へとまとめたいのである。しかし彼らは、単純化への、統一への、普遍性への欲求にとらわれている。[43]

たしかにランダウアーも、近代社会が個人主義によってばらばらになったことを嘆き、失われた一体性を求めていた。しかし彼はマルクス主義的な「統一」には異を唱える。それは彼が理想とする中世的な〈多様性のなかの統一〉とは相容れないものである。マルクス主義が「機械論的中央集権主義的」であるとすれば、ランダウアーの求める社会主義は、「連邦主義的有機的共同体的」である。[44] その標語は、「土地と精神（Land und Geist）」[45] である。この標語にも明らかなとおり、新たな社会主義的共同体を志向していくうえで、ランダウアーが重視したのは、自由を求める人間の意志、精神であった。彼にとって社会主義とは何よりもまず「精神的な運動」[46]、「文化運動」[47] であるべきなのだ。そして単に経済の形態を転換させることではなく、「美と偉大さと、諸民族の充実をめぐる闘い」[48] こそ問題なのだという。

マルクス主義への批判という観点から見たとき、ランダウアーがブロッホにとっていかに重要な存在であったか、あらためて理解されるだろう。中世の都市共和国、ロシアのミール、スイスなど、ブロッホが憧れをもって描く共同体は、ランダウアーによってすでに発見されていた。このような有機的で大地に根ざした生活形態への方向づけ、工業的な進歩に対する批判、マルクス主義による「精神性」の軽視および歴史発展の統一性や法則性への盲信に対する批判、そして人間の精神性、主体的な意志の強調。これらすべて、ランダウアーのうちに見出されるものである。そしてブロッホが言う「インターナショナルな社会主義」も、個々の民族性を乗り越えた工場労働者の解放運動というよりも、むしろ「諸民族の充実をめぐる闘い」として考えられていたのではないか。

このように、マルクス主義に対しては、さまざまな陣営から多くの批判があり、若きブロッホもそれらを取り込んでいた。バルもまたマルクスを「素晴らしい経済分析家」[49]と皮肉っているが、これは当時一般的に流布していた見方であった。しかしここで留意しておかねばならないのは、マルクスの思想についての当時の理解が限定的なものであったということだ。レーヴィットはこの問題を次のように指摘している。ヴェーバーによるマルクス批判が前提としている「唯物論的歴史理解」は、マルクス自身には、とりわけ「哲学的良心を失っていなかった初期のマルクス」には見出されない。むしろそのような見解は、後期マルクスとエンゲルスによって導かれた「経済主義的俗流マルクス主義」の産物である。[50]ランダウアーのマルクス批判についても、イーリング・フェッチャーは、マルクスをカウツキーと混同したものとして注意を促している。[51]ヴェーバーからランダウアー、ブロッホやバルに至るまで、反マルクス主義の幅広い戦線が張られたわけであるが、彼らのマルクス理解については、留保が必要だということになる。

五　「非同時代性」と「多元的な宇宙」

これまで、第一次世界大戦勃発をきっかけに、自立した知識人として活動を開始したブロッホの仕事を検証してきた。「帝国主義戦争」反対の立場から「十月革命の哲学者」へと成長するという、まっすぐな発展の物語を一旦留保して初期のテクストに向き合うならば、読者は、見通しがたい議論にぶつかってしまう。なるほど、戦争の進行にともなって、そして彼自身の生活環境の変化にともなって、次のような大まかな傾向を指摘することはできよう。すなわち、「保守的ロマン主義」の要素や中世ドイツへの憧憬が比較的強く前面に出ているのは、（ブロッホの言を信ずるならば）スイス亡命以前にはすでにほぼ完成していたという『ユートピアの精神』、またスイス時代初期の論考である。そしてこれらは、亡命期にあって、一八四八年の民主主義者の後裔としての自覚を強めるなかで、相対的には弱まる。しかしそうかと言って、ブロッホが『ユートピアの精神』での立場から距離をとったというわけではない。ミューロンへの手紙を読めば、彼がいかにこの処女作を重要視しているかが分かる。彼は時事評論においてではなく、この哲学的著作にこそ自らの「すべて」を示したのであり、したがってその著者として世に出たいのだと訴えている。[52]その処女作には、連合国側に立ってドイツ批判を展開する時事評論の基本線とは矛盾する箇所があることを、彼は気にとめていなかったようである。

したがって、ブロッホの仕事に、ある一方向の発展を探そうとするのは徒労であると言わねばならない。彼はどこか見晴台に立って、歴史の成り行きを眺めているわけではない。実際には銃後の世界にとどまったにせよ、彼はいわば戦場に這いつくばって、より良き世界を求めている。大西洋の彼方から光が見えればそれに連帯し、ロシアから昇る太陽が、民主主義についての自らの考えとずれたものであれば、それに背を向ける。アメリカが資本主義の国であるから、そこからは堕落しか生じないという考えはないし、逆に社会主義革命のなかに堕落が生じる可能性も見る。たとえプロイセンの支配下にあっても、ドイツの大地は、抵抗のポテンシャルを秘めていると見て、その可能性に期待をかける。さらに、「ヨーロッパ」や「西洋」という枠を超えて、これまで周縁に追いやられてきた諸民族とも連帯する。ブロッホにとって世界は、さまざまな「照応」に満ちた「可能性の海」なのである。

このような彼の対抗言説は、「非同時代性」をキーワードにまとめてみることができよう。もっとも、この時期、彼はそれを明確に定義して使っているわけではない。むしろ、「非同時代性」の概念は、自らが突き当たった「問題のカタログ」[53]を提示しているのである。

第一に、ブロッホは、世界が民主主義へ至る道を歩んでいるとの確信と信念とをもっている。「ヨーロッパで最も遅れた国」、もしくは「東洋」であるロシアにおいてさえ、専制的政治体制が打ち破られた。それを目の当たりにしたブロッホは、自由と民主化へ向かっていくことこそ、人類の歩みであると確信する。そのような世界にあって、軍事的専制を敷くプロイセンは、世界と歩調をともにしていない、その意味でドイツは「遅れて」おり「非同時代的」である。この「非同時代性」は克服されねばならない。ブロッホにおいて、「一九一四年八月」の体験は、多くのドイツ人とは異なる方向に向かっての学習過程の始まりとなったのだ。一七八九年の解放のプログラムは、ブロッホにおいて、普遍的なものとして承認される。一九一七年のロシア革命も、その理想を完成させるものとして認識される。ボルシェヴィキに率いられたロシアは、その課題を果たすことはできなかったが、ブロッホは人間が到達すべき目標を確信するのである。「遅れた」ドイツに対する批判は、コロルも指摘するように、「ドイツの特殊の道」の議論に対するブロッホの貢献となっている。ただし彼の立場は、近代主義というよりも、反西洋近代を掲げるドイツのプロテストが引き起こした帰結を直視したうえで、西洋民主主義を創造的に流用しようとするものである。留意しておくべきは、このようにあらたに承認された理念のための闘いは、ブロッホにおいてしばしば仮借なきものになるということだ。プロイセン・ドイツの「非同時代性」は、力をもってしても滅ぼさねばならないとされる。そして絶対的な悪に立ち向かうため、それに対する陣営が、絶対的な善とされてしまう。後にブロッホは、ヒットラー・ドイツに対するスターリン・ロシアの絶対的な善を信じてしまう。そのような道徳的な厳格主義の片鱗は、第一次世界大戦中にも見出されるのである。

「尊厳と譲渡できない人権を歴史に抗して大事に守り続けていく。(54)」これこそ、第一次世界大戦でブロッホが得た最も重要な認識であろう。こうして彼は、人間の尊厳と人権とをかけがえのないものとする近代の理念を、民族の固有の「歴史」や伝統の上位におく。しかしながら、民族の固有の歴史や文化を捨て去ればよいという議論をしているわけではない。これが、非同時代性という「問題のカタログ」の第二の点である。むしろブロッホは、民族の伝統や文化に深く魅了され、その立場から、近代的なるものを批判的に見返していく。それがブルジョワ資本主義と、科学技術の進歩への盲信と、傲慢な帝国主義を生み、「古い文化」を破壊していくからである。ブロッホは、西洋近代が政治的に達成したものを評価しつつも、西洋近代の進歩を病理と見るジンメルやヴェーバーの診断を共有し、それを全体として肯定するわけではない。こうして、西洋的な進歩システムの外部としての「東方」や「ロシア」が、「素晴らしい非同時代性」としてポジティヴに知覚される。

多くのドイツ知識人と同様にブロッホは、戦前には、「進歩」に懐疑的な文化批判の立場にあった。けれども彼は「文化戦争」を肯定することはなく、断固として「文明」を擁護する立場に立つ。しかしそれでも、文化批判的な視座を手放すことはなかったのだ。「進歩の本道」をたどるのではなく、「脇道」に逸れ、進歩によって置き去りにされたもの、なおざりにされ、滅ぼされようとするものに目を向けていくのだ。ブロッホは一方で、大戦の惨状を目の当たりにして、人間の「尊厳と譲渡できない人権を歴史に抗して掲げ」ながらも、他方では、個々の歴史、さまざまな場所で人々がさまざまなリズムで織りなす個別の歴史、「ヴァナキュラー」な文化に魅了されている。西洋の進歩に対して「日付が遅れている」(9, 530)、そのような意味での「非同時代性」とは、ブロッホにとって、肯定すべき文化的な差異であり、多様性である。若きブロッホは、そうはっきり言明しているわけではないが、ドイツについても、積極的な意味での「非同時代性」があると考えているのだ。このように、ドイツが「ローカルな差異」としての「非同時代性」を含みもつことを「文化的な長所」、「プラス」として表明するのは、後年になってからである。(Erg., 218) 一九一〇年代においては、しかしそうした志向のために、彼の議論はしばしば、文化戦争のイデオローグという自らの敵に限りなく近づくことにもなる。

第三に、上記のような議論を展開するとき、ブロッホは、もう一つの「非同時代性」に依拠していることが分かる。それは政治、経済、文化など、さまざまな社会的領域の間の「非同時代性」である。ブロッホにおいては、「文化的悲観主義」と「政治的危機」とが短絡的に結びつくことはない。その連結を断ち切るべく、「進歩」の概念を差異化し、それぞれの領域に即した議論を展開しているのである。こうした「問題のカタログ」が、「ドイツと非同時代性」をめぐる複雑な議論の母胎となって、後に『この時代の遺産』に結実することになる。

こうしてさまざまな「非同時代性」を記述しつつ、ブロッホは、大戦後の世界についてのヴィジョンをも描いている。大戦の末期、彼の頭に浮かんでいるのは「多元的宇宙」のヴィジョンである。これは『ユートピアの精神』にも、亡命時代の評論にも現れる。それを見る前に、まずこの概念がどこに由来するのか確認しておこう。

「多元的宇宙」は、近年のブロッホ研究でも注目を集めるようになった概念である。しかしブロッホがそれをどこから借用してきたのかについては、問われないままであった。それを最近になって指摘したのはラルフ・ベッカーである。(55)「多元的宇宙」とは、第二章でも名を挙げたアメリカの哲学者ウィリアム・ジェイムズが一九〇九年に著した著作のタイトルである。タイトルとしては „A Pluralistic Universe“ が使われているが、本文では „multiverse“ が同義で登場する。(56)ちなみにこの著作は、一九一四年にドイツ語訳が出版されている。すでに指摘したとおり、ブロッホはジェイムズの思想を肯定的に取り込んでいた。そのジェイムズは、哲学のなかに「多様性」の概念を導入し、「多元主義」を自らの思想の重要な柱としていたのだ。『多元的宇宙』に先んじる著作『プラグマティズム』（一九〇七年）においても、彼は次のように述べている。

哲学とは、世界の統一への探求、あるいはそのヴィジョンであるとしばしば説明されてきた。[…]しかし、世界の統一という問題は、事物の多様性とどう関わるのか？　この多様性は本当に意味がないのか？　われわれが哲学という概念を用いる代わりに、われわれの悟性とその欲求について語るならば、統一が唯一の欲求ではないということがただちに分かるであろう。[57]

ジェイムズは、「多様性」を「統一」にとって変えようというのではない。絶対的一元論も、絶対的多元論も彼は退ける。彼にとって二つは「同等」である。世界は「多」なのか、「一」なのか、というのは彼の問いではない。世界は「多」でもあり「一」でもある。ジェイムズがプラグマティストとして問うのは、例えば「人が世界の統一について語るとき、何がそれによって考えられ、どのような実際的な帰結をそれがもつか」ということなのだ。[58]それでも、『多元的宇宙』において彼は、世界の多元性を擁護する立場をとっていると言える。それは、「統一」のみを求めてきたとされるヨーロッパの伝統的な哲学、とりわけ、「世界全体を一元論的に統一したもの」とするヘーゲル流の「合理論的一元論」に対する、「経験論的多元論」の立場からの異議申し立てとなっている。ジェイムズの議論は、当時の政治や社会との関連を排した言説のなかで展開されており、「一種の神秘的とも言える哲学的世界観」[59]の表明である。（もっとも、ある箇所で、「多元的な世界は、帝国や王国よりも、連邦共和国に似ている」[60]と強調しているが。）しかしブロッホは、ジェイムズの概念を借用しながら、それを、戦後世界のあるべき姿という政治文化的議論に組み込んでいくのである。

戦後のドイツについてブロッホが抱いていた夢は、プロイセンの支配から解放され、それぞれの地域の多様性を生かしながら、民主主義的な連邦共和国を形成するというものだった。世界全体について彼が期待するのは、ウィルソンが提唱する「諸民族の連盟」、すなわち「国際連盟」のアイデアに、ランダウアーの「諸民族の充実」、さらにはジェイムズの「多元的世界」の考えを取り込んだ、諸民族の精神的な連盟と言えるかもしれない。『便覧』では次のように言われる。

向こうから、合衆国からは魔術的な意志が、フランスからは洗練と喜びと明晰さが、そして常に政治的に、また道徳的に作用する精神と神秘的な軽やかさが――それは新しい人間が、途中にある機構によって硬直化しないために必要である――やってくる。ロシアからは、温かさと善意と聖なるものが、そして無限のものが魂の所有物としてやってくる。ついにイエスをも取り込んだユダヤ教の精神からは、炎が、そして圧倒するような故郷という目標と予感の良心が、この世界の苦境を超えてやってくる。決して消えることがなく、ともに歩き、そして終極においてはじめて立ち止まり、またあらゆる民族と時代の頭上で輝き、いかなる民族現象学にも疎遠でない星のようにメシアニズムがやってくる(61)。

そして戦後のドイツは、このような連盟に加わるべきである。

世界との最も緊密な連盟において、世界と接しながら自分自身へと育てられ、古い広がりと多彩さに責任をもち、そして憧憬と魂によって繰り返し砕け散った本質――これこそドイツと、その基底にある精神にかつては深く根ざしていたのであるが――を純粋に刻印しつつ、ドイツは、この最も完全なる高揚においてのみ、人類の故郷へ至る道で光を再び見出すことができるのだ(62)。

世界との連盟によって、ドイツは自己を失うことはない。むしろ、「世界と接する」ことで、「自分自身へと育てられる」、すなわち、この人類の同盟のなかでのみ、ドイツはその〈本来の〉精神を見出すのである。ここでブロッホは、それを「広がりと多彩さ」であると説明している。そもそも「諸民族の連盟」という考えは、すでにこれまで「最良のドイツ人」たちによってしばしば提起されたものでもあるのだ。(63)「ドイツの精神」を規定しようとするとき、文化戦争のイデオローグは、それによって世界と対決しようとした。ブロッホにおいては、それは多元的な世界に貢献するためである。

さて、この時期のテクストには、世界連邦のヴィジョンが幾つか現れるのだが、その時々で、アクセントが微妙に変わってもいる。上の引用でブロッホの視界に入っているのは、ヨーロッパにアメリカとロシアを加えた地域であり、また「ユダヤ精神」に特別な位置が与えられている。しかし例えば『ユートピアの精神』では、さらに広い世界へと視線が向けられている。

古い伝道思想の意図に即して、異質なさまざまな風俗文化とさまざまな現象学とをひとつの共通の視点へ関係づけるやり方が、次第に、植民地政策的に固定されることなく、現れる。諸国家間で、もはや失敗の許されない連邦的接近が生じ、そうして閉ざされた諸文化の浪費が中止され、聖なる同胞としての普遍的なキリストが生まれる。そしてついには、すべて人間生活の内面的なもの、静けさ、非合理的なものを新たに際立たせるような、教会の再生、すなわち教育の場であり、形而上学的に中心化された救済の場である教会の再生がやってくる。(16, 432)

ここでまず重要なのは、ヨーロッパによって植民地化された諸民族との「連邦的接近」の必要性が説かれているということだ。そして従来のような「植民地政策」とは違うやり方で、つまり他民族を滅ぼしたり支配したりするのとは異なったやり方で、異文化と関わり、共存できるような道を模索している。『ユートピアの精神』第二版では、この箇所で、「世界共和国の多元的宇宙（Multiversum von Weltrepublik）[64]」という概念が使われている。ブロッホにおいては、ハインリヒ・マンが考えるような「ヨーロッパという一つの家」が問題となっているわけではない。ヨーロッパに反抗したドイツが、心を入れ替えて、ヨーロッパに回帰すればよいという議論をしているわけではないのだ。むしろ非ヨーロッパまで含めた世界における多様性と統一というヴィジョンがブロッホの心に宿り始めている。ここには、「青騎士」たちの文化多元主義が息づいているとも言えよう。

見過ごせないのは、この多様な諸民族が住む世界を統合する原理として、ここではキリスト教が挙げられているということだ。しかし「古い伝道思想」は、ブロッホの想定とは異なり、実際には「植民地政策」とも無縁ではなかったし、多くの諸文化にとって災厄をもたらすものでもあったのだ。「普遍的なキリスト」によって世界が結ばれるというのは、現代の視点からすれば、ナイーヴな発想である。

しかしまたスイスで執筆された別の評論では、「解放された人類の新たな多元的宇宙」という表現が登場する。そこでは、「多元的宇宙」とは「本当の自由と、偉大な、来るべき、社会主義を超えるアナーキー」という意味で使われている[65]。『ユートピアの精神』においては、「教会[66]」による統合にアクセントがおかれているようだが、ここではむしろ、「統一」の強制に対する「アナーキー」が強調されている。「統一」への希求と、しかしそこに包摂されない「多」の擁護。「多元的宇宙」は、そのどちらをも含む。それこそが、世界的規模の戦争を経験したブロッホの二重の要請なのである。

確認しておくべきは、以下の二点である。まず、マルクス主義は、ブロッホの幅広い「問題のカタログ」をカバーできるヴィジョンではなかったということである。ブロッホが望んだのは、ブルジョワジーに抗して、労働者が独裁的に支配する世界を作るということでは必ずしもなかった。労働者という一つの階級だけが問題なのではない。「従属化、粗暴、略奪、軍国主義、封建主義」といった「世界を上から押さえ込む」(67)すべてに対して、下から、多くの者たちが、プロイセンによって虐げられた者も、西洋帝国主義によって虐げられた者たちも、立ち上がるのである。「多元的宇宙」とはそうした多くの者たちが生き始める一つの世界である。ただ、その「一つの世界」を統べるものをどう規定する（できる）のか、ブロッホにおいてもはっきりしていないようである。それは「教会」なのか、民主主義への共通の信念であるのか？ しかしいずれにせよ、大戦末期において、諸民族がそれぞれの精神を生かしつつ共存する世界連邦が、来るべき世界のヴィジョンとして浮かび上がってきたことは間違いない。第二点目として、この世界連邦のヴィジョンに関連して、「ユダヤ的メシアニズム」にも触れられていることだ。この〈ユダヤ性〉の問題は、ドイツ帰国後に生じる、彼のポジション変化に関わってくる。これまで言及することのなかったこの問いを、ヴァイマル期への過渡として、以下に取り上げることにする。

六　過　渡――〈ユダヤ性〉への問い

序論においても述べたとおり、ブロッホの「ユダヤ的メシアニズム」は、彼のマルクス主義への発展を説明するために、研究でもしばしば引き合いに出されてきた。しかし〈ユダヤ性〉は、若きブロッホにおいて、諸民族の連盟という議論において強調されてもいる。〈ユダヤ性〉の問題も、当時のブロッホにおいては、マルクス主義的に限定されることなく、より広い文脈のなかにおかれているわけだ。では、当時の複雑な文脈のなかで〈ユダヤ性〉はどう語られたのだろうか。

この〈ユダヤ性〉の問題についても、ブロッホ自身の回想はあまり当てにはならない。晩年のあるインタビューでは、同化ユダヤ人の家庭においてユダヤ教との接触もなく育ったことを回想し、「私がユダヤ人であることは、偶然にすぎません」として、自らの〈ユダヤ性〉を強調することを避けている。また、ユダヤ教に接したのは、ヴュルツブルクでの学生時代に知り合ったシオニストの女学生を通じてであり、カバラの文献などに関心をもったのも後になってからのことだったという。興味深いことに、インタビュアーに質問されたわけではないにもかかわらず、ブロッホはブーバーからの影響を否定している。[68]

しかしこうした後年の述懐にもかかわらず、ブロッホがユダヤ人としての強い自己意識をもっていたこと、また二十世紀初頭に興ったユダヤ・ルネサンスの中心人物ブーバーに影響を受けていたことは明らかである。ルカーチ宛の書簡からは、ブロッホがブーバーの著作を肯定的に受けいれていたことが読み取れる。[69]また、ズースマン宛の手紙では、「選ばれた民」についての熱っぽい記述が見られる。[70]ホーニヒスハイムやマリアンネ・ヴェーバーが、自らをメシアとみなすような強烈な自意識をもった若きブロッホの像を書き留めていることはすでに紹介したとおりである。大戦以前、ブロッホは、ブーバーやランダウアーが担ったユダヤ運動の高揚を肌で感じ、自らもユダヤ人としての強い自覚をもつに至ったはずである。それを伝えるのが、「一九一二／一三年」の成立と付記され、『ユートピアの精神』第一版に収録された「シンボル：ユダヤ人」というテクストだ。[71]

ではこれまで主に問題としてきた、第一次世界大戦中はどうだったのだろうか。戦時の評論を分析することで明らかになったのは、ブロッホとドイツとの強い結びつきである。「祖国ドイツ」のために戦場に向かったトラーをはじめ多くのユダヤ系ドイツ人を駆り立てた、同じ愛国の心情が、ブロッホにおいては、ドイツの現状に対する仮借ない批判となって表されていた。トラーが一ドイツ兵として戦場で戦ったように、「アンチカイザー・ジャーマン」としてブロッホは、まさに「ドイツ人」というアイデンティティーに拠りながら、ペンをとっての闘いを行っているのである。〈ユダヤ性〉への問いは、そこでは前面に出てきていなかった。

しかし亡命期においても、ユダヤというテーマがすっかり消えてしまったわけではない。一つには、反ユダヤ主義の高まりという問題がある。これはとりわけ、バルが――すでに戦争が終わりを迎えた頃ではあったが――反ユダヤ主義的な言動をとったという事件において顕在化した。(72) バルに腹を立てたブロッホは、ミューロンに宛て、自分がいかに自らの「人種に自覚的なユダヤ人」であるか力説している。(73) 同志としてともに戦争に対して闘ってきたバルとブロッホではあったが、この事件をきっかけに、二人の関係は悪化してしまう。さらに、ユダヤ人国家の建設をめぐる国際政治的な問いが浮上してきたということがある。この動向を見据えつつ、ブロッホはユダヤ問題に言及している。それが、一九一八年四月十七日付けで「ヨーゼフ・シェーンフェルト博士」のペンネームで『自由新聞』に掲載された記事「ドイツのユダヤ人とパレスチナ」である。以下では、この論文と先述の「シンボル：ユダヤ人」を手がかりに、若きブロッホと〈ユダヤ性〉について考えてみたい。

まず、第三章でも言及した、戦前のユダヤ・ルネサンスについて確認しておこう。ブーバーをキーパーソンとして展開されたユダヤ民族の文化的復興運動は、「文化的シオニズム」と呼ばれる。シオニズムとは周知のように、十九世紀末、ヨーロッパにおける反ユダヤ主義の根深さを痛感したテオドール・ヘルツルが、ヨーロッパへのさらなる「同化」の道を絶ち、ユダヤ人国家の樹立を目標として創始した政治運動だ。このシオニズムの中心地ウィーンに学んでいたブーバーも、たちまちユダヤ民族主義の情熱にとらえられ、政治運動に身を投じた。しかしながら、政治的なかけひきによってユダヤ人のための国土を獲得することを主眼としたヘルツルの活動にブーバーは満足しなかった。その「政治的」シオニズムは、ユダヤ民族精神の復興という「文化的」課題をおろそかにしたからである。(74)ブーバーはヘルツルとは袂を分かち、「文化運動」としての「文化シオニズム」(75)を推進していく。そうした過程で彼が再発見したのが、十八世紀のポーランドで、イスラエル・バアル・シェムによって創始され東欧に広まったユダヤ神秘主義思想ハシディズムの伝統である。

「ツァディク（正しき人）」を中心に、「敬虔な人々（ハシディーム）」が、神を前にした相互のまじわりを結び、互いに助け合いながら生活するハシディズムの生活共同体に、ブーバーは「ユダヤ精神」の完成されたあらわれを認めた。(76)ブーバーは、ハシディズム研究の成果の出版をとおして、また、プラハのシオニスト学生団体「バル・コフバ連盟」から依頼されて行った一連の講演（一九〇九から十一年）を通して、中央ヨーロッパの青年シオニストたちの指導者となっていく。(77)ちなみにランダウアーがユダヤ問題に取り組むようになったのは、一九〇八年頃からだと言われており、ブーバーに刺激されてのことであった。

正統ユダヤ教徒でもなく、西洋のブルジョワ社会に統合された同化ユダヤ人でもない、東欧の敬虔なユダヤ教徒たちの共同体、そこに生き生きと宿る「民族の魂」に立ち返ることによって、若きユダヤ人たちは、自分たちの〈ユダヤ性〉に対する新たな自覚と誇りを獲得したのである。そうした若きユダヤ人の「マニフェスト」であり、彼らの「メシア的な覚醒」をアピールしたのが、上述の「バル・コフバ連盟」が編纂した論集『ユダヤ教について』（一九一三年）であり、ブーバーをはじめ、ランダウアー、ズースマン、カール・ヴォルフスケール、マックス・ブロートらが寄稿した。ダニエル・クロッホマルニークの研究によれば、ブロッホが「シンボル：ユダヤ

人」で参照しているのは、この書物だということだ。(78)

ブロッホが強調するのも、「若く真面目なユダヤ人」の覚醒である。(16, 319f.) 彼によれば、ユダヤ人が社会的に貶められたり、それによってユダヤ人が自己を卑下したりするといった状況は、すでに過去のものとなっている。しかし、事態がより良くなったわけでもない。とくにブロッホが批判するのは、青年シオニストたちの親の世代にあたる、西欧の同化ユダヤ人である。彼らはロシアやポーランドのユダヤ人よりも「自由思想の毒」にあてられ、「営利的で非神秘的な市民時代」においてすっかり「自己を喪失」してしまったという。(16, 320)

しかしブロッホも共感を示していた若きユダヤ人たちの「覚醒」は、ドイツ文化への同化の単なる拒絶であるわけではない。(79) 彼らが「ドイツ的」な「フォルク」の概念を積極的に受け入れていたのは第三章でも見たとおりである。ネオ・ロマン主義、さらには表現主義によって新たにされた「民族文化」への憧れ、生哲学においてみられるような、生き生きとした生への憧れをユダヤ人たちは吸収する。「ユダヤ性の覚醒」は、彼らによる、世紀転換期ドイツ文化の同化への結果である。若いユダヤ人が求めたのは、解放から同化に至るプロセスを否定して、分離主義的なゲットーを作ることではない。ハンス・コーンも、自分たちの運動が、十九世紀の解放と同化のプロセスを経てこそ生まれたものだという認識を示している。(80) つまり、ドイツ文化への同化の帰結として、ユダヤ文化への再同化が生じたのだ。そしてまた、東欧ユダヤの宗教的な文化の発見は、ドイツ文化をも豊かにしていく。ランダウアーは次のように述べている。

ドイツ人の多くが、ギリシア人、インド人、中国人、フィンランド人の詩歌、童話、伝説のなかに真正性、湧き出す美、深い意味と真実を感じており、ユダヤ人の神話も、それが宗教のなかに取り込まれるなかで、ドイツの民族文化の一部となったのである［…］[81]。

このようにランダウアーは、二十世紀初頭ドイツに花開いた文化的多元主義のなかで、「ユダヤ文化」も新たに発見され、それがまた「ドイツ文化」をも豊かにするという、ドイツとユダヤの相互浸透を洞察していた。ブロッホにおいても、「シンボル：ユダヤ人」という一節は、『ユートピアの精神』のなかで、ドイツの（表現主義的）若者たちの精神的覚醒を描いた一節の後に補説として挿入されている。彼が、ブルジョワ社会へのプロテストとして、ドイツとユダヤの若者の運動をパラレルに眺めていたとも理解できよう。

では「ユダヤ精神」とはいかなるものか――「文化シオニズム」の言説は、それを規定しようとする。そこでは常に、離散したユダヤ民族の苦難の歴史が参照される。そしてまさにその苦難のなかで、唯一神への信仰を保持し、絶対的な正義や理想の人類社会という理念を高く掲げながら、それに向かって現実を超えていくのが「ユダヤ的な精神」であり、また人類文化にとっての「世界史的意義」があるのだとされた。正義と愛とが実現される国の到来を待望する「メシアニズム」について、ブーバーは「近代社会主義の源泉」としてその意義を強調しており[82]、ランダウアーもそこに、ユダヤ民族の本質をなす特徴、人類に対してユダヤ民族がもつ「役目（Amt）」を見出している。「ユダヤ人は人類とともにのみ、救済されうるのであり、［…］追放と離散においてメシアを待望することと、諸民族のメシアであることは同じである[83]」。

ブロッホもまた、「シンボル：ユダヤ人」において、ユダヤ民族の歴史を概観しながら、そこで醸成された「ユダヤ的な世界感情」を次のように規定している。それはまず、「世界に抗う［…］完全に意志に従った態度」であり、次に「生を純粋性、精神性、統一性へと変換することへの衝動、それによって正しき者が、上位に立つ者に対して、鍵となる力を獲得すること」である。また、「世界を超える、いまだ存在していないメシア的目標に向かう」運動こそが、「ユダヤ的」であるとされる。(16, 321f.)「遠いメシアはいまだ来たらず」、世界はまだ深い闇のなかにある。しかしそれを打ち破る力は、ブロッホによれば、人間の内部に宿っているのである。「僕たちの最も深い、いまだ名のない内部にこそ［…］最後の、まだ知られざるキリスト、冷酷さと空虚と世界と神を打ち負かす者」が眠っている。(16, 330) ブロッホはここで、国家の指導者たち(「上位に立つ者」)や既存の世界に抗う己の姿に、ユダヤ精神の発露を見出しているのかもしれない。そしてこのテクストは、興味深い連帯を示してもいる。すなわち、「ユダヤ人」が「ドイツ人」とともに、そしてさらに「待つこと、神の創造とメシアニズムの第三の受容者」であるロシアと一体となり、「最後のもの、ゴシックとバロックとを知らせなければならない」というのである。「絶対的な時間を準備する者」とは、ユダヤ人とドイツ人とロシア人であるとされるのだ。(16, 332)

「シンボル：ユダヤ人」は、同化ユダヤ人への批判をとおして、西欧的なもの、その自由思想や資本主義的ブルジョワ的なものが批判され、これまで見てきたような、ドイツとロシアとの連帯の夢に、さらにユダヤ精神が加わって、西欧的近代世界に対する精神戦が告知されて終わる形となっている。「シンボル：ユダヤ人」は、戦前のドイツを舞台としたロマンティックな文化シオニズムを色濃く反映するテクストであると言えよう。しかしながら、戦争によって露わになったさまざまな問題の洞察を経て、ブロッホは、一九一八年の評論ではより広い国際政治的文脈のなかでユダヤ問題を論じている。

「ドイツのユダヤ人とパレスチナ」においてまず批判されるのは、ドイツのユダヤ人たちもまた、一九一四年の夏に、戦争熱に浮かされ、それに加担したということである。同化ユダヤ人たちはもちろんのこと、「本来、価値あるユダヤの若者」までもが戦争によって火をつけられた。ヴィルヘルム二世による党派闘争休止の宣言が、ドイツのユダヤ人たちに、真に平等な権利を与えると期待させたためである。[84] このように「ドイツの運命共同体」に統合されることで「ディアスポラの傷が癒された」のは、しかしブロッホの見るところ、「危険の無いことではなかった」のである。[85] やがて、ドイツの戦争が彼ら若いユダヤ人の戦争ではないこと、「トルコと同盟を結んだ、真に反ユダヤ主義的な全ドイツ党の勝利」が、「ユダヤ民族の敗北、何よりも、自由と土地と自己決定権を望むシオニストの民族統一主義の敗北」しか意味しないことが明らかになってきたのだ。[86] 大戦を契機にして、ドイツ人とユダヤ人との結びつきが強まるどころか、逆に反ユダヤ主義が高まったことはよく知られる。「反ユダヤ主義者はすぐに、前線には非常に少数のユダヤ人しかいないと不平を言い、ドイツ軍は、この主張が真実であることを証明するために、自らでっちあげの人口調査をおこなった。[87]」

ドイツに存在する反ユダヤ主義という厳然たる事実――これは戦前の「シンボル：ユダヤ人」では前面に出てきていなかった――を自覚したブロッホは、一九一八年、次のように主張する。ドイツのユダヤ人は、連合国の理念に耳を傾けるべきである。ゲットーからの解放を実現できたのはフランスのおかげではないか。さらにいま、パレスチナへの帰郷という古きユダヤの夢を現実のものにする手助けをしているのはイギリスとアメリカではないのか、と。ブロッホがここで念頭においているのは、イギリス政府がパレスチナにおけるユダヤ人国家の建設に賛同した一九一七年十一月の「バルフォア宣言」であろう。ブロッホはそれを歓迎しているようである。すなわち、「自由と土地と自己決定権を望むシオニズム」を求めているわけだ。「ドイツのユダヤ人」が夢見る未来を、ブロッホは次のように描くが、それは彼自身の夢でもあるのだろう。そこでは、

もはや戦争はなく、軍備の拡張やプロイセンの選挙改革やアルザス＝ロートリンゲンや、そして病んで罪を

背負ったヨーロッパのすべての問題から、ついにユダヤの魂が解放される。まったく新しい世界でありながら、古い、真に慣れ親しんだ世界を築き上げることが重要となる——二千年にわたるバビロン捕囚とエジプトでの下僕状態の後に［…］(88)。

しかしこのように「ユダヤの魂」の解放を願いながらも、ブロッホは、すでに早くから、「国家的に規定されたシオニズム」(16, 320) に対しても批判を表明している。ではブロッホが受け入れる「シオニズム」とはいかなるものか。彼は次のように説明している。

シオニズムとは、すべてのナショナルなものを脱して、民主主義的な世界市民という本来の役割へ向けて、そして自由、より良き未来、民主主義、世界の諸共和国の連盟であるすべてのものと自覚的なユダヤ人との必然的な親縁性へ向けて、ユダヤ人を解放すること以外の何ものでもない(89)。

ユダヤ人が離散の歴史についに終止符を打って、他の民族と同じように「国家」を築くということが目的なのではない。むしろ、他の民族がいまだそれにとらわれているところの、そして絶えざる争いの原因となっている、「すべてナショナルなもの」を乗り越えて、ブロッホが戦時評論で繰り返し訴える「世界民主主義」に尽くすことこそ、「本来的」な「世界市民」としてのドイツ・ユダヤ人の役割であり、「シオニズム」だというのである。「救済された人類へのメシア的な憧憬に満ちた信仰」をもって、「ドイツのシオニスト」は、以下のことに参画する。

ドイツのシオニストは、彼の人種と宗教に生来備わった、より良い未来という偉大なる理念がもっとも強く輝く場所へと赴く。彼は何ものにおいてもプロイセン的と感じることはなく、何ものにおいてもこの過去の力に義務も結束も感じることはない。彼はドイツに住んでいる限り、必然的に、ドイツの自由とデモクラシーの困難な誕生に参画する。しかし彼の本来の場所は、ドイツではなく、ユダヤ教であり、そしてそこにおいて、世界であり、世界のメシア的な良心である。(90)

「ディアスポラ」の歴史のゆえに、そしてユダヤ人とは「民族」であるよりも前に「宗教」であるがゆえに、ある特定の土地に結びついたナショナリズムや排他的な民族主義を超えてゆくことができるという。彼の「本来の場所」はしたがって、特定の国家ではなく、「世界」となるのだ。

シオニズムを、ユダヤ民族国家建設を目的とする運動と理解するならば、ブロッホのこのような見解は、異端であるだろう。しかし「異端の思想」をシオニズム運動の只中にいながら提起し、ブロッホに指針を与えていたと思われるのは、ここでもやはりランダウアーであった。彼は、すでに言及した論集『ユダヤ教について』への寄稿「それは異端の思想だろうか」のなかで、次のように主張していたのだ。「国家」を築けば、隣国は「敵」となる。しかしユダヤ民族は、国家とならないがゆえに、隣人を「自らの胸のうち」にもつのみであり、平和のうちに「隣人との同胞性」を築く。このことこそ、ユダヤ人が人類のなかで果たすべき「召命（Beruf）」ではないか、と。(91)

ランダウアーにおいて、民族のもつ個性や独自性は、かけがえのない価値をもつものである。しかし民族が国家という壁を作り、偏狭なナショナリズムに陥る危険性をもつこと、その危険性から、ユダヤ民族もまた免れてはいないことをランダウアーは認識していた。ブロッホもまた、戦時の経験をとおして、こうした「異端の思想」に惹かれていったのだと思われる。

ランダウアーの「異端性」は、さらに彼の自己理解にもあらわれている。シオニストとしてブーバーは、「ドイツのユダヤ人はそのルーツに従って、自分をドイツ人である前にユダヤ人であるとみなさなければならない」と主張していた。(92) それに対し、ランダウアーは、ドイツ性だけにも、ユダヤ性だけにも還元することのできない複雑なアイデンティティーの有り様をそれとして肯定し、自分を「単純化」することなく、「複合体」としての自己を認めていた。(93) そして自らを「ドイツ人、南ドイツ人、ユダヤ人」と規定したのである。(94)「私のドイツ性とユダヤ性は互いに傷つけ合うことはなく、互いを喜ばせあうのだ。(95)」ランダウアーは、まさにこうした複合的なアイデンティティーをもつがゆえに、「ユダヤ人」でありながら、「南ドイツ」に大戦後に興った革命運動に身を投じていく。一方、「ドイツ人、南ドイツ人」であるだけではなく、「ディアスポラのユダヤ人」でもあることは、急進的な民族主義に直面させられるヴァイマル期をとおして、ブロッホを「肯定的なトランスナショナリズム(96)」へと導いていくことになる。

第六章　〈転　位〉

――ヴァイマル期のポジション規定――

一　ヴァイマル時代への出立

「批判とは、確実に占拠した到達点からしかできないものだ。ただ不満を持っていて、何が正しいのか分からない者は、自分の不満についても正しいことは何も言えないのである。」(1) 一九二三年にベルリンの出版社カッシーラーから出版されたエッセイ集『砂漠をとおって』の序文において、ブロッホはこのように述べている。さらに、このエッセイ集に先立って出版された二冊の自著で、批判のための確固とした位置を自らが獲得したと言明している。その二冊とは、一九二一年にクルト・ヴォルフから刊行された『トーマス・ミュンツァー』、および一九二三年にカッシーラーから出版された『ユートピアの精神』の第二版を指している。これらの著書によって、ブロッホは、何が正しく、何が誤りなのか判断を下す「批判」が可能となった、というのである。自分がそのようなポジションを「占拠」したことの誇らしげな表明である。しかし同時に、それ以前には、そうした確かな位置にはまだ達していなかったことを言外にもらしてもいるのだ。

この間のブロッホの足取りをたどってみよう。一九一八年、ドイツは戦争に敗れ、各地に革命の混乱が生ずるなか、ヴァイマル共和国が誕生した。二年あまりにおよぶスイスでの亡命生活を終えて、ブロッホは最終的には一九一九年秋、ドイツに帰国する。ドイツを出る時には無名であったが、いまでは『ユートピアの精神』の著者として、彼の名前は知られるようになっていた。そして間もなく、カッシーラーと契約を結ぶ。仕事上の便宜もあり、帰国後はベルリンが生活の中心になる。そして矢継ぎ早に上記の三冊の本が出版されたのである。もっともこれらは、厳密にはこの時期の新著とは言えまい。

ミュンツァーのモノグラフィーに着手したのは、すでにスイス亡命期である。ルターがその基礎を築いたところの「お上に従順な臣下の国」に「下からの革命」を起こさんとしたミュンツァーへの関心は、ランダウアーやバルをはじめとして戦争反対派たちに共通するものであった。十六世紀の農民たちの悲惨を、二十世紀ドイツの悲惨に重ね合わせ、かつて生じた革命的エネルギーを再び呼び戻そうとする、その熱を帯びた調子は、亡命期に特有のものである。『ユートピアの精神』の第二版も、まったく新しい著作とはみなせない。また、『砂漠をとおって』にも、第一次大戦期に書かれたテクストに手を加えたエッセイが収められている。実はこの間、妻エルゼが一九二一年に病死しており、この頃のブロッホは深い失意の底にあった。新しいものの創造を目指していたというよりも、エルゼの存命中に構想・執筆された作品に手を入れながら、彼女への追悼の念をこめてそれらを刊行したのだと言えよう。しかしもちろん『ユートピアの精神』第二版は第一版を大幅に改稿し、新たな内容も盛り込んでいる。そして変化した世界情勢、新たな共和国の現実に対する洞察をもとに、ブロッホはさまざまなエッセイ、評論を雑誌に寄稿している。『砂漠をとおって』にはそうした新たなエッセイも収録されている。こうした仕事のなかに、ブロッホの新しいポジションが明らかになっているはずだ。ではそれはどのようなものか。

従来の研究は、ドイツ革命の興隆と終息を記す年号でもある一九一九年から一九二三年頃までの時期をブロッホの「マルクス主義への移行期」ととらえてきた。その際、引き合いに出されてきたのは、『トーマス・ミュンツァー』

であり、また改訂された『ユートピアの精神』である。フランツによれば、ミュンツァーのモノグラフィーに取り組む過程で、ブロッホのなかに「まったく個人的な自己理解とさらなる発展のプロセス」が生じたという。(2) 深い宗教感情から発した農民蜂起という歴史的事件を研究するなかで、ブロッホは、「メシアニズム的宗教性と社会主義とが本質的に一致する」(3) ことを確信できた。宗教性と社会主義革命とは、互いに排除し合うものではないのだ。フランツの研究は、一九一七年のロシア革命に対するブロッホの懐疑的な姿勢について、比較的早い時期に言及したものとして重要であるが、彼は同時に、そうしたブロッホのロシア批判が一九二〇年代に入って緩みはじめていることも指摘している。(4) この観点にしたがえば、この時期に至ってはじめて、ブロッホとは、ロシア革命を歴史の正しい解決とみなすマルクス主義者である、と言えることになる。「革命を呼び、その道を指し示す者、革命のプロパガンディスト」(5) としてブロッホは、自らのアイデンティティーを確立したというのだ。ツーダイクも、この時期のブロッホに同様の発展を認めている。彼によれば、『トーマス・ミュンツァー』は、ブロッホが真剣にマルクス主義と取り組み始めたことを示す最初の書物である。ツーダイクは、『ユートピアの精神』の第一版と第二版とを比較して、このテーゼを補強しようとする。初版では、「まだあまりにも神秘主義的な思弁が織り交ぜられており」、マルクス受容も「表面的」なものにすぎなかったが、第二版では、ブロッホのマルクス主義者としての明快な立場が現れているという。(6) ヴァイマル時代の文化は、左右両陣営の両極化を特徴とする。ブロッホはルカーチとともに――二人はこの動乱の時代に同じような発展を遂げたと一般的に考えられている――ラディカルな左翼を担う知識人として分類されるのだ。

たしかに、『ユートピアの精神』第二版では、序文においてもマルクスの名が肯定的に引き合いに出され、ロシアへの共感が表明されるなど、(7) そこには大きな変化がある。しかし問われてこなかったのは、なぜそのような変化が生じたかということである。ここで重点をおきたいのは、そこに至るプロセス、その途上でブロッホが得た、自己批判をも含む洞察である。そこには、マルクス主義への帰依としてのみ片づけることのできない、より多くの内容が含まれているのだ。強調したいのは、第一次世界大戦中にブロッホを支え続けてきた二つの大きな希望が失われたということである。その一つは、「西洋」に託した希望である。すでに第二章でも示唆したとおり、ヴェルサイユの講和は、クレマンソーの勝利に終わった。そこで成立したのは、勝者が報復の念を露わにし、結果として、敗者が勝者に対して怨嗟を抱くことにしかつながらない類の講和であった。「諸民族の同盟」、すなわち「国際連盟」は誕生したものの、アメリカ自身がウィルソンの理想に抗し、それに加盟しなかった。ウィルソン主義は敗北したのである。ブロッホが一九三〇年代になっても嘆いたとおり、この理想主義的なアメリカ大統領は「砂漠における説教師」(8)であり、その声が世界に聞き届けられることはなかったのである。ウィルソンが去った西洋にブロッホはいかなる光も求めることはない。これと時を同じくしてブロッホが失ったのは、以下に詳論するように、〈もう一つのドイツ〉への希望である。このように見ると、ブロッホがロシアに方向づけを求めるのは、積極的というよりもむしろ消極的、つまり消去法的な選択であったとも言えるのだ。

この「転換期」は、したがって、マルクス主義の受容とロシアへの帰依という積極性のみを強調して記述するのは難しい。それはむしろ、一九一〇年代に彼が託した希望が失われる幻滅の時期でもある。この幻滅は、ブロッホに、それまでの自らの思考との批判的対決を迫る。一九一〇年代を通じて、ブロッホは「文化批判」に深くとらわれたままであった。この転換の時代は、一方で、彼を文化批判のメタ批判へと導いていく。しかし他方で、彼が文化批判に認めた積極的な意義を捨て去ってしまうことはない。本章では、この一九二〇年頃の「転換期」を、これまで注目されてこなかった論考にも依拠しつつ別の角度から分析し、ブロッホの変化を跡づける。この〈転位〉をとおして、ブロッホは、左右に両極化していくヴァイマル期において、独自のポジションを獲得していくのである。ここで焦点となるのは、新たな危機に対峙して、自らがあたためてきた多元的世界のヴィジョンを修正しつつ、それをさらに鍛え上げていくプロセスである。

二　革命から遠く離れて

ドイツ各地に革命の火の手があがった一九一八年秋、ブロッホはまだスイスにいた。彼が革命運動に参加したということを示す証拠はない。それどころか、この頃の評論から、待ち望んだはずのドイツ革命に対する熱狂を読みとることさえ困難なのである。なるほど、ベルリンで城の窓に立つリープクネヒトといった「力強いシンボル」にブロッホは感銘を受け、革命を歓迎してはいる。「ドイツ革命」と題された一九一八年十一月二十日付の評論において、彼は次のように書く。「僕たちは喜んでいる。それは自明のことだ。［…］僕たちはあまりにも長く待ちすぎた。四年半もの間、恥辱の時を過ごしたのだ。」(9) しかしその同じ記事で、ブロッホは、ドイツで生じている運動に対して、痛烈な批判を展開する。そこにおいて、一九一八年の「民主化運動」は、「もう一つの民族運動」、すなわち、あの「一九一四年の運動」と同列に並べられるのだ。

粗野で臆病なドイツの小市民にとって、当時「愛国的」だったものは、いまや「民主的」になったのだ。職を求めての争いや景気が再び人々の心を奪う。革命の行動は、「偉大な時代」の行動の開始と比べてみれば、それほど異なっているというわけではない。ありとあらゆる種類の協会や委員会や組織や青少年施設がすぐさま再建される。もっとも滑稽な対比物にも事欠かない。すなわちベルリンでは、新しい種類の「九十三人の呼びかけ」までもが、もっと少ない人数で、しかも以前とは反対の目的のために再演されているのだ。せかせかした淑女たちと文学好きの紳士らが集まって、帝国議会を背景に、そして好景気を前景にして、「精神的労働者評議会」として自らを主張するのである。(10)

一九一四年に「愛国的」な感情に駆られた小市民は、なるほどいまでは「民主的」になっている。しかし「革命」のための行動は、西欧に対してドイツの「偉大な時代」を呼び求めた四年前の行動とそれほど異なっているわけではない。当時と同じように、教授たちが「呼びかけ」を行い、数多くの協会や委員会が作られる。そして「精神的労働者」を自負する知識人が皮肉られる。ここで言及されているのは、クルト・ヒラーを中心に、ベルリンをはじめドイツの各都市に結成された知識人集団で、そこにはハインリヒ・マンや、スイスでブロッホと一緒だったアネッテ・コルプ、ルネ・シッケレらが参加していた。(11)ヒラーは一般的には表現主義的行動主義者として知られるが、ブロッホがこうした行動主義とは一線を画していたことは、この引用でも明らかである。

革命から遠く離れたスイスでブロッホが見たものは、ナショナリズムであれ、民主主義であれ、一人一人の熟慮に基づき行動するのではなく、「右にならえ」式に、「喜んで全体に服従する」(12)という、ドイツ人の相も変わらぬメンタリティーであった。そして彼を何よりも苛立たせたのは、このような素早い転身に、四年半にもわたって世界を未曾有の戦争へと巻き込んだ自分たちの罪に対する真摯な反省がともなっていないということだった。シャイデマンとエーベルト率いる新生ドイツに欠けているもの、それは、「心構えにおいて納得できるような、目に見えるような飛躍」(13)、すなわち「単に口先だけではなく、それと感じられる行為を伴って魂から発せられる真摯な悔恨と回心、自らを厳しく非難する罪の自覚のしるし[14]」である。それこそが、世界がドイツ人に求めるものであるはずだった。ブロッホの関心は、労働者がいかに権力を握るかといったことより、むしろもっぱら戦争の罪の問題に向けられていたことが分かる。

一連の革命運動のなかで、ブロッホがほぼ唯一讃えるのは、バイエルン革命の中心人物でバイエルン共和国の首相となったアイスナーだ。それというのも、アイスナーが戦争の罪の問題と向き合い、「ドイツ政府にのみ戦争責任がある」ことを示す書類の公開に踏み切ったからである。ブロッホはこれを「正義と真実のための行為」と評価し、「ウィルソンの精神」にもたとえる[15]。一人一人が戦争の責任と向き合うこと、そのプロセスを経ずして、ブロッホにとってはいかなる「戦後民主主義」もありえなかったのである。ドイツ革命に関する評論に暗い影が伴っているのは、アイスナーのような精神が例外であり、またそうした精神に抗する反革命の強大な力が生じていることをブロッホが認識していたためである。

それにしても、当時、トラー、エーリッヒ・ミューザムなど左傾化した表現主義者たちが革命運動に身を投じていくなかで、このブロッホの静観的な態度、悪く言えば傍観者的でシニカルな態度は注目に値する。このような態度は、彼が上記のような理由からドイツの再生に懐疑的であったことだけに由来するものではなかった。ミューロンに宛てた手紙には、次のようなエピソードが描かれている。一九一八年の「十一月九日」をベルリンで体験したシッケレがスイスに戻り、バルとブロッホにも、ベルリンに行き、革命運動に加わるよう説得したという。シッケレは、「さもなければ、事態は失敗に終わるだろう」とまで述べたようだ。しかしブロッホは、この要望を一蹴する。ミューロンに対して彼は次のように書く。「私たちには、自分たちがそれほど重要とは思えません。［…］それに私は、大衆に向けて語るタイプの人間ではないのです[16]。」ブロッホというと、後年の「闘う知識人」のイメージが強いが、少なくともドイツ革命に際して、彼は政治的に行動することはなかった。そしてこのような控えめな態度は、自分がユダヤ人であるという自覚とも関連していたようだ。というのも、さらにミューロンに宛てて、ユダヤ人として自分はドイツにおいては「民族に即して働きかける」ことができないのではないかという疑問を表明しているからである。革命の勃発とともにすぐさまドイツに戻り、政治運動に関わるという道を選択しなかったのは、ドイツにおいてアウトサイダーであるところのユダヤ系の知識人としての自己認識とも関わっていたようだ。もっとも、アイスナー、ランダウアー、トラーやミューザムらバイエルン革命に身を投じた者の多くはユダヤ人だったのだが。

しかし結局、ブロッホはドイツへ戻る決心をする。どうやらミューロンから諭されたようである。「もうずいぶん長い間、事態を外から眺めるということに慣れた私を［…］、あなたは再びドイツへ――そこで新しい世界時代（Weltzeit）を代表すべく――向かわせたのです。[17]」新しいドイツ、何よりも「南ドイツ」から新たに生まれ変わるドイツへの夢[18]を、ブロッホはまだ捨て去っていなかった。そして、外から傍観するのではなく、自らその場にいたい、ドイツの変化を肌で感じたいという願いが、あらゆる懐疑に勝ったのであろう。さらにここには、『ユートピアの精神』の著者としての自負も顔をのぞかせる。

聞くところでは、『ユートピアの精神』は、多くの人にとって、本当に注目すべきこと、宗教的・形而上学的な刺激となっているのです。ここから、もっとシンプルに、分かりやすく、もっと現在の瞬間に関わるかたちで、私は確実に、自分が常に必要とすること、そして自分にふさわしいことを、始められるでしょう。[19]

ブロッホには、文筆をとおして、とくに知識層の若者に精神的に働きかけられるという矜持があった。文筆をとおした闘いこそ、実際に戦場に赴くことのなかった彼が選び取ったものであり、それはヴァイマル時代にも引き継がれていく。しかし自国での闘いがどれほど厳しいものになるのか、二年ぶりにドイツの土を踏んだブロッホが認識するのに、時間はかからなかっただろう。

「希望は裏切られることがある」――後の一九六一年、テュービンゲン大学での講義においてブロッホが学生たちに向けた言葉である。彼は言う。希望は「前方に向かって、未来的なもののなかへと開かれて」おり、「すでに現存しているもの」を意味しているわけではない。希望は「まさに宙に浮いた存在であり、反復ではなく変化するものに賭けることによって、この変化するものと、それなしにどんな新しいものも存在しない偶然的なものとを併せもつ」のである。また希望は、「歴史の過程と世界の過程の、まだ決して挫折してはいないが、しかしまだ決して成功してもいない過程の、非決定性と密接に関係している」と（9, 387）。希望がこのように「非決定性の領域」に住まうものである以上、それは常に失望へと転じうる。現存するものではなく、変化するものに賭けること、そしてそれに絶えずつきまとう失望。世界が戦争へと突き進んだ時から、ブロッホの生は、この希望と失望との連鎖に規定されていたと言える。すでに一九一七年、ロシア革命に賭けた希望は、幻滅に終わっていた。戦後の世界はウィルソンの精神を裏切った。しかし彼が最も深い失望におそわれたのは、一九一九年にドイツへ帰国した時であろう。

三　帰郷と離郷――〈土着主義〉への批判

一九二〇年前後に書かれたテクストからは、ドイツに対するブロッホの深い幻滅が読みとれる。例えば一九一九年の論文「青年、ヒンデンブルク、共和国」[20]は、まさにそのタイトルが示すとおり、生まれ変わることのできないドイツの新しい状況を明らかにしている。戦争が終わって「共和国」が誕生してなお、「ヒンデンブルク」が、ベルリンにとどまらずドイツのあらゆる地域で、再び喝采をもって迎えられている。ここでとくに問題とされるのは、ブロッホが彼らのもとでこそ自分の活動領域があると信じた「青年」たちに広がる反革命の衝動である。「若者たち自身が、新たにナイフを手にし、生徒や学生たちは反革命のために群をなし、人種的憎悪と反動の決まり文句を我慢するどころか、それを要求しさえするのだ。[21]」しかしこのような青年たちの「反動」の責任は、ブロッホによれば、彼ら自身に帰すわけにはいかない。そうではなく、社会民主主義者たちが主導する戦後体制そのものに問題がある。「ヴェルサイユの過酷な暴力的運命を、少なくとも、自己の罪という観点から幾分かでも説明し、それによって、回心という創造的な方法を、再生による理念を教えるため政府がいっさい何もしなかったら、若者は一体どうしたら、平和のなかに希望と信仰告白とを見出すことができるというのか。[22]」

ドイツの人々は、ブロッホが求めた回心を示すことなく、革命の炎は反革命のテロルによって打ち消される。彼らは「あからさまな経済優先の秩序、しみついた非精神性」に規定される共和国の現実に折り合いをつけてゆく一方で、西欧に対する復讐心、民族間憎悪をつのらせてゆく。しかしブロッホに何よりも衝撃を与えたのが、ミュンヒェンにおける動乱であったことは想像に難くない。これまで見てきたように、戦争の間、「南ドイツ」は常にブロッホの希望の灯火であった。そこを基点にして、プロイセンの支配を脱して新しいドイツが生まれることを信じたのだ。ドイツ革命に際しても、とりわけアイスナー率いるバイエルン革命こそがドイツの未来を指し示すものと、ブロッホには思われたであろう。しかしその地での革命運動の経緯は、周知のように、やがて来る暗いドイツの未来を、他のどの地域にもまして、暗示するものとなったのである。ブロッホが称賛を惜しまなかったアイスナーは一九一九年二月に右翼の青年貴族によって暗殺され、共和国は崩壊する。その後、同年四月には、独立社会民主党を中心に、エルンスト・ニーキッシュ、ランダウアー、トラーらも参加して、ミュンヒェン・レーテ共和国が新たに樹立されるも、五月には、グスタフ・ノスケが率いる十万を超える義勇軍がミュンヒェンを総攻撃、レーテ共和国は制圧された。このとき、ブロッホの密かな英雄、ランダウアーも虐殺された。トラーは、ランダウアーが白軍に殺害された時の様子を克明に記録している。

彼らはグスタフ・ランダウアーを殺害した。それによってドイツ革命はその最も純粋な一人を、最も偉大な精神の一人を失ったのである。最後の数時間をランダウアーと共にした労働者は報告している。「ランダウアーだ、ランダウアーだ」というどなり声とともに、バイエルン兵とヴュルテンベルク兵の一隊がグスタフ・ランダウアーを連れてきました。尋問室の廊下で将校がその囚人の顔を殴りつけました。兵隊たちは、その間どなっていました。「扇動家、消え失せろ、殴り殺しちまえ！」ランダウアーは兵隊たちにこう言いました。「私は扇動家ではない。君たち自身、自分がどんなに扇動されているか分かっていないのだ。」庭で一行はガーゲルン男爵に出合いました。バットのような棍棒で彼はランダウアーに殴りかかりました。殴られてくずれおちましたが、再び起き上がり、彼は話し始めようとしました。軍曹が銃を撃ち、一発が彼の頭に命中しました。まだ呼吸していました。すると軍曹はいいました。「うなぎには生命が二つある。こいつは死なねえぞ。」親衛連隊の軍曹がどなります。「奴の外套をとれ。」外套が脱がされました。ランダウアーはまだ生きていました。腹ばいに寝かされました。「下がれ、もう一度やり直しだ。」とどなって、軍曹はランダウアーの背中を撃ちます。しかしまだぴくぴく動いているので軍曹は足で踏みつけて息の根を止めました。それから、ランダウアーは身ぐるみはぎとられ、死体は洗濯場へほうり込まれました。(23)

この一連の動乱をブロッホが当時どう受け止めたのか、それを直接的に伝える資料はない。しかし「ほとんど見分けがつかないほど変わり果てたバイエルン(24)」への帰郷が、それ以前のブロッホの思考と、それ以降とを分かつ、決定的な区切りとなったことは間違いない。それを明瞭に示すのが、一九二〇年に雑誌『新メルクリウス』に発表された論考「土着性(25)」である。それは短期間のうちに改稿され、「冒瀆としての土着性(26)」というタイトルで『砂漠をとおって』に収録された。以下では、従来の研究ではほとんど顧みられることのなかったこのテクストが、ブロッホのそれ以前の思考の清算であり、同時に、ヴァイマル共和国における彼のポジションを規定していること、したがってこの時期に書かれたものとして最も重要なテクストであることを示したい(27)。それは次のように始まる。

帰ってみると、そこはもはやよく知っている場所ではない。ウルムを越えると、そこはもはや生まれ育った土地ではない。遥かな高地、それがいかに異なった息づかいをしていたことか。力強く、陽気で、農民のように大地に根ざし、気前が良い、古風なドイツの民主主義、それによって僕たちがどれほどバイエルンを、ただ第一の故郷としてだけではなく、方々へと旅した後でさえ、第二、第三の故郷としても、常に変わらず愛したことか。(28)

ここで再度、ブロッホ自身の懐かしい故郷バイエルン、ドイツが世界に誇ることができると彼が信じた古き良きバイエルンの姿が描かれる。しかし、亡命生活を経て、故郷へ戻ってみると、そこはもう見知らぬ土地のようである。ここにおいて、ドイツへの帰郷と、すでに異質となった故郷との訣別という、このテクストを貫くテーマが導入される。そのうえでブロッホは、この間に一体何が生じたのか、説明を試みる。ここでは、バイエルン革命の具体的な経緯が語られることはない。しかし決定的なのは、やはり「反動の暴力」が形成されたこと、それが「農民と都市の中流階級」によっても担われているということだ。これらが牧歌的なバイエルンの相貌を一変させたのである。バイエルンは、いまや「危機が差し迫った土地」となったのだ。(29)

大地とともに育ったものは、あまりにも強く粗暴なナイフによって武装し、かつての無害な、多彩な農民風の射撃祭は、地元民の防衛隊［…］のパレードへと変わってしまった。精神すべてに対する、愚鈍で復讐心に燃えた警察的憎悪が広がりつつある。フランスがウィルソンを裏切ったように、バイエルンは、最も醜い、そしてその馴染みのある親しみやすさという評判からすれば、最も予期せぬ終焉を革命にもたらしたのだ。(30)

このように変化した状況における「反動の暴力」の台頭は、ブロッホにそれまでの歴史観の再考を迫る。すなわち、南ドイツが常に民主主義の牙城であったとする歴史観は、そこが脆くも反動の手に落ちてしまったという事実に直面したとき、見直しを迫られるのである。ここで「反動」ないし「反動的」と否定的に使われる概念は、ブロッホにあっては、反革命のコンテクストにおいてはじめて登場する。そしてブロッホは次のように問う。古いバイエルンも、実は常にすでに、「反動的」ではなかったか。

「ナポレオンは失脚し、ライン同盟による短期間の影響も消えてなくなってしまった。そしてメッテルニヒが、ここまで強く影響を及ぼしたのである。[31]」つまりバイエルンにフランスからの自由思想が流れ込んだ期間は短く、むしろ、そこは「メッテルニヒ」によって刻印されていた。すなわち、オーストリアと同様に、精神に敵対する地であったのだ。ブロッホの戦時評論では、オーストリアは常にプロイセンと結びつけられて批判されてきたが、いまやオーストリアとバイエルンとのつながりこそが批判の焦点となる。しかも、後者は前者よりも救いようのない後進の地ともみなされる。「オーストリアが神聖ローマ帝国皇帝の本拠地として、持続的に世界と緊密なコンタクトを保ち続けたのに対して、バイエルンの静かなカトリックの農民と市民の風景は、他のドイツの精神的発展から取り残され、自らの地方に根ざした特殊な生活を送ったのである。[32]」しかし、こう書いてみても、実際には揺れがある。彼が以下のように続けるとき、そこには、「土着的なるもの」に期待するかつてのトーンが顔をのぞかせている。

> しかしながら他方では当然のことながら、地方に根ざした特殊な生活のおかげで、民族と土地とが、ここでは力を使い果たさずに、自然の力をほとんど失うことなく十九世紀にまで至り、そこでついに、造形的な言葉を明確に語ったのである。このようにして、イタリアの影響によって前もって規定されながら、生き生き

として大地に根ざしてきた文化が、民族と結びついた田舎と都市の文化が誕生したのだ。それはドイツで最後のものである。同じ時代に周囲は、ロマン主義が孤独にとどまるか、あるいは、ドイツ民族の深みからであっても、もはや壁かけ皿や、ぞっとするような模造品や金縁の叙情詩しか生み出せないという有り様だったのだ。そうしてまさに、引き続き注目に値すべきことが起こった。［…］［バイエルンの］すべての村々が人を幸福にするような風景を提供することを可能にし、そしてミュンヒェンが――たとえそれが非創造的な時代に古典主義的な代償とマキシミリアン様式のぞっとするようなものを支払ったとしても――十九世紀においてなお、素晴らしい都市でありうることを可能にしたのである。ミュンヒェンでは、ほとんどの建築物が優美なたたずまいを守っており、その優美によって、ミュンヒェンの様式は、他のドイツの大都市の汚れや、寄る辺のなさや、典型的な醜さから、完全に区別されるのである。(33)

ここでもまた、歴史に対するブロッホの重層的な見方が提示される。確かにバイエルンは、ブロッホが以前に考えていたほど民主的でなかったかもしれない。フランス革命の理念よりも、反動のそれによって、より深く規定されていたかもしれない。しかし、それが「後進性」としてすっかり断罪されねばならないというわけではない。その地方的な生活や「文化的な力」(34)は、均質な「寄る辺なさ」や「醜さ」を生み出す近代化と都市化の波のなかで、独自の魅力を保ち続ける。バイエルンもまた、良き意味で「非同時代的」な場であったのだ。もっとも、これを再確認するだけであれば、大戦中の、多分にロマンティックな、そしてノスタルジックな思考の域を出ていない。しかし一九二〇年のブロッホは、このような見方そのものに、伝統的生活の美化や理想化が含まれており、それがイデオロギー化される危険を孕んでいるという認識に達していた。

回復を求め、大地を求め、そして単純で、非常に古い、農業的な存在を求める運動が、危険になった都市とそのなかで動くものすべてに対する市民的憎悪に至極容易に結びつくことは明らかだ。田舎の空気は、悲惨な戦争の後、ただ一時的に、静養と衛生と精神の集中のためにだけ探し求められたわけではない。またその際、都市が相変わらず目標にとどまり、その運動と移動と人の慌ただしさ、形成する機能と精神的な感性の充実のなかにとどまっていたというわけではないのだ。大都市というものが実際にユンカーにとって安全な土地でない限りにおいて、かつてユンカーが大都市を不信と憎悪をもって眺めていたように、またそれを泥沼としか評しなかったように、いまや革命に対する市民の不安が、ユンカーの不安と結びついたのである。(35)

ブロッホの見るところ、ドイツには、「大地」や古い「農業的な」生を求める動きが高まっている。しかしそれは、戦争に倦み疲れたドイツ人が、一時、静かな田舎暮らしを望むというようなものではない。「大地」の追求は、都市的なるものへの憎悪と結びつく。そして「革命」もまた、都市のなかの運動として憎悪の対象となる。ユンカーにおいて醸成されてきた都市への敵対心というイデオロギーがいまや他の階層にも拡散し、反革命のイデオロギーにも結びつくのだ。もちろん、このようなブロッホの見解には留保をつける必要がある。そもそも都市的なるものに敵意を抱いてきたのは、ユンカーだけだったわけではないだろう。また、「大地」や「郷土」があたかも戦後になってはじめて危険なものになったかのように言われるが、事実は、すでに指摘してきたとおり、「大地」や「郷土」のイデオロギーは、ユンカー以外の階層も巻き込んで、「文化戦争」のために動員されていたのである。しかしそれでも、一九二〇年という時点でのブロッホの洞察は鋭いものであったと評価できる。リーデルはこの論考を、「バイエルンに現れたファシズム」との最初の批判的対決とみなしているが、(36)この評価は正当であろう。ブロッホ研究では、一九二四年の論考「ヒットラーの暴力」[37]をもって、ファシズムとの本格的な対決が始まったとされてきた。「土着性」にはまだヒットラーの名が浮上しないとは言え、それはミュンヒェンという「有機的」な都市に生まれる「フェルキッシュ」なイデオロギーの危険をブロッホが見抜いた最初の重要なドキュメントなのである。しかしそれは、迫り来るファシズムの危機を察知した最初の記録であるというリーデルの評価には収まりきらない、さらなる重要な論点を含んでいる。

まず確認しなければならないのは、上記のブロッホの洞察が、それまでの自らのポジションの批判的な再考へとつながっていることだ。

「期待していたものとは」別のものが現れてきた以上、神秘的なものでも何でもなくなってしまった農民および民族そのもの、土着性、そしてあらゆる観点から見て消失してしまった自然とむき出しの存在、これらからもう一度深みを獲得することを、僕たちは拒否するのである。[38]

ここで否定されているのは、もちろん、一九一〇年代をとおして自分自身が魅了されてきたものである。これまでブロッホ自身が、「農民」や「民族」、「土着性」や「自然」に、何か「神秘的なもの」を求めてきたのである。それが、資本主義と科学技術に支配された近代に対抗して伝統的な世界に方向づけを求めてきた、彼自身の文化批判であった。しかし新たな現実を前にして、そのような〈土着主義〉の立場からの批判がもはや無力であることを、彼は悟るのである。もっともここに見られるのは、単なる自己批判にとどまらない。自身をも否応なくとらえていた、そして一時代を規定したこの文化批判という枠組みそのものを、いまや批判的に見る位置に彼は立ったのである。そして次のような認識をもって、ブロッホは、まだ決して終わったわけではない「文化戦争」に対峙していくことができるのである。

したがって、いかなる道も、もはや農民的存在へ、古い手仕事へ、静かなる世界へ、大地に忠実な自然との一体感へと戻ることはない。時代は決定的に変わってしまった。これからもなお素朴に育っていこうとするならば、それは本質的にお粗末であり、他人による、あるいは自分自身によるロマン主義的な欺瞞である[…](39)。

さらに、この論考において見逃せないのは、それまでのブロッホの思考においてほとんど周縁的な存在であったプロレタリアートが、積極的に希望の担い手として登場するということである。「出発しはじめた人間、プロレタリアートを信頼しようではないか！［…］その飛翔の素朴さを、その血のなかのユートピア的な星を、信頼しようではないか！」(40)改訂版ではさらに、次のような言葉さえ付け加えられる。「マルクス主義の組織的な合理性を信頼しようではないか」(41)！このように見てくると、変革の主体としていまや無力であることが判明した「南ドイツ人」や「農民」に代わって、「プロレタリアート」が呼び出されていることが分かる。

「転換期」に、ブロッホがプロレタリアートとマルクス主義に新しい信頼を寄せていくプロセスには、ルカーチの動向も関係していると思われる。この旧友は、一九一九年三月に成立したハンガリー評議会共和国に教育人民委員として参画し、マルクス主義者としての道を歩み始めていた。同年八月、共和国が早くも崩壊し、ルカーチが生命の危険にさらされたとき、ブロッホは『自由新聞』に、ルカーチ救援をアピールする声明を発表している。そこで彼は、ルカーチを、「ランダウアーとアイスナー」と同様に「正義と光の道を歩む」人物として讃え、「ハンガリー生まれの、ドイツの精神的な革命家」の救援を訴えたのである。[42] 反革命の嵐が吹き荒れ、ランダウアー流の土着主義も右派にとりこまれる危険性を認識したとき、ブロッホのなかで、ランダウアーからルカーチへの、すなわち〈フォルクの社会主義〉から「マルクス主義」への方向転換が生じたのだと言えよう。この旧友は、一九二三年の著作『歴史と階級意識』において、マルクスを――もはや単なる「経済分析家」ではなく――「哲学者」として発見し、マルクス主義を刷新する。ブロッホもまた、この友人の仕事に導かれ、マルクスを新たに発見していくことになるのだ。

もっとも、ブロッホは、ルカーチとは違い、党組織に自己を組み込んでいくことはない。「土着性」論においても、たとえそこでプロレタリアートとマルクス主義への信仰告白が行われているとしても、「機械と組織」への屈服を表明しているわけではない。次のような言葉は、物質的存在によるいかなる規定にも、いかなる組織化にも屈しないという強い意志表示のようでもある。

> 人間は大地から投げ出されてしまった。いまやその炎は、聖書の絶対的な要求に即して、どこにも留まることなく燃えている。僕たちはここに永続的な場所をもつことはない。そうではなく、未来の場所を探すのだ。メシア的な信条が現れてくる――放浪と、郷愁がもつ欺かれることのない力になじみのある信条が。古い、後にしてきた国ではなく、まだ踏み入っていない国を求めるのだ。[43]

ドイツの戦争に反対してブロッホがスイスへと旅立ったとき、彼はすでに故郷を失っていたと言えるかもしれない。けれども亡命中、南ドイツの故郷を思い、そこから国が新たに蘇ることを彼は切望していたのだ。しかしいま、その故郷の土を再び踏んだその時に、彼は本当に故郷を失うのである。もっとも上記の文に明らかなように、帰郷という目的論は放棄されるのではなく、開かれた未来へと、そして〈まだ・ない〉国へと延期される。その未来の故郷へ向けて、彼は離陸するのである。この一節から明らかになる彼の自己イメージとは、〈ディアスポラ〉である。ブロッホは、この概念を使っているわけではない。しかし彼が我が身をユダヤ人の離散の経験に重ね合わせていることは、改訂版に付け足された以下の言葉からも明らかである。「僕たちのもっとも本来的な流れは、僕たちを放り出して、僕たちの本当の空間へと投げ入れる。同様に、二千年来、ユダヤ人たちは、追い払われ、しかしそれにもかかわらず、憧れと、約束を所有することによって、内面から生き生きと開花してきたのだ。」(44)いま始まったばかりの、そしていつ果てるともしれない旅を支えるのは、この時点にあっても、マルクス主義の教えというわけではない。それは、自分の内面に存する「宗教的な実体」をもつ「憧れ」であるという。この憧れは「もはや植物的・農業的・文化的ではないけれど、しかし異なったあり方で、本当のものであり、空に根をはやす」のである。そうすることによってのみ、「育つもの」(das Wachsende)は再び帰ってくる、という。(45)

通常の「国民国家」を形成する他の諸民族にはない、「肯定的なトランスナショナリズム」をブロッホが〈ユダヤ性〉に認めていたことは、すでに確認したとおりである。もっとも、第一次大戦時のブロッホが、「民族自決」の考えに強く惹かれていたのも事実である。それは、強者によって支配され、虐げられてきた者たちがその元来の土地にあって〈本来性〉を取り戻す、というものである。しかしいまやブロッホは、土地への回帰の運動のなかに、異なる者を排除する危険を察知する。そして真に危険なものとなりつつある民族主義に抗するべく、〈ディアスポラ〉のモデルを選び取ったのではないか。そこでは、ユダヤ人だというブロッホの民族的な自覚が問題であるというよりも、ユダヤ人の歴史的経験から得られた、「理論的・歴史的モデル」[46]としての〈ディアスポラ〉を彼が受け入れたという点が重要であろう。

「土着性」という論考の要点は、次のようにまとめられるだろう。第一に、ヴァイマル共和国における右傾化、ひいてはファシズムの危機に対する警鐘、第二に、自らの文化批判的立場との訣別、および文化批判に対する批判的視座の獲得、第三に、プロレタリアートとマルクス主義への方向づけの開始、そして第四に、未来にはじめて到達すべき故郷という概念の誕生と、そこへと向けて旅を続ける〈ディアスポラ〉というモデルの採用。「まだかつて誰も行ったことのないところ」というブロッホの「故郷」概念は――そう定式化されるのは、彼が再度の亡命を経験してからであるが――、彼が身をもって経験した〈故郷喪失〉を経てはじめて生まれてきたのだ。そしてそれは、アドルノの言うとおり、〈故郷喪失〉が「万人の運命」となる二十世紀の世界にあって、「なんぴとも追放の憂き目に遭わないような世界が実現すればそれこそが真の故郷であり、それ以外に故郷はないことを告げる」ものとなっていくだろう。[47]

このエッセイにはもう一つ重要な、表現主義に関わる論点が含まれているのだが、それについては後述したい。ここで問いたいのは、こうして新たに得た認識に基づいて、ブロッホがこの移行期に何に取り組んだのか、ということである。それは以下の二つにまとめられる。すなわち、過去のテクストの改変、そして、「この時代の遺産」の相続である。

四　文化批判のメタ批判――イデオロギー批判的な修正

『ユートピアの精神』の初版は、一九一五年から一七年の間に執筆された。そこには第一次世界大戦が暗い影を投げているると同時に、ロシア革命勃発の際の高揚も織り込まれている。しかしブロッホの処女作が世に出たのは一九一八年であった。そして翌年に帰国した際、それがヴァイマル共和国の時勢にそぐわないものであることを、彼はすぐさま察知したであろう。一九二三年に改訂版を出した際、ブロッホは、第一版を暫定的なものであったと断ったうえで、次のように述べる。「ここに刊行されるこの新版をもってはじめて、『ユートピアの精神』は、最終的な体系性をもって出版されるのである。」すでに言及したとおり、第二版においてマルクス主義への傾倒がよりはっきりしてきたことは、これまでの研究でも指摘されている。しかしブロッホが初版からどのような箇所を削除し、またどのような改変を行ったかということについては、あまり論じられていない。

第一版では、プロイセン的近代への反対世界として、大地と結びついた有機的な生活が憧憬をもって描かれるのだが、いまやブロッホは、それが「ロマン主義的な欺瞞」となりうることを知っている。第二版出版の目的は、こうした文化批判を、イデオロギー批判的に訂正することにもあったのだ。第二版の序文は、『ユートピアの精神』がヴァイマル共和国の新たな現実を告発するものであることを宣言する。

戦争は終結し、革命が始まり、それとともに扉が開いた。だが果たせるかな、扉はすぐに再び閉じられてしまった。ひき戸は動き、そして止まり、時代遅れになったものすべてが、再びそこに押し寄せてきた。暴利をむさぼる農民、強力な大ブルジョワらは、実際に所々で［革命の］炎を打ち消した。不安におびえた小ブルジョワは、相変わらず共に殻にこもっている。非プロレタリアの青年たちはかつて例のないほど粗野で愚かである。大学は正真正銘、精神の墓場になり、硬直と腐敗と最も盲目の暗闇の臭気に満たされた。うわべだけ昔の地位にもどった連中はことごとく、反動勢力が百年も前に彼らに範を垂れてくれたとおりを真似して、土くさい空文句とか祖国の文化の伝統主義とか、あの本能的直感を欠いたロマン主義精神を唱えたが、このロマン主義なるものは、農民戦争を忘れて、もっぱら月の光に照らされ、魔法をかけられた夜にそびえたつ騎士の城しか見ることはなかった。(48)

第一版の序文では、第一次世界大戦へと突き進むドイツ帝国の姿が批判されたが、ここでは同等の激しさ、いやそれよりもはるかに厳しい態度でもって、新しい共和国の現実が批判される。たしかにヴィルヘルム時代においてドイツ人はすべて堕落してしまった、とブロッホは認めていた。しかしそれでも、彼の記述において、「農民」や（精神的な）「青年」たちは、堕落の圏外に立っていたのだ。しかしいまでは、プロイセンだけではなくドイツ全土に、さらにユンカーやブルジョワだけでなく、農民も青年も例外なくあらゆる階層を巻き込んで「反動」が広がっているのだ。（堕落していないのは、いまや「プロレタリアの青年」のみ、ということになろう。）そしてブロッホは次のように続ける。

近ごろの反動勢力のロマン主義は、祖先からなにひとつ受け継いでいない。それは事実にもとづいておらず、熱狂的でもなく、普遍精神的でもなく、ただ鈍感で、殻に閉じこもっていて、精神的ひらめきもなく、かつ非キリスト教的であり、自分たちの「土着性」のパトスから、結局は西洋の没落を引き出すことしかできない。それもまったく被造物固有の有限性において、非宗教的に寿命の減衰においてとらえるものだから、蓄は過去のもの、花の盛りも過ぎて、今日はといえば文明の凋落というわけだ。唯一の目標として掲げられるのは海軍と歴史記述者のペシミズムであり、ヨーロッパのために引き出せるのは、間もなく訪れる永遠の死でしかない。(49)

『ユートピアの精神』の第二版が、「土着性」論での認識をもとに執筆されたことは明らかであろう。戦前、近代世界における居心地の悪さを感じた人々は、反対世界のさまざまな理想像を紡ぎ出した。そこから、「『土着性』のパトス」も生まれた。しかし上記の引用でブロッホが引き合いに出しているシュペングラーなどは、「土くさい空文句」を弄しながら、すなわち一見すると近代を否定しながら、近代技術の肯定──『西洋の没落』では「海軍」が肯定されている──と結びついたナショナリズムを称揚する。戦後になってブロッホが認識したのは、誤った帰結を引き出す文化批判が存在するということだ。そしてそれは、断固として退けられねばならない。

第二版の著者は、台頭してきた「反動のロマン主義」に立ち向かう闘士のように登場する。しかし同時にこの改訂版でひそかに行われたのは、自分自身の文化批判への反省でもあった。「土くさい空文句」や「祖国の文化の伝統主義」なるものは、第一版の著者自身にとっても必ずしも疎遠なものではなかったからだ。こうして、第一次世界大戦中には一貫して肯定的に用いられてきた概念がいまや評価の変更をうける。すでに引用した箇所にも明らかなように、「農民」にはもはや神秘のアウラは与えられない。また、シェーラー流の「信念の軍国主義」を担う「騎士」という表現は、ブロッホにおいても以前はポジティヴに用いられていた。しかしそれはいまや、「月の光」に照らされ、「魔法をかけられた夜の城」にたたずむ、もっぱら無力な人物として描かれるのだ。

このような意味づけの変更と並んで、目を引くのは、第三章でも詳しく取り上げた箇所、すなわちブロッホが保守主義的でプロイセン的でさえある心情を吐露した箇所が、第二版では削除されているということである。しかし興味深いことに、そのページは、『砂漠をとおって』に収録された「ドイツへ向けた一九一七年のまなざし」(50)というタイトルのエッセイにおいて、手を加えられたうえで改めて姿を現している。このタイトルからは、一九一七年という時点において著者がドイツをどのように見たかということがテクストの主題となっているような印象を受けるだろう。しかし実際には、ブロッホが戦時中に書き記したことが——読者にはそれと知らされることなく——事後的に改変されている。そこでは次のように書かれている。

プロイセンの毒は、いまだ僕たちの世代すべてに作用を及ぼしている。［…］飼い慣らされていて、かつ非合理的に方向づけられた人間には、全ドイツ的な姿勢にある何かが、まさにまばゆいほどに容易に察しがつく。さらに外国の若者までもが、的外れなことに、それに心を奪われたのだ。輝く希望が彼らの血を活性化させせた。市民的なものを欲しない気持ちが、彼ら若者をして、原始的なものへと、あるいは、はっきりとしない騎士へと、見境なく傾倒させたのだ。戦前においては、才能ある若者のうちで、どの時点であれ、どんな形であれ、ばらばらになった世界をまとめる形式と内容を求めて、こうした反動的なプロパガンダに近づかなかった者はいなかっただろう。外国の若者にとってさえ、「ドイツという」反抗する隣人、「ドイツが打ち負かす」という叫び、そして暴力的に拡大する野蛮人が、あのように魅力的で、あるいは少なくとも理解できるものとして映ったのだ(51)。

そしてこのように述べられた後、第三章第二節で引用した箇所が続くのである。巧妙なモンタージュというべきであろう。第一に、書き手は、あたかもすでに一九一七年という時点で「反動的プロパガンダ」とは距離をとった観察者として自らを示す。そしてこの観察者は、なぜ若者が、しかも外国の若者までもが、「ドイツ」に惹かれたのかを説明してみせる。市民的生への不満、ばらばらに分化し一体感を失った世界への不満が噴出し、そうした世界に「プロテストする」ドイツが讃美されるに至ったというのだ。しかし実際には、この鋭敏な観察者ブロッホは戦後の立場から、一九一七年当時の「若者」であった自らの姿勢を釈明しているのだ。ここに見られるのは、自らもその「反動的プロパガンダ」には抵抗力がなかったこと、しかし当時ではそれが、まさに自らをも含む「才能ある若者」すべてにとって、不可能だったという弁護論なのだ。このようなブロッホのやり方は、潔いものとは言えないかもしれない。しかしここには、それをはっきりと言明しないにしても、自己批判の形跡がある。そしてこのようなプロセスこそが、ブロッホの醒めた〈文化批評〉を生み出してゆくのである。

五　文化を斜めに横切る――表現主義と「この時代の遺産」

ホーニヒスハイムは若きブロッホらを指して「ネオロマン主義者」と呼んでいた。そのブロッホは、「反動勢力によるロマン主義」がもたらす危機を目の当たりにして、自らをもとらえていた「ロマン主義」を批判的に見る視座を獲得していく。しかしながら、彼はそのすべてを断罪しようとしているわけではない。彼が非難するのは、「本能的直感を欠」き、「農民戦争を忘れた」ロマン主義、「熱狂的」でなく、「普遍精神」を忘れた、「ただ鈍感で、殻に閉じこもって」いるロマン主義である。「悪しき」ロマン主義には回収されることのない、「良き」ロマン主義というものが、しかし、存在するのである。ブロッホ自身は後に、『トーマス・ミュンツァー』を引き合いに出しながら、それを「革命的ロマン主義」と名づけている。その見方に従えば、彼が「転換期」以降に試みたのは、戦前から若者をとらえたロマン主義的、文化批判的な心情を、「反動的」なものと「革命的」なものに区別することであったということになろう。しかし、ここでも、後年のブロッホの事後的な図式化に従うのではなく、彼が当時救い出そうとしたものを、丁寧にたどる必要がある。

「反動のロマン主義」、すなわち〈土着主義〉の危機の認識によりブロッホが迫られたのは、多元的世界についての再考である。一九一〇年代においてブロッホが考えていた多元主義とは、大地に根ざした民族文化の多様性を承認するというものであった。そこには、プロイセンの均質化するヘゲモニーに対しバイエルンという「土着」の立場から抵抗するブロッホの基本的な姿勢があった。そしてそうした立場においてこそ、支配的な文化によって周縁化されたあらゆる民族文化への共感が生まれたのである。植民地主義によって危機にさらされた諸民族の土着の文化に対する「青騎士」らの関心とも共通している。しかしまさにブロッホの拠って立つ足元で、いかなる多様性も差異も認めない――もしくは「ドイツ」という差異だけが重要であるような――殻に閉じこもった〈土着主義〉が育っているのである。したがってこの時期にブロッホが試みるのは、そうした〈土着主義〉を断罪すると同時に、それに回収されることのない動きを探し出し、積極的に支持していくことである。自らが生きてきた時代の文化すべてが、偏狭な郷土主義に行き着くわけではない。「この時代の遺産」があるはずなのである。ブロッホの考えによれば、それは何よりも表現主義に認められる。戦争が終わり、「青騎士」もすでにいない。しかし反動の波に抗して、彼らの表現主義を擁護すること、ここに、ブロッホによるプロジェクト「この時代の遺産」が始まるのである。そしてこの企図において重要な出発点となっているのも、「土着性」論文なのだ。

「土着性」では、反革命の反動によって侵食されていくバイエルンがテーマとなっていた。しかし他の何にもまして反動を測るバロメータとなったのが、表現主義をとりまく状況の変化であったのだ。「土着性」は、ブロッホの表現主義論の基点ともなっている。一九三〇年代後半の「表現主義論争」における論点の幾つかは、すでにここに提示されている。もっとも、後の有名な論争はマルクス主義の側からの表現主義批判に答えるものであるが、ここではそのコンテクストはまだ存在しない。ブロッホの表現主義擁護は、左からの指弾よりまず先に、右からの攻撃に対するものであったのだ。

興味深いことに、ブロッホがまず批判の矛先を向ける相手は、表現主義者たち自身である。というのも、「見かけの上だけ創造的な若者」たちは、「西洋の没落のなかに、突如として自らのいわゆる行動主義のキーワードを体験」し、「抽象から感情移入」へと、すなわち以前とは逆向きに逃走しはじめたからだ[52]。表現主義者自身が、表現主義の精神を裏切りはじめたのだ。この論点は、その後も繰り返し現れる。「土着性」の改訂版では「ハウゼンシュタイン[53]」の名が挙げられているが、さらに後の、「表現主義論争」へのブロッホの最初の寄稿であるエッセイ「表現主義」（一九三七年[54]）では、次のように言われる。「ハウゼンシュタインその他の芸術おしゃべりどもが、『安定化』の走狗となって、自分たちがたったいままで崇めたてまつってきたものを公衆にうさんくさく思わせようと、やっきになっていた。」クレーのような例外をのぞいて、「ドイツの画家たちのほとんどは、変化した時勢にしたがった」という[55]。このように芸術家たちの変わり身の早さを批判するだけではなく、ブロッホは表現主義のひとつの成果とも言える「抽象芸術」の否定的な側面にも留意している。後のエッセイ「表現主義」では、ゴットフリート・ケラーが『緑のハインリヒ』において、「悪しき」抽象主義に対する正当な批判を先取りしているとして、その一節を引用しているが、実はこれもすでに「土着性」に見出される。その批判とは、独自の構成を

行う絵画が、現実の世界とのつながりを失いかねないというものである。(56)

このような批判的な留保にもかかわらず、一九二〇年の「土着性」においても、すでに次のことが強調される。

表現主義とは、ひとつの用紙（Formular）であり、その背後には、大いなる概念が、世界に対する基本姿勢の表現が隠れており、それは絵画的にも形而上学的にも解読し尽くせない。そこにおいてはまさに、最後のもの、最終的なものが、主体と、世界において主体に相関するもののなかで絶対的に変化したものが、自らを示すことができたのだ。(57)

表現主義のなかに隠れているのは、「世界に対する基本姿勢」であるという。表現主義に示されるのはまた、「主体において変化したもの」であるが、ブロッホにおいて主体は常に世界と相互に関連しあっていると考えられているため、それは「世界において変化したもの」でもある。表現主義に抗する、いまや広がりつつある抵抗は、ブロッホによれば、このような変化に対する「疲弊」のイデオロギーであり、また「大都市的な工業主義や社会主義に対する憎悪」のイデオロギーなのである。このことは、「ロシアでの革命が自らの宗教的・神秘的な内実の表現として抽象の原則を選び評価したとき、反動の側は、ロマン主義的なレンバッハ風のものに賞金を与えようとした」ことに明らかであるという。(58)一体これは何を意味するのか。

　この一九二〇年の論考において、表現主義も明確な政治的輪郭を帯びてくる。表現主義に対する戦後の人々の敵意は、「疲弊」してしまった意識に基づいており、また、若者たちの求めた変革の一部が「社会主義」の波となって、自分たちの市民生活を脅かすという恐れに基づいている。「社会主義」とは「都市的工業主義」に由来する運動であるとされるがゆえに、反動の意識のなかで、表現主義が「都市的工業主義と社会主義」とに結びつけられるというわけである。しかしそもそも表現主義とは、未分化で不定形であったし、ヴァイマル期を通じて、変革を求めた若者の一部は、ファシズムにも接続してゆく。しかしここで重要なのは、表現主義に対する反革命からの非難に向き合う過程で、表現主義を「革命的」として擁護するブロッホの態度を生んだということである。一九一〇年代のブロッホにおいて、表現主義は一義的に社会主義と結びつけられることはなかった。ロシア革命が勃発したときも、それを表現主義精神の具現として歓迎したわけではない。しかしロシア革命が「抽象の原則」を選ぶ一方、反動の側は表現主義以前の「レンバッハ」[59]の段階にとどまったのだとして、ロシア革命とドイツ表現主義とは事後的に結びつけられる。そして事後的にそう名付けられた「革命的表現主義」を、ブロッホはこの後、ルカーチらマルクス主義者からの非難に抗しても守っていこうとするのだ。しかしそのように、ブロッホ自身がヴァイマル期の二極的言説に適合していく過程で見えにくくなってしまった論点が、「土着性」には、ほんの一節であるが、見出される。ここでブロッホはおそらく、「ゴシック・ドイツ」に対して自らが抱いていた強い憧憬について反省しながらも、表現主義が求めた多元主義を探っているようだ。

「土着性」論文で、表現主義の「世界に対する基本姿勢」が擁護されたあと、彼はそれについてさらに思索を巡らせたようである。そこでは、大地に根ざした有機的文化へ帰る道はもはやないのだ、ということが主張されていた。しかし改訂版では、ブロッホはさらなる問いを発している。そのような「文化」は本当に存在したのだろうか、と。

すでに昔にあってさえ、古い文化なるものは、周囲の風景のなかに、半分しか埋もれていなかった。大地に近いところで生じたもの、農民芸術や、人が土着の精神としてとらえようとするものは、しかしながら、常に、よそから取ってこられた、アプリオリに移住の自由があるエンブレムの変形にほかならなかったのだ。北方の装飾は東方から散ってきたものだ。ドイツの騎士文化はフランスに、そして最終的にはサラセンに由来するのだ。ゴシック装飾は、十字軍がなければ、つまり東方からの刺激がなければ、考えられもしない。要するに、交流がなければ、いかなる文化も存在しなかったのだ。諸文化は［…］政治の、風景の、人種の、言語の境界を超えてゆくものである。(60)

この箇所には表現主義という言葉は出てこない。しかしそれと常に密接に関連づけられていた「農民芸術」、「北方」や「ゴシック」という語が並んでいることからして、ここで表現主義が念頭にあると考えてよいだろう。戦時中、ブロッホは、同時代の表現主義者たちと同じく、ヴォリンガーの論にも依拠しながら、「ゴシック」に「ドイツ民族」に固有のものを、その「本質」を見て取ろうとした。当時のブロッホは、「ゴシック」とそれを受け継ぐ表現主義までもが戦時にあって「ナショナルな様式」として称揚され、ナショナリズムと結びついたことに気づいていなかった。いま、彼が認識したのは、大地と結びついた古い固有の文化を求めようとする態度が他者を排除する〈土着主義〉へとつながってしまうということだ。こうした事態に直面して彼が示そうとするのは、ゴシックにせよ何にせよ、「文化」というものは、常に「交流」のなかで生成すること、自文化も常に他との関わりのなかで生まれる以上、他を排除して成り立つ文化などありえないということである。ゴシックを発見した表現主義にせよ、そこにあったのは、「ドイツ固有の文化」を呼び出すことではなく、「世界を斜めに横切って」(9, 382) 他とのつながりを意識させることにあったはずなのだ。後の表現主義論争に際してもブロッホが強調したのは、「本当の」

表現主義が、原初の文化を求めて地を掘っていくものではなく、「より真実に近い世界の形象に席を与えんがために この世界を吹き抜ける嵐[61]」であったということだ。クリフォードが定式化したように、「根（roots）」を求めるのではなく、「文化」が生み出される「経歴（routes）」を明るみに出すものとして[62]、ブロッホは表現主義運動を評価しようとしているのである。ヴァイマル時代における彼の課題は、このような「遺産」を「右」からの攻撃に対して守ることであった。しかしそれだけではない。

こうした志向をもつブロッホの前に立ちはだかってくるのは、ルカーチである。短命に終わったとは言え、ハンガリー共産主義革命に参画したという自負をもちながら、ルカーチは国際共産主義運動を推進する断固たるマルクス主義者に成長していた。彼は、いわゆる「後期資本主義の文化」なるものに、いかなる価値も認めない。一時代を画する書物『歴史と階級意識』の著者に大いなる敬意を払いつつも、ブロッホは、かつての親友と対決する姿勢を打ち出していく。「この時代の遺産」は、「左」からの攻撃に対しても擁護されねばならないのである。

展望

一九二四年以降、ヴァイマル共和国はいわゆる相対的な安定期を迎える。しかし同年の論考「ヒットラーの暴力」でブロッホが見抜いているように、そこにおいて、「ドイツで唯一の革命的な運動」としてヒットラー・ファシズムが力を蓄えていった。「株式時代、敗戦の憂鬱、うつろな共和国の没理想に吐き気を催す」若者を味方につけながら。(1) そのようなドイツに、ブロッホは居場所を見出すことはない。かつて『ユートピアの精神』において彼は、誰も「永続的な居住」を知らず、「自らの家を暖めることも強固なものにすることも」できない(16,19)、寄る辺のない近代生活を批判していた。一九一〇年代において彼が求め続けたのは、そのような「永続的」な「暖か」な「家」であったのだろう。しかしヴァイマル期のブロッホは、そうした「居住」の観念を自らすすんで打ち消していくかのようである。一九二〇年代半ばから、彼は常に旅の途上にあった。パリやヴィーンといったヨーロッパのメトロポールへ赴いただけではない。さらに彼は〈南〉へと引き寄せられていく。南フランスへ、南イタリアへ、そしてアフリカにまでも足を伸ばした。またドイツにおいても、ベルリンにとどまり続けることはなかった。一九二九年にクラカウアーに宛てた手紙には、「私の通常の状態は『住む』というものとは正反対になってしまった」と書き記している。(2) かつてスイスでの亡命生活を終えてドイツに帰国する際、ブロッホはミューロンに宛てて、ようやく自分の国を「外から」ではなく、その「中」において見ることができるという希望を表明していた。しかし結局、もはや「中」へと戻ることはできなかったのだ。ブロッホは何よりも「祖国を裏切った」亡命者であり、ユダヤ人であり、そしてさらに左翼となった。彼はドイツの大地に根ざすことのない〈ディアスポラ〉となったのだ。しかしそうした存在において、一人であったというわけではない。

ブロッホとともに〈ディアスポラの共同体〉をつくったのは、ベンヤミンやクラカウアーという年下の友人たちであった。彼らもまたユダヤ人であり、左翼であり、そしてブロッホ同様、ルカーチのように党に居場所を見つけることはなかった。それどころか、彼らを結びつけていたのは、ルカーチ的マルクス主義、あるいはそもそもその知的ハビトゥスに対する反発でもあった。「個別のもの」に対する感性、そして「意義深い細部」や「かたわらのもの（das Nebenbei）」がもつ、しばしば見過ごされた意味に対する感性――「ルカーチには恐ろしく欠けている」(3)こうした感性を、ベンヤミン、クラカウアー、そしてブロッホは共有していたのである。一九二九年、ブロッホはクラカウアーに次のように書き送っている。

要するに、私が恐れていたこと、すなわちルカーチが木を見て森を見ないということではないのです。しかし木々の間の鳥たちを、動物たちを、そして空気を、森の周縁で聞こえるざわめきといったものを、彼の全く非アナーキスト的な近視眼が見つめることはないのです(4)。

ブロッホは、反革命に対決していくという姿勢においてルカーチと一致し、彼に導かれながら、マルクスの教えを新たにわがものとしていく。しかし共産主義運動の指導者として「時代の先端」(10,617) をいこうとするルカーチの「近視眼」を批判し、そして――この点ではランダウアーの「アナーキスト」的精神を受け継ぎながら――ルカーチが見落としたもの、見ようとしないものに視線を向けようとするのだ。

旅と移動のなかに住まいながら、ブロッホは、クラカウアーが勤めていた『フランクフルト新聞』を中心に数々の新聞や雑誌に多くのエッセイを発表していく。このエッセイこそ、ヴァイマル・ドイツの危機の経験を経て、批判の強度を備えたブロッホの〈文化批評〉が展開される場となる。こうした多くのエッセイから、ここでその一つを紹介し、本研究の締めくくりとしたい。

一九二九年二月十五日、『フランクフルト新聞』の文芸欄にささやかなスペースを得て、ブロッホは一つのエッセイを発表する。タイトルは「世界という家の多くの部屋」(5)。そのエッセイはこのように始まる。


外では、われわれがいなくとも、あまりにも多くのものたちが身動きしている。緑になるにせよ枯れしぼむにせよ、ひとが考えたがるのとは別様にそうなるのである。

いやすでに、この緑にしてからが、ただそれ自身によってしか生じない。花たちは、おそらく薫るだろうし、ひとがそう呼んだように「夢みる」かもしれない。だが、それが何のためであり何のなかでのことか、だれが知ろう。ほとんどの動物たちが生きているのは遠いところであり、われわれの世界のなかではない。この世界のなかでは、あるいはこの世界にむかってさえ、かれらはほとんど動くことがない。だれひとり魚の道を知ってはいない。そこをどのようにして泳ぎ、そこで何を探し何を見るのか。家畜にしたところで、ひとがそう思いたがるよりも、というよりはむしろ誤認したがるよりも、はるかにわずかしか存在していない。猫は一度としてわれわれの行く手を――不幸の前兆としても――横切ることなどないし、犬でさえ歩みをともになどしない(6)。

ここでブロッホが描き出すのは、「多くのものたち」の只中に生きる「われわれ」の生である。「われわれ」は常に「われわれ」の見方にしたがって世界を見る。例えば人間として、動物や植物に向き合う。それらは、たしかにわたしたちにとって身近な存在である。植物の緑や花の香りはわたしたちに喜びを与えてくれる。犬たちはわたしたちとともに歩んでくれているし、猫は人の行く手を横切ることで、わたしたちに「不幸の前兆」を知らせてくれているのだ。わたしたちはこのように、植物や動物を人間の生活に役立つものとみなし、それらとの共存を享受している。しかし、一旦、視点をずらしてみると、すべてが違って見える。わたしの犬は、わたしと歩みをともにしてくれているわけではない。猫が通りを横切るとき、それはなにも不幸を知らせようとしているわけではない。「魚の道」を知る者はだれひとりいない。そして花たちは人間のために咲き誇るわけではない。「われわれがいなくとも」、花は咲き、緑は薫り、魚たちは泳ぎ続け、猫も犬も歩みを止めるわけではないだろう。

日々の事件や出来事を報じた記事から、この文芸欄に目を転じるや、読者はこの「多くのものたち」の世界へと引き込まれる。そこでブロッホは、「われわれ」の日常化された知覚をずらし、「われわれ」という視点を脱中心化する。「人間」の視点だけではなく、「男性」の視点も、さらにまた「市民」の視点も、その外部におかれたもの――たとえば「娼婦」、「女衒」、「犯罪者」たち――の立場から、ずらされていく。ブロッホが生きる現在、「一九二八年の冷えびえとした日常」[7]とは、高度に発達した産業社会の、合理的に制御された生活である。しかしそれは決して均質化されてはいない。農民も、貴族も、まだ過去になってしまったわけではない。市民革命によって、「直線的に蹴散らされた」わけではない。「むしろ、十九世紀はまだ、既存のさまざまな力の格闘であり、そのなかでも復古が、市民階級内部での復古も含めて、もっともとるに足らぬものだったわけではなく、それはいまも変わらない。[8]」市民生活から疎外された者たちも、一見すると歴史によって清算されてしまったような、過去の存在も、そして遠い国の見知らぬ異教徒たちも、すべてが、〈いま〉という現在にともに生きている。より低い宗教、そして最高の宗教もまた、いまなおぎっしり軒をならべて、南海のラグーンのなかに、食人種を背負いこんで、あるいはまたインドの秘密の僧院のなかにも、あふれかえっている。それらは、事実としても実質としてもキリスト教の「優位」になどにとらわれておらず、まったくのほほんとしている。驚くべきことには、だが宗教的に驚くべきことには、それらのなかには「聖なるもの」がふくまれている［…］。(9)

このような認識は、現在を、例えば近代的・市民的、啓蒙主義的、合理的・資本主義的、あるいはキリスト教の「優位」によって規定されている、などと単純にラベル貼りすることを不可能にする。「比較すべきもない同時性」(10)を見ることによって、現在は、均質にとらえられないものとして姿を現す。ブロッホが露わにしようとするのは、「世界の落とし戸」、すなわち、「慣れた現実がその地盤を失う場」(11)だ。それがもたらすのは「ショック」(12)である。この「ショック」は、〈いま〉という現在を、決して全体としてとらえることはできないという無力さの表明でもある。「人が世界をひとつの側面でとらえると、世界は別の側面を逃してしまい、その悪しき調整不可能性の場所をたえずくりかえし移すのである。(13)」

しかしこの無力感は、現実を自分の視界へと縮めて均質化し、それでもって「全体」を把捉したとするルカーチ流の傲慢を指摘するという点で、積極的な洞察なのである。そしてこのエッセイは、「多くのものたち」を単に記録するだけのものではなく、次のような認識と要請を含む。

〔…〕ひとつの小さなカタログが、こうして生まれざるをえないだろう。きわめて不完全で、故意に秩序立てられてはいないままのものが。男性的、市民的、教会的な概念体系のなかには場所をもたないような諸内容の、排除されたもののカタログが。だがこれらの内容は、その体系が革命によって爆破され、あるいは「相対主義的に」みずからを爆破していくのと同じ度合いで、ふたたび歩み出てこざるをえないのだ。[14]

これまで支配的であった「体系」が壊れていく。それは外から、革命によって爆破されるのかもしれない、あるいは「相対主義」によって内破するのかもしれない。どちらにせよ、それまで「排除されてきたもの」が、再び歩み出てくるのだ。そしてこのような、「排除されてきたもの」の「小さなカタログ」を作ること、それをこそ、ブロッホは実践していくのである。

このエッセイを読んで気がつくように、一九一〇年代のブロッホに特有の、多分に表現主義的な熱を帯びた調子は影をひそめ、醒めていて、それでいて「雑多な驚き」[15]にみちた、独特な魅力と、しかしまた難解さをそなえた文体が現れてくる。すでに『ユートピアの精神』初版において、ブロッホは「エッセイ的思考」について、それを、「個別のものに対する愛にあふれた観察」と、「目的に適ったもの、意味に適ったものに寄りそいながら、個別のものを超えていくもの」とを結びつける、すなわち、「二つの、それ以外のところでは矛盾する心的態度を結びつける」ものだと説明していた(16, 336)。ヴァイマル期のエッセイのもつ魅力と難解さもまた、全体を志向しつつも、同時にその不可能性を露わにするという「二つの矛盾する心的態度」を孕むゆえのものであろう。

そしてこのような文体の変化は、一九二〇年代をとおして、「多元的宇宙」のヴィジョンが経た変化を示している。「世界という家の多くの部屋」は、ブロッホが追求してきた「多元的宇宙」のヴィジョンに対し、彼が新たに与えた定式である。本書で明らかにしてきたように、第一次世界大戦の経験のなかで生まれた「多元的宇宙」のヴィジョンは、自由と平等の民主的な理念によって、あるいは普遍的なキリスト教の教えによって、世界が一つに統合されつつ、しかしさまざまな民族がその独自の文化の多様性のなかに生きるというものであった。だが十年後、ブロッホは、土着の、〈本来的な〉民族の文化や精神という考えを前面に出すことはない。他方で、キリスト教による統合を夢想するわけでもない。「一七八九年の理念」への信奉は、マルクス主義の解放の理念に対する信奉となって、ブロッホを支えていくだろう。しかし、その教義が性急に統一を求めるならば、「多くのものたち」が生きる〈いま〉を均質化しようとするならば、それに異議を申し立てていく。いまやブロッホが批判するのは、左右どちらであれ、普遍化し均質化する暴力である。「われわれ」が肝に銘じなければならないのは、われわれが常に〈他者たち〉とともにあるということ、われわれが考える「全体」には、「いつも何かが抜けている」ということである。これは、ジェイムズの多元主義が説くところでもある。[16]序論において述べたとおり、史上初のグローバルな戦争に直面してブロッホやバルが抱いたのは、ひとつの「地球」のイメージであった。ブロッホは常に全体としての地球を考えることをあきらめない。「世界という家の多くの部屋」が示すのは、しかしながら、球体である地球を、人は常にある側面から見るのみだということだろう。[17]

「世界という家の多くの部屋」は、一九二〇年代末のブロッホの構想では、当時準備中であったエッセイ集『この時代の遺産』の中心的な位置を占めるべきものであった。[18]しかしそのプランどおりに完成した『この時代の遺産』という書物がどのようなものとなったか、われわれは知るよしもない。その著作が一九三四年に刊行されたとき、ブロッホは再び亡命者としてスイスにいた。そして『この時代の遺産』という書物は、よく知られているとおり、何よりもまず、「ナチズムに対するマルクス主義者の批判」を前面に打ち出す書となった。「世界という家の多くの部屋」というエッセイは、そこにおいて中心的位置を占めるどころか、まったく削除されてしまうのである。しかしそれでも、「世界という家の多くの部屋」に提示された多元主義は、ヴァイマル末期に執筆された多くの作品――『この時代の遺産』、そして後に『異化』としてまとめられる作品の母胎となっている。このエッセイは、ただ本研究にとっての終着点であるというだけではない。それを基点として、排他的な民族主義と「全体主義的」なマルクス主義に抗するブロッホの新たな対抗言説が生み出されていくのである。そのようなものとして、ヴァイマル後期の著作を分析することが、今後の研究の課題となる。

あとがき

ブロッホをはじめて読んだのは、大学院の博士課程に在籍中のことであった。表現主義を中心として、二十世紀初頭ドイツのプリミティヴィズムやエキゾティズムという文化現象に関心を寄せていた私は、同じように表現主義に愛着をもっていたブロッホという人物に興味を覚えた。（そのきっかけは、池田浩士氏による『この時代の遺産』の解説を読んだことであった。）その後、留学先のベルリンでは、当時フンボルト大学で「異文化の他者」にかかわる文化史をテーマとした研究プロジェクトを率いておられたクラウス・R・シェルペ教授に師事し、文化研究のアプローチについて学ぶかたわら、ブロッホの一次資料の発掘と読解にいそしんだ。「非同時代性」や「多元的宇宙」をキーワードに据えたブロッホ研究の着想を得たのはこの頃である。本書のなかでも繰り返し参照したベアト・ディーチィ氏の研究書に出会い、大いに刺激を受けたのもこのベルリン留学中であったが、同時に、そこには自分の興味のある点がすでに論じつくされているような気がして、さらなる彷徨の日々が続いた。ヴァイマル時代ではなく、むしろまずは一九一〇年代の「若き」ブロッホの思想を丹念に解きほぐすようアドバイスをくださったのは、二〇〇六年から一年間滞在していたビーレフェルト大学のヴォルフガング・ブラウンガルト教授であった。そのとき、ベルリン留学から五年、そして最初にブロッホを読み始めた頃から、すでに十年近い月日が流れていた。私のブロッホ研究は、フンボルト大学、そしてビーレフェルト大学でお世話になった先生方や研究仲間からの助言や刺激がなければ、こうして（ドイツ語でブロッホ研究書を書くという最初の目論見は果たせないでいるが、とにもかくにも）実を結ぶことができなかっただろう。

しかし、この長い期間も、つねに変わらず私のホームであったのが、母校の立教大学ドイツ文学科であった。日本の、とはつまり日本という社会に生きる私たちが行うドイツ文学・文化研究は、ドイツ語圏のドイツ文学研究者が行う研究の翻訳紹介にとどまることなく、さらに、彼らとは異なる視角から異なる研究を行うことができるのだ、というのが学部時代からの指導教官である高橋輝暁先生の教えであったが、それにより、私にとってドイツ文化研究は大いなる「可能性の海」となった。大学院に入ってからは、高橋先生に加え、さらに前田良三先生の指導も受けるという幸運に恵まれた。文化人類学などの隣接分野にさまよいこみ、ドイツ文学とはなんの関係もないような研究報告書を提出しても、両先生は、それをすんなりと受け入れてくださり、また迷ったときにはいつも的確なアドバイスをくださった。高橋・前田両先生のもとでのみ、この研究は育つことができたと思う。また、世紀転換期ドイツ文化の魅力を最初に教えてくださったのは、ミヒャエル・フェルト先生である。先生方への感謝の念をこめて、本書を、私の「故郷」である立教大学ドイツ文学科に捧げたい。また、研究生活に理解を示し支えてくれた両親と夫（本書のためにカバー写真も提供してくれた）に心からお礼を言いたい。

本書は、博士学位論文「『多元的宇宙』のヴィジョンの成立——エルンスト・ブロッホの批評一九一四〜一九二三年」（立教大学大学院、二〇〇九年三月）を改稿したものである。審査を引き受けてくださったのは、高橋輝暁先生、前田良三先生、そして臼井隆一郎先生である。審査の過程で多くの有益なご指摘・ご批判をいただいた。それらを出来るだけ消化させた形での改稿を目指したが、まだ十分に論じきれていない点が多々ある。今後の課題としたい。外部から審査の労をとってくださった臼井先生、そして拙論を読んでくださったすべての人に、この場を借りてあらためてお礼申し上げる。

本書の最後の仕上げを行ったのは、この間、新たな活動の場となった新潟大学においてである。その新潟大学の人文学部研究叢書の一冊として、本書は刊行される。刊行を承認くださった研究推進委員会、激務のなか査読の労をとってくださった中村潔先生をはじめとする研究叢書専門部会の先生方、さらに、最終段階で拙稿を丹念に精査くださった桑原聡先生に心から感謝したい。

知泉書館の小山光夫氏は、タイトルも決められず、校正もなかなか終えられないなか、いつも親身に相談にのってくださった。本書の刊行のために力を尽くしてくださったことに、心よりお礼申し上げる。

二〇一一年二月　新潟にて

吉田　治代

新潟大学人文学部研究叢書の
刊行にあたって

社会が高度化し，複雑化すればするほど，明快な語り口で未来社会を描く智が求められます。しかしその明快さは，地道な，地をはうような研究の蓄積によってしか生まれないでしょう。であれば，わたしたちは，これまで培った知の体系を総結集して，持続可能な社会を模索する協同の船を運航する努力を着実に続けるしかありません。

わたしたち新潟大学人文学部の教員は，これまで様々な研究に取り組む中で，今日の時代が求めている役割を果たすべく努力してきました。このたび刊行にこぎつけた「人文学部研究叢書」シリーズも，このような課題に応えるための一環として位置づけられています。人文学部が蓄積してきた多彩で豊かな研究の実績をふまえつつ，研究の成果を読者に提供することを目ざしています。

人文学部は，人文科学の伝統を継承しながら，21世紀の地球社会をリードしうる先端的研究までを視野におさめた幅広い充実した教育研究を行ってきました。哲学・史学・文学を柱とした人文科学の分野を基盤としながら，文献研究をはじめ実験やフィールドワーク，コンピュータ科学やサブカルチャーの分析を含む新しい研究方法を積極的に取り入れた教育研究拠点としての活動を続けています。

人文学部では，2004年４月に国立大学法人新潟大学となると同時に，四つの基軸となる研究分野を立ち上げました。人間行動研究，環日本海地域研究，テキスト論研究，比較メディア研究です。その具体的な研究成果は，学部の紀要である『人文科学研究』をはじめ各種の報告書や学術雑誌等に公表されつつあります。また活動概要は，人文学部のWebページ等に随時紹介しております。

このような日常的研究活動のなかで得られた豊かな果実は，大学内はもとより，社会や，さらには世界で共有されることが望ましいでしょう。この叢書が，そのようなものとして広く受け入れられることを心から願っています。

2006年３月

新潟大学人文学部長
芳 井 研 一

吉田　治代（よしだ・はるよ）

1969年生まれ。立教大学文学部ドイツ文学科卒。立教大学大学院文学研究科博士後期課程単位取得退学。立教大学博士（文学）。新潟大学人文学部准教授。ドイツ文化担当。
［論 文］Writing Back? Bruno Taut, Sakaguchi Ango und die ‚japanische Kultur‘（『ドイツ語圏研究』第 24 号，2007 年），Streitfall „Kulturkreise“. Zur Aktualität der Positionen von Spengler, Frobenius und Bloch（Neue Beiträge zur Germanistik. Bd. 3/Heft 3, 2004 年），「ドイツにおける『文化学』−『文化』の〈脱中心化〉，その問題と可能性」（日本独文学会研究叢書 16 号，2003 年）ほか。

〈新潟大学人文学部研究叢書 8〉

〔ブロッホと「多元的宇宙」〕　ISBN978-4-86285-104-8

2011 年 3 月 20 日　第 1 刷印刷
2011 年 3 月 25 日　第 1 刷発行

著 者　吉 田 治 代
発行者　小 山 光 夫
製 版　ジ ャ ッ ト

発行所　〒113-0033 東京都文京区本郷1-13-2
電話03（3814）6161 振替00120-6-117170
http://www.chisen.co.jp
株式会社 知 泉 書 館

Printed in Japan　印刷・製本／藤原印刷

人名索引

（研究者を除く，nは註頁）

ア　行

アイスナー，クルト（Kurt Eisner, 1867–1919）……………130, 215, 216, 219, 227, 27n, 43n
アインシュタイン，カール（Carl Einstein, 1885–1940）……………149
アドルノ，テオドール・W（Theodor W. Adorno, 1903–1969）……………28, 89, 229
ヴァールブルク，アヴィ（Aby Warburg, 1866–1929）……………25n
ヴィーコ，ジャンバッティスタ（Giambattista Vico, 1668–1744）……………45
ウィルソン，ウッドロウ（Thomas Woodrow Wilson, 1856–1924）……………81–85, 87, 92, 93, 95, 100, 123, 173, 177, 178, 195, 212, 215, 217, 221, 31n
ヴィルト，ヨーハン・ゲオルク・アウグスト（Johann Georg August Wirth, 1798–1848）……………104–06, 147
ヴィルヘルム二世（Wilhelm II., 1859–1941）……………36, 37, 58–60, 97, 121, 204
ヴィンデルバント，ヴィルヘルム（Wilhelm Windelband, 1848–1915）……………37
ヴェーバー，アルフレート（Alfred Weber, 1868–1958）……………23, 25, 27, 44, 62
ヴェーバー，マックス（Max Weber, 1864–1920）……………30, 31, 44, 49, 56, 57, 59, 60, 62, 89, 105, 163, 184, 185, 189, 192
ヴェーバー，マリアンネ（Marianne Weber, 1870–1954）……………56, 199
ヴェルディ，ジュゼッペ（Giuseppe Verdi, 1813–1901）……………110
ヴォリンガー，ヴィルヘルム（Wilhelm Worringer, 1881–1965）……………23, 25, 27, 50, 150–55, 158, 159–62, 165, 166, 168, 239, 37n, 38n
ヴォルフスケール，カール（Karl Wolfskehl, 1869–1948）……………201
ウルブリヒト，ヴァルター（Walther Ulbricht, 1893–1973）……………10
ヴント，ヴィルヘルム（Wilhelm Wundt, 1832–1920）……………37
エックハルト，マイスター（Meister Eckhart, um 1260–1328）……………58, 130
エーベルト，フリードリヒ（Friedrich Ebert, 1871–1925）……………214
エマーソン，ラルフ・ワルド（Ralph Waldo Emerson, 1803–1882）……………88
エンゲルス，フリードリヒ（Friedrich Engels, 1820–1895）……………124, 174, 189, 32n
エンゲルホルン，フリードリヒ（Friedrich Engelhorn, 1821–1902）……………3
オイケン，ルドルフ（Rudolf Eucken, 1846–1926）……………37

カ　行

カイザーリング，ヘルマン・グラーフ（Hermann Graf Keyserling, 1880–1946）……………165

カウツキー，カール（Karl Kautsky, 1854–1938）……82, 189
カンディンスキー，ヴァシリー（Wassily Kandinsky, 1866–1944）……155–57, 38n
カント，イマヌエル（Immanuel Kant, 1724–1804）……70
キュルペ，オスヴァルト（Oswald Külpe, 1862–1915）……55
クラカウアー，ジークフリート（Siegfried Kracauer, 1889–1966）……20, 21, 31, 241, 242, 243
クレー，パウル（Paul Klee, 1879–1940）……236
クレマンソー，ジョルジュ（Georges Clemenceau, 1841–1929）……93, 212
クロポトキン，ピョートル（Pjotr Kropotkin, 1842–1921）……129
ゲーテ，ヨーハン・ヴォルフガング・フォン（Johann Wolfgang von Goethe, 1749–1832）……119
ケラー，ゴットフリート（Gottfried Keller, 1819–1890）……236
ゴッホ，フィンセント・ファン（Vincent van Gogh, 1853–1890）……156
ゴル，イヴァン（Yvan Goll, 1891–1950）……27n
ゴル，クレア（Claire Goll, 1890–1977）……27n
コルプ，アネッテ（Annette Kolb, 1870–1967）……63, 214
コーン，ハンス（Hans Kohn, 1891–1971）……136, 137, 202
コント，オーギュスト（Auguste Comte, 1798–1857）……44

サ　行

シッケレ，ルネ（René Schickele, 1883–1940）……63, 144, 214, 215
シャイデマン，フィリップ（Phillip Scheidemann, 1865–1939）……82, 214
シュペングラー，オスヴァルト（Oswald Spengler, 1880–1936）……23, 25, 165, 232
シュリーベン，ハンス（Hans Schlieben, 1865–1943）……65, 66
シュレーゲル，フリードリヒ（Friedrich Schlegel, 1772–1829）……74, 140
ジェイムズ，ウィリアム（William James, 1842–1910）……30, 88–91, 95, 193–95, 247
シェーラー，マックス（Max Scheler, 1874–1928）……37, 83, 118, 122, 232
シェリング，フリードリヒ・ヴィルヘルム・ヨーゼフ（Friedrich Wilhelm Joseph Schelling, 1775–1854）……4
ショーペンハウアー，アルトゥール（Arthur Schopenhauer, 1788–1860）……148
シラー，フリードリヒ（Friedrich Schiller, 1759–1805）……42
ジンメル，ゲオルク（Georg Simmel, 1858–1918）……30, 31, 44, 49–56, 59–61, 89, 105, 109, 151, 192, 42n
ズースマン，マルガレーテ（Margarete Susman, 1872–1966）……50, 130, 199, 201
スターリン，ヨシフ（Joseph Stalin, 1878–1953）……9, 93, 191
ストリツキー，エルゼ（Else von Stritzky, 1883–1921）……61

タ・ナ　行

タフト，ウィリアム（William Taft, 1857–1930）……81
ツヴァイク，シュテファン（Stefan Zweig, 1881–1942）……78, 79, 82, 88, 5n, 12n
デカルト，ルネ（René Descartes, 1596–1650）……45
デーメル，リヒャルト（Richard Dehmel, 1863–1920）……36
ディーデリヒス，オイゲン（Eugen Diederichs, 1867–1930）……88, 89, 31n
テンニース，フェルディナンド（Ferdinand Tönnies, 1855–1936）……44
ドストエフスキー，フョードル（Fjodor Dostojewski, 1821–1881）……111, 171
トラー，エルンスト（Ernst Toller, 1893–1939）……37, 199, 200, 215, 216, 219
トルストイ，レフ（Lev Tolstoj, 1828–1910）……171, 176, 179
トレルチュ，エルンスト（Ernst Troeltsch, 1865–1923）……37–40, 47, 33n
ニーキッシュ，エルンスト（Ernst Niekisch, 1889–1967）……219
ニーチェ，フリードリヒ（Friedrich Nietzsche, 1844–1900）……56, 89
ノスケ，グスタフ（Gustav Noske, 1868–1946）……219

ハ　行

ハイネ，ハインリヒ（Heinrich Heine, 1797–1856）……74, 140
ハウゼンシュタイン，ヴィルヘルム（Wilhelm Hausenstein, 1882–1957）……236, 44n
ハウプトマン，ゲルハルト（Gerhart Hauptmann, 1862–1946）……37
パーシェ，ハンス（Hans Paasche, 1881–1920）……27n
パス，オクタビオ（Octavio Paz, 1914–1998）……16
バル，フーゴー（Hugo Ball, 1886–1927）……30, 63, 64, 66, 67, 69, 70, 99, 110, 182, 189, 200, 210, 215, 247, 28n
ハルナック，アドルフ・フォン（Adolf von Harnack, 1851–1930）……37, 23n
ヒットラー，アドルフ（Adolf Hitler, 1889–1945）……9, 191, 225, 241
ヒラー，クルト（Kurt Hiller, 1885–1972）……214
ヒンデンブルク，パウル・フォン（Paul von Hindenburg, 1847–1934）……62, 121, 218
ブーバー，マルティン（Martin Buber, 1878–1965）……50, 130, 133–36, 199, 200, 201, 203, 208, 17n, 42n
フィヒテ，ヨーハン・ゴットリープ（Johann Gottlieb Fichte, 1762–1814）4, 126, 136–38, 37n
フェヒター，パウル（Paul Fechter, 1880–1958）……168
プフェンファート，フランツ（Franz Pfemfert, 1879–1954）……29n
プランク，マックス（Max Planck, 1858–1947）……37, 23n
ブラント，ヴィリー（Brandt, Willy 1913–1992）……29n
フリードリヒ・ヴィルヘルム一世（Friedrich Wilhelm I., 1688–1740）……71

フリードリヒ二世（Friedrich II., 1712–1786）……71
ブロート，マックス（Max Brod, 1884–1968）……201
フロベーニウス，レオ（Leo Frobenius, 1873–1938）……23
ヘーゲル，ゲオルク・ヴィルヘルム・フリードリヒ（Georg Wilhelm Friedrich Hegel, 1770–1831）……4, 70, 119, 194
ヘッケル，エルンスト（Ernst Haeckel, 1834–1919）……37
ヘッセ，ヘルマン（Hermann Hesse, 1877–1962）……63
ベーメ，ヤーコプ（Jakob Böhme, 1575–1624）……58
ベルグソン，アンリ（Henri-Louis Bergson, 1859–1941）……37, 56, 60, 86, 111
ヘルツル，テオドール（Theodor Herzl, 1860–1904）……200, 201
ベンヤミン，ヴァルター（Walter Benjamin, 1892–1940）……31, 242, 28n
ホイットマン，ウォルト（Walt Whitman, 1819–1892）……88, 89, 91, 92, 30n
ホーニヒスハイム，パウル（Paul Honigsheim, 1885–1963）……56, 58, 109, 199, 234
ホルクハイマー，マックス（Max Horkheimer, 1895–1973）……89, 94, 31n

マ　行

マイ，カール（Karl May, 1842–1912）……4
マキシミリアン二世（Maximilian II. Joseph, 1811–1864）……3
マッケ，アウグスト（August Macke, 1887–1914）……155, 157
マルク，フランツ（Franz Marc, 1880–1916）……155–59, 168, 38n
マルクス，カール（Karl Marx, 1818–1883）……23, 24, 51, 52, 70, 124, 174, 180–84, 189, 211, 227, 242, 40n
マン，トーマス（Thomas Mann, 1875–1955）……37–40, 46, 47, 67, 91–93, 95, 98, 115, 128, 148
マン，ハインリヒ（Heinrich Mann, 1871–1950）……67, 97, 105, 115, 147–49, 166, 197, 214
ミューザム，エーリッヒ（Erich Mühsam, 1878–1934）……215, 216
ミューロン，ヴィルヘルム（Wilhelm Muehlon, 1878–1944）……63, 65, 75, 76, 89, 190, 200, 215, 216, 241, 20n, 27n
ミュンター，ガブリエーレ（Gabriele Münter, 1877–1962）……155, 156
ミュンツァー，トーマス（Thomas Müntzer, 1489–1525）……28, 99, 112, 209–11, 235
メッテルニヒ，クレメンス・フォン（Klemens von Metternich, 1773–1859）……104, 119, 222

ヤ・ラ　行

ヤスパース，カール（Karl Jaspers, 1883–1969）……77
ラスカー＝シューラー，エルゼ（Else Lasker-Schüler, 1869–1945）……144
ラッサール，フェルディナンド（Ferdinand Lassalle, 1825–1864）……174

ラーテナウ，ヴァルター（Walther Rathenau, 1867–1922）……82
ランダウアー，グスタフ（Gustav Landauer, 1870–1919）…… 30, 99, 123, 128–37, 143, 180, 185–89, 195, 199, 201–03, 207, 208, 210, 216, 219, 220, 227, 242, 35n, 44n
リーグル，アロイス（Alois Riegl, 1858–1905）……23, 151
リッケルト，ハインリヒ（Heinrich Rickert, 1863–1936）……56
リープクネヒト，カール（Karl Liebknecht, 1871–1919）…… 213
リップス，テオドール（Theodor Lipps, 1851–1914）……55, 151, 152
リール，ヴィルヘルム・ハインリヒ（Wilhelm Heinrich Riehl, 1823–1897）…… 123–28, 180, 183, 34n
リルケ，ライナー・マリア（Rainer Maria Rilke, 1875–1926）…… 172, 177, 39n
リーンハルト，フリードリヒ（Friedrich Lienhard, 1865–1929）……39, 126
ルカーチ，ジェルジ（György Lukács, 1885–1971） 10, 26, 27, 30, 31, 48–51, 56, 57, 60, 62, 84, 111, 112, 120, 137, 141, 151, 172, 199, 211, 226, 227, 238, 240, 242, 243, 245, 37n, 40n
ルーズベルト，セオドア（Theodore Roosevelt, 1858–1919）…… 81, 83
ルソー，アンリ（Henri Rousseau, 1844–1910）…… 156, 158
ルソー，ジャン・ジャック（Jean-Jacques Rousseau, 1712–1778）…… 22, 24, 42, 45
ルター，マルティン（Martin Luther, 1483–1546）…… 39, 67, 70, 99, 210
ルーデンドルフ，エーリッヒ（Erich Ludendorff, 1865–1937）…… 62, 63, 121, 182
レーヴィット，カール（Karl Löwith, 1897–1973）…… 184, 185, 189
レーデラー，エミール（Emil Lederer, 1882–1939）……62
レーニン，ウラジミール（Wladimir Iljitsch Uljanow, 1870–1924）… 10, 65, 175, 176, 177, 179
レンバッハ，フランツ・フォン（Franz von Lenbach, 1836–1904）…… 237, 238, 45n
ローゼンツヴァイク，フランツ（Franz Rosenzweig, 1886–1929）……56
ロラン，ロマン（Romain Rolland, 1866–1944）…… 82, 114, 115, 23n

参考文献

I. ブロッホの著作

A. 全集・書簡

Ernst Bloch: *Gesamtausgabe,* 16 Bde. mit einem Ergänzungsband. Frankfurt a. M. 1962-1978.

Bd. 1: *Spuren*
Bd. 2: *Thomas Münzer als Theologe der Revolution*
Bd. 3: *Geist der Utopie*. Zweite Fassung
Bd. 4: *Erbschaft dieser Zeit*. Erweiterte Ausgabe
Bd. 5: *Das Prinzip Hoffnung* (in drei Teilbänden)
Bd. 6: *Naturrecht und menschliche Würde*
Bd. 7: *Das Materialismusproblem, seine Geschichte und Substanz*
Bd. 8: *Subjekt-Objekt. Erläuterungen zu Hegel*
Bd. 9: *Literarische Aufsätze*
Bd. 10: *Philosophische Aufsätze zur objektiven Phantasie*
Bd. 11: *Politische Messungen, Pestzeit, Vormärz*
Bd. 12: *Zwischenwelten in der Philosophiegeschichte*
Bd. 13: *Tübinger Einleitung in die Philosophie*
Bd. 14: *Atheismus im Christentum. Zur Religion des Exodus und des Reichs*
Bd. 15: *Experimentum Mundi. Frage, Kategorien des Herausbringens, Praxis*
Bd. 16: *Geist der Utopie*. Erste Fassung
Erg. Bd.: *Tendenz – Latenz – Utopie*

Briefe 1903-1975. 2 Bde. Hrsg. von Karola Bloch u. a., Frankfurt a. M. 1985.

B. 単行本・その他のエッセイ／論文など（本書で扱うもののみ）

—*Geist der Utopie*, Berlin 1923.
— *Durch die Wüste*, Berlin 1923.

— Gedanken über religiöse Dinge. (1905/06) Wieder abgedruckt in: *Bloch-Almanach* 12/1992, S.

9-13.
— Über das Problem Nietzsche. (1906) Wieder abgedruckt in: *Bloch-Almanach* 13/1983, S. 76-80.
— Negerplastik. (1915) Wieder abgedruckt in: *Carl Einstein. Materialien* Bd. 1. Zwischen Bebuquin und Negerplastik. Hrsg. von Rolf-Peter Baacke, Berlin 1990, S. 88-94.
— Die Bodenständigkeit. In: *Der Neue Merkur*. Nr. 4. 1920, S. 704-713.
— Differenzierungen im Begriff Fortschritt. In: *Sitzungsberichte der Deutschen Akademie der Wissenschaften zu Berlin*. Jahrgang 1955 Nr. 5, Berlin 1956.

C. 政治論集・エッセイ集
— *Vom Hasard zur Katastrophe. Politische Aufsätze 1934-1939*. Zusammengestellt von Volker Michels, Frankfurt a. M. 1972.
— *Kampf, nicht Krieg. Politische Schriften 1917-1919*. Hrsg. von Martin Korol, Frankfurt a. M. 1985.
— *Viele Kammern im Welthaus. Eine Auswahl aus dem Werk*. Hrsg. von Friedrich Dieckmann und Jürgen Teller, Frankfurt a. M. 1994.
— *Fabelnd denken. Essayistische Prosa aus der „Frankfurter Zeitung“*. Hrsg. von Gerd Ueding, Tübingen 1997.
— *Der unbemerkte Augenblick. Feuilletons für die „Frankfurter Zeitung“*. Hrsg. von Ralf Becker, Frankfurt a. M. 2007.

D. インタビュー
— *Gespräche mit Ernst Bloch*. Hrsg. von Rainer Traub und Harald Wieser, Frankfurt a. M. 1975.
— *Tagträume vom aufrechten Gang. Sechs Interviews mit Ernst Bloch*. Hrsg. von Arno Münster, Frankfurt a. M. 1977.

E. 邦訳（本書で参照したもののみ）
好村冨士彦訳『ユートピアの精神』（白水社）1997 年。

池田浩士訳『この時代の遺産』（水声社）2008 年。

池田浩士ほか訳『ナチズム——地獄と神々の黄昏』（水声社）2008 年。

山下肇ほか訳『希望の原理』全三巻（白水社）1982 年。

船戸満之ほか訳『異化』（白水社）1997 年。

花田圭介監修・菅谷規矩雄ほか訳『チュービンゲン哲学入門』（法政大学出版局）1994 年。

II. その他の文献

Abelshauser, Werner (Hg.): *Die BASF. Eine Unternehmergeschichte*, München 2003 (2002).
Adorno, Theodor W.: Henkel, Krug und frühe Erfahrung. In: *Ernst Bloch zu ehren. Beiträge zu*

seinem Werk. Hrsg. von Siegfried Unseld, Frankfurt a. M. 1965, S. 9-20.

———: *Noten zur Literatur*. In: Ders.: *Gesammelte Schriften*. Hrsg. von Rolf Tiedemann unter Mitwirkung von Gretel Adorno, Susan Buch-Morss und Klaus Schultz. Bd. 11, Frankfurt a. M. 1990 (1974).〔テオドール・W・アドルノ（三光長治ほか訳）『アドルノ　文学ノート 1』（みすず書房）2009 年。〕

Ambrosius, Lloyd E.: Nationale Selbstbestimmung im Ersten und Zweiten Weltkrieg: Eine Vergleichsstudie von Wilson bis Roosevelt. In: Berg/Gassert (Hg.): *Deutschland und die USA in der internationalen Geschichte des 20. Jahrhunderts,* S. 237-262.

An die Kulturwelt! Ein Aufruf. In: *Expressionismus. Manifeste und Dokumente zur deutschen Literatur 1910-1920*. Hrsg. von Thomas Anz und Michael Stark, Stuttgart 1982, S. 314-317.

Antz, Thomas/Vogl, Joseph (Hg.): *Die Dichter und der Krieg. Deutsche Lyrik 1914-1918*, München 1982.

Applegate, Celia: *A Nation with Provincials. The German Ideas of Heimat*, Berkely 1990.

Ball, Hugo: *Die Kritik der deutschen Intelligenz*. In: Ders.: *Sämtliche Werke und Briefe*. Hrsg. von der Hugo-Ball-Gesellschaft, Pirmasens. Bd. 5. Hrsg. von Hans Dieter Zimmermann, Göttingen 2005.

Barck, Karlheinz: Worringers Stilpsychologie im Kontext der Stilforschung. In: Böhringer/Söntgen (Hg.): *Wilhelm Worringers Kunstgeschichte*, S. 23-34.

Bausinger, Hermann: Ungleichzeitigkeiten. Von der Volkskunde zur empirischen Kulturwissenschaft. In: Berking/Faber (Hg.): *Kultursoziologie*, S. 267-285.

Becker, Ralf: *Sinn und Zeitlichkeit. Vergleichende Studien zum Problem der Konstruktion von Sinn durch die Zeit bei Husserl, Heidegger und Bloch*, Würzburg 2003.

———: Philosophie unterm Strich. Ernst Blochs Beiträge für die Frankfurter Zeitung 1916-1934. In: *Der unbemerkte Augenblick*, S. 9-66.

Benz, Wolfgang: Asyl und Meinungsfreiheit. Deutsche politische Emigration und eidgenössische Politik im Ersten Weltkrieg. In: *Gestaltungskraft des Politischen*. Hrsg. von Wolfram Pyta und Ludwig Richter, Berlin 1998, S. 87-108.

Berg, Maufred/Gassert, Philipp (Hg.): *Deutschland und die USA in der intewaionalen Geschichte des 20. Jahrhunderts: Festschrift für Detlef Junker*, Stuttgart 2004.

Bergmann, Klaus: *Agrarromantik und Großstadtfeindschaft*, Meisenheim am Glan 1970.

Berking, Helmuth/Faber, Richard (Hg.): *Kultursoziologie – Symptom des Zeit- geistes?* Würzburg 1989.

Beßlich, Barbara: *Wege in den „Kulturkrieg“. Zivilisationskritik in Deutschland 1890-1914*, Darmstadt 2000.

Der Blaue Reiter. Hrsg. von Wassily Kandinsky und Franz Marc. München 1912. Dokumentarische Neuausgabe. Überarbeitete Taschenbuchausgabe. Hrsg. von Klaus Lankheit, München/Zürich 2000 (1984).

Bloch-Almanach. Hrsg. vom Ernst-Bloch-Archiv der Stadtbibliothek Ludwigshafen durch

Karlheinz Weigand, Ludwigshafen 1981ff.

Bloch? Jahrbuch der Ernst-Bloch-Gesellschaft 1992/93. Hrsg. von Klaus Rohrbacher, Ludwigshafen 1994.

Böhme, Hartmut/Scherpe, Klaus R.: *Literatur- und Kulturwissenschaften. Positionen, Theorien, Modelle*, Reinbeck bei Hamburg 1996.

Böhringer, Hannes: Das Pathos der Differenzierung. Der philosophische Essay Georg Simmels. In: *Merkur*. 39. Jg. 1985, H. 431-442, S. 298-308.

———/Söntgen, Beate (Hg.): *Wilhelm Worringers Kunstgeschichte*, München 2002.

Bollenbeck, Georg: *Eine Geschichte der Kulturkritik. Von Rousseau bis Günther Anders*, München 2007.

Braun, Bernhard: *Die Utopie des Geistes. Zur Funktion der Utopie in der politischen Theorie Gustav Landauers*, Idstein 1991.

Braungart, Wolfgang: Rilkes Gott, Rilkes Mensch. Zur Poeto-Theologie des „Stunden-Buchs“. In: Fischer, Michael/Senkel, Christian (Hg.): *Säkularisierung und Sakralisierung. Literatur – Musik – Religion*, Tübingen/Basel 2004, S. 117-141.

Buber, Martin: Pfade in Utopia. (1950) In: Ders.: *Pfade in Utopia. Über Gemeinschaft und deren Verwirklichung*. Hrsg. von Abraham Schapira, Heidelberg 1985.〔マルティン・ブーバー（長谷川進訳）『もう一つの社会主義：ユートピアの途』（理想社）1959年。〕

Bushart, Magdalene: *Der Geist der Gotik und die expressionistische Kunst. Kunstgeschichte und Kunsttheorie 1911-1925*, München 1990.

Clifford, James: *Routes. Travel and Translation in the Late Twentieth Century*, Cambridge 1997.

Conrad, Sebastian/Osterhammel, Jürgen (Hg.): *Das Kaiserreich transnational. Deutschland in der Welt 1871-1914,* Göttingen 2004.

Conrad, Sebastian: *Globalisierung und Nation im Deutschen Kaiserreich*, München 2006.

Delf, Hanna: „Prediger in der Wüste sein....“ Gustav Landauer im Weltkrieg. In: Landauer: *Dichter, Ketzer, Außenseiter*, S. XXIII- LIII.

———/Mattenklott, Gert (Hg.): *Gustav Landauer im Gespräch. Symposium zum 125. Geburtstag*, Tübingen 1997.

Diaz-Bone, Rainer/Schubert, Klaus: *William James zur Einführung*, Hamburg 1996.

Dietschy, Beat: *Gebrochene Gegenwart. Ernst Bloch, Ungleichzeitigkeit und das Geschichtsbild der Moderne*, Frankfurt a. M. 1988.

Doak, Kevin Michael: *Dreams of Difference. The Japan Romantic School and the Crisis of Modernity,* London 1994.

Enzensberger, Hans Magnus: *Zickzack. Aufsätze*, Frankfurt a. M. 1997.

Ernst Bloch und die Heimat. Jahresheft der Ernst-Bloch-Gesellschaft. Hrsg. von Klaus Rohrbacher, Ludwigshafen 1990.

Ernst Blochs Wirkung. Ein Arbeitsbuch zum 90. Geburtstag. Frankfurt a. M. 1975.

Faber, Richard: Ludwigshafen-Mannheim, München, Berlin und andernorts. Zur Kulturgeographie

der Ernst Blochschen „Spuren“. In: *Bloch-Jahrbuch* 2006, S. 111-151.

Fechter, Paul: *Der Expressionismus*, München 1914.

Franz, Trautje: *Revolutionäre Philosophie in Aktion. Ernst Blochs politischer Weg, genauer besehen*, Hamburg 1985.

Gekle, Hanna: *Die Tränen des Apoll. Zur Bedeutung des Dionysos in der Philosophie Ernst Blochs*, Tübingen 1990.

Geoghegan, Vincent: *Ernst Bloch*, London/New York 1996.

Grebing, Helga: *Der „deutsche Sonderweg“ in Europa 1806-1945. Eine Kritik*, Stuttgart 1986

Harpprecht, Klaus: Wie wird man Amerikaner? (1982) In: Schmidt-Gernig, Alexander (Hg.): *Amerika erfahren – Europa entdecken. Zum Vergleich der Gesellschaften in europäischen Reiseberichten des 20. Jahrhunderts*, Berlin 1999, S. 249-279.

Hein, Peter Ulrich: Völkische Kunstkritik. In: Puschner, Uwe/Schmitz, Walter/Ulbricht, Justus (Hg.): *Handbuch zur Völkischen Bewegung 1871-1918*, München u. a. 1996.

Heine, Heinrich: *Ludwig Börne. Eine Denkschrift.* In: Ders.: *Sämtliche Schriften in zwölf Bänden.* Hrsg. von Klaus Briegreb, Bd. 7, München/Wien 1976, S. 7-148.

Heller, Heinz-B.: „Ungleichzeitigkeiten“. Anmerkungen zu Ernst Blochs Kritik des „Massenfaschismus“ in *Erbschaft dieser Zeit.* In: *Exilforschung. Ein internationales Jahrbuch.* Bd. 1, München 1983, S. 343-358.

Hermand, Jost/Hamann, Richard: *Epochen deutscher Kultur von 1870 bis zur Gegenwart.* Bd. 4. *Stilkunst um 1900*, München 1973 (1967).

Holz, Hans Heinz: *Logos spermatikos. Ernst Blochs Philosophie der unfertigen Welt*, Darmstadt 1975.

Honold, Alexander/Scherpe, Klaus R. (Hg.): *Das Fremde, Reiseerfahrungen, Schreibformen und kulturelles Wissen*, Bern u. a. 2000.

————/Simons, Oliver (Hg.): *Kolonialismus als Kultur. Literatur, Medien, Wissenschaft in der deutschen Gründerzeit des Fremden*, Tübingen/Basel 2002.

————/Scherpe, Klaus R. (Hg.): *Mit Deutschland um die Welt: Eine Kulturgeschichte des Fremden in der Kolonialzeit*, Stuttgart 2004.

Horkheimer, Max: *Zur Kritik der instrumentalen Vernunft.* (1947) In: Ders.: *Gesammelte Schriften.* Hrsg. von Alfred Schmidt und Gunzelin Schmid Noerr, Bd. 6, Frankfurt a. M. 1991, S. 21-186. (Aus dem Englischen von Alfred Schmidt)〔マックス・ホルクハイマー（山口祐弘訳）『理性の腐蝕』（せりか書房）1970 年。〕

Hübinger, Gangolf (Hg.): *Versammlungsort moderner Geister. Der Eugen Diederichs Verlag – Aufbruch ins Jahrhundert der Extreme*, München 1996.

Hünecke, Andreas (Hg.): *Der Blaue Reiter. Dokumente einer geistigen Bewegung*, Leipzig 1986.

Hüppauf, Bernd (Hg.): *Ansichten vom Krieg. Vergleichende Studien zum Ersten Weltkrieg in Literatur und Gesellschaft*, Königstein/Ts. 1984.

James, William: *Pragmatism.* In: Ders.: *The Works of William James.* (ed.) Fredson Bowers u. a.

Cambridge 1979 (1975).〔ウィリアム・ジェイムズ（桝田啓三郎訳）『プラグマティズム』（ウィリアム・ジェイムズ著作集 5）（日本教文社）1960 年。〕

———: *A Pluralistic Universe*. In: Ders.: *The Works of William James*. (ed.) Fredson Bowers u. a. Cambridge 1977.〔ウィリアム・ジェイムズ（吉田夏彦訳）『多元的宇宙』（ウィリアム・ジェイムズ著作集 6）（日本教文社）1961 年。〕

Joas, Hans: *Pragmatismus und Gesellschaftstheorie*, Frankfurt a. M. 1992.

Joch, Markus: *Bruderkämpfe. Zum Streit um den intellektuellen Habitus in den Fällen Heinrich Heine, Heinrich Mann und Hans Magnus Enzensberger*, Heidelberg 2000.

Jung, Thomas: *Geschichte der modernen Kulturtheorie*, Darmstadt 1999.

Kandinsky, Wassily: *Über das Geistige in der Kunst*, Bern 1952.

Karádi, Eva: Bloch und Lukács im Weber-Kreis. In: Löwy/Münster/Tertulian (Hg.): *Verdinglichung und Utopie*, S. 30-47.

Kashuba, Wolfgang: *Einführung in die Europäische Ethnologie*, München 1999.

Keyserling, Hermann Graf: *Das Reisetagebuch eines Philosophen*, München 1980.

Koester, Eckart: *Literatur und Weltkriegsideologie. Positionen und Begründungszusammenhänge des publizistischen Engagements deutscher Schriftsteller im Ersten Weltkrieg*, Kronberg 1977.

Kohn, Hans: *Martin Buber. Sein Werk und seine Zeit. Ein Beitrag zur Geschichte Mitteleuropas 1880-1930*, Wiesbaden 1979.

Korol, Martin: Vorwort/Einleitung. In: Bloch: *Kampf, nicht Krieg*, S. 7-71.

———: *DADA, Präexil und Die Freie Zeitung – Ernst Bloch, Homo Ludens und Tänzer; Hugo Ball, rastlos auf der Suche nach Heimat; und ihre Frauen, Weggefärten und Gegner in der Schweiz 1916-1919*, Bremen 2001.
http://elib.suub.uni-bremen.de/diss/docs/E-Diss174_Korol.pdf（2010 年 12 月 13 日）

Korngiebel, Wilfried: *Bloch und die Zeichen. Symboltheorie, kulturelle Gegenhegemonie und philosophischer Interdiskurs*, Würzburg 1999.

Koselleck, Reinhard: *Vergangene Zukunft. Zur Semantik geschichtlicher Zeiten*, Frankfurt a. M. 1989 (1979).

Krochmalnik, Daniel: Ernst Blochs Exkurs über die Juden. In: *Bloch-Almanach* 13/1993, S. 41-58.

Kufeld, Klaus: Multiversum und Ungleichzeitigkeit. Ein ideologiekritischer Beitrag zur kulturellen Debatte der Globalisierung. In: *Bloch-Almanach* 21/2002, S. 125-143.

Landauer, Gustav: *Die Revolution*, Frankfurt a. M 1919.〔グスタフ・ランダウアー（大窪一志訳）『レボルツィオーン――再生の歴史哲学』（同時代社）2004 年。〕

Landauer, Gustav: *Aufruf zum Sozialismus*, Berlin 1919.

———: *Beginnen. Aufsätze über Sozialismus*, Köln 1924.

———: *Dichter, Ketzer, Außenseiter. Essays und Reden zu Literatur, Philosophie, Judentum*. Hrsg. von Hanna Delf. In: Ders.: *Werkausgabe*. Hrsg. von Gert Mattenklott und Hanna Delf, Bd. 3, Berlin 1997.

Landmann, Michael: Gespräch mit Ernst Bloch. In: *Bloch-Almanach* 4 /1984, S. 17-40.

Lang, Siegfried K.: Wilhelm Worringers *ABSTRAKTION UND EINFÜHLUNG*. Entstehung und Bedeutung. In: Böhringer/Söntgen (Hg.): *Wilhelm Worringers Kunstgeschichte*, S. 81-117.

Langbehn, Julius: *Rembrandt als Erzieher. Von einem Deutschen*, Leipzig 1892.

Lienhard, Friedrich: *Neue Ideale nebst Vorherrschaft Berlins. Gesammelte Aufsätze*. In: Ders.: *Gedankliche Werke*. Erster Band: Neue Ideale – Türmer Beiträge, Stuttgart 1926.

Lloyd, Jill: *German Expessionism: Primitivism and Modernity*, New Haven 1991.

Löwith, Karl: *Max Weber und Karl Marx*. In: Ders.: *Gesammelte Abhandlungen. Zur Kritik der geschichtlichen Existenz*, Stuttgart 1969 (1960), S. 1-67.〔カール・レーヴィット（柴田治三郎ほか訳）『ウェーバーとマルクス』（未来社）1966 年。〕

Löwy, Michael: Jewisch Messianism and Libertarian Utopia in Central Europe (1900-1933). In: *New German Critique* Nr. 20 Spring/Summer 1980, S. 105-115.

———/Münster, Arno/Tertulian, Nicolas (Hg.): *Verdinglichung und Utopie. Ernst Bloch und Georg Lukács zum 100. Geburtstag. Beiträge des internationalen Kolloquims in Paris 1985*, Frankfurt a. M. 1987.

———: Die revolutionäre Romantik von Bloch und Lukács. In: Löwy/Münster/Tertulian (Hg.): *Verdinglichung und Utopie*, S. 17-29.

———: Der romantische Messianismus Gustav Landauers. In: Delf/Mattenklott (Hg.): *Gustav Landauer im Gespräch*, S. 91-104.

Lübbe, Hermann: *Politische Philosophie in Deutschland*, München 1974 (1963).

Lukács, György: *Geschichte und Klassenbewußtsein*. In: Ders.: *Georg Lukács Werke* Bd. 2, Neuwied und Berlin 1968, S. 161-517.〔ジェルジ・ルカーチ（城塚登ほか訳）『歴史と階級意識』（白水社）1968 年。〕

———: *Die Zerstörung der Vernunft*. In: Ders.: *Georg Lukács Werke* Bd. 9, Neuwied und Berlin 1962.〔ジェルジ・ルカーチ（暉峻凌三ほか訳）『理性の破壊』（白水社）1968/69 年。〕

Lunn, Eugene: *Prophet of Community. The Romantic Socialism of Gustav Landauer*, Berkeley u. a. 1973.

Lützeler, Paul Michael: *Die Schriftsteller und Europa. Von der Romantik bis zur Gegenwart*, München 1992.

Macke, Carl-Wilhelm: „Heimat ist nur, wo Unserer Frauen Türme ragen“. Ernst Blochs Verhältnis zu München und Bayern. In: *Bloch-Almanach* 12/1992, S. 157-166.

Maeda, Ryozo: *Mythen, Medien, Mediokritäten. Zur Formation der Wissenschaftskultur der Germanistik in Japan*, München 2010.

Mann, Heinrich: Der Europäer. In: Ders.: *Macht und Mensch. Essays*. Nachwort von Renate Werner, Frankfurt a. M. 1989, S. 129-135.

Mann, Thomas: Gedanken im Kriege. In: Ders.: *Gesammelte Werke in Einzelbänden*. (GW) Hrsg. von Peter de Mendelssohn. *Von deutscher Republik. Politische Schriften und Reden in Deutschland*. Frankfurt a. M. 1984, S. 7-24.

———: *Betrachtungen eines Unpolitischen*. In: Ders.: *GW*. Frankfurt a. M. 1983.〔トーマス・

マン（森川俊夫ほか訳）『非政治的人間の考察』（トーマス・マン全集第 11 巻）（新潮社）1972 年。〕

———: Von deutscher Republik. In: Ders.: *Von deutscher Republik*, S. 118-159.〔トーマス・マン（佐藤晃一ほか訳）「ドイツ共和国について」（トーマス・マン全集第 10 巻）（新潮社）1972 年。〕

Marc, Franz: Geistige Güter. In: *Der Blaue Reiter*, S. 21-24.

Markun, Sylvia: *Ernst Bloch*, Reinbeck bei Hamburg 1977.

Marx, Karl: Entwürfe einer Antwort auf den Brief von V. I. Sassulitsch. In: *MEW* Bd. 19, S. 386.

Merlio, Gilbert/Raulet, Gérard (Hg.): *Linke und rechte Kulturkritik. Interdiskursivität als Krisenbewußtsein*, Frankfurt a. M. 2005.

Münster, Arno: *Utopie, Messianismus und Apokalypse im Frühwerk von Ernst Bloch*, Frankfurt a. M. 1982.

Negt, Oskar: Ernst Bloch – der deutsche Philosoph der Oktoberrevolution. Ein Politisches Nachwort. In: Bloch: *Vom Hasard zur Katastrophe*, S. 429-444.

Parr, Rolf: Auch ein Kriegseinsatz. Deutsche Dichter und die Burenkriege. In: *Kriegserlebnis und Legendenbildung. Das Bild des „modernen" Krieges in Literatur, Theater, Photographie und Film*. Hrsg. von Thomas F. Schneider. Bd. 1, Osnabrück 1997/98, S. 89-100.

Parsons, Talcott: Democracy and Social Structure in Pre-Nazi Germany. (1942) In: Ders.: *Essays in Sociological Theory*. Revised Edition, New York 1966, S. 104-123.

Pauen, Michael: *Dithyrambiker des Untergangs. Gnostizismus in Ästhetik und Philosophie der Moderne*, Berlin 1994.

Plessner, Helmuth: *Die versptätete Nation. Über die politische Verführbarkeit bürgerlichen Geistes*, Stuttgart 1959.

Puschner, Uwe: *Die völkische Bewegung im wilhelminischen Kaiserreich. Sprache – Rasse – Religion*, Darmstadt 2001.

Radkau, Joachim: *Max Weber. Die Leidenschaft des Denkens*, München 2005.

Raulet, Gérard: Wiederkehr der Ideale. Die Ideen von 1789 in Ernst Blochs antifaschistischem Kampf. In: *Bloch-Almanach* 12/1992, S. 113-130.

——— (Hg.): *Historismus, Sonderweg und dritte Wege*, Frankfurt a. M. 2001.

Reichardt, Ulfried: Globalisierung, Mondialisierungen und die Poetik des Globalen. In: Ders. (Hg.): *Die Vermessung der Globalisierung. Kulturwissenschaftliche Perspektiven*, Heldelberg 2008, S. 1-47.

Riedel, Manfred: *Tradition und Utopie. Ernst Blochs Philosophie im Licht unserer geschichtlichen Denkerfahrung*, Frankfurt a. M. 1994.

Riehl, Wilhelm Heinrich: *Die bürgerliche Gesellschaft*, Stuttgart 1861.

Ruppert, Wolfgang: *Der moderne Künstler. Zur Sozial- und Kulturgeschichte der kreativen Individualität in der kulturellen Moderne im 19. und frühen 20. Jahrhundert*, Frankfurt a. M. 1998.

Rürup, Reinhard: Der „Geist von 1914“ in Deutschland. Kriegsbegeisterung und Ideologisierung des Krieges im Ersten Weltkrieg. In: Hüppauf (Hg.): *Ansichten vom Krieg*, S. 1-30.

Said, Edward W.: *The World, the Text, and the Critic*, Cambridge 1983.〔エドワード・W・サイード（山形和美訳）『世界・テキスト・批評家』（法政大学出版局）1995 年。〕

Sauerland, Karol: Von Dostojewskij zu Lenin. Georg Lukács' und Ernst Blochs frühe Auseinandersetzung mit dem revolutionären Rußland. In: Koenen, Gerd/Kopelew, Lew (Hg.): *Deutschland und die Russische Revolution 1917-1924*, München 1998, S. 482-502.

Sayre, Robert/Löwy, Michael: Figures of Romantic Anti-Capitalism. In: *New German Critique*. Nr. 32 Spring/Summer 1984, S. 42-92.

Scheler, Max: Soziologische Neuorientierung und die Aufgabe der deutschen Katholiken nach dem Kriege. (1915/16) In: Ders.: *Gesammelte Werke* Bd. 4. Hrsg. von Manfred S. Frings, Bern/München 1982, S. 373-472.

Scherpe, Klaus R.: *Stadt – Krieg – Fremde*, Tübingen/Basel 2002.

Schildt, Axel: *Konservatismus in Deutschland. Von den Anfängen im 18. Jahrhundert bis zur Gegenwart*, München 1998.

Schlegel, Friedrich: Reise nach Frankreich. In: Ders.: *Kritische Ausgabe*. Hrsg. von Ernst Behler unter Mitwirkung von Jean-Jacques Anstett und Hans Eichner, Bd. 7, München u. a. 1966, S. 56-79.

Schwabe, Klaus: Eine neue Weltordnung? Der Beitrag Amerikas zur Lösung der Deutschlandfrage durch den Friedensschluss von Versailles. In: Berg/Gassert (Hg.): *Deutschland und die USA in der internationalen Geschichte des 20. Jahrhunderts*, S. 263-278.

Simmel, Georg: *Philosophie des Geldes*. In: Ders.: *Gesamtausgabe*. Hrsg. von Otthein Rammstedt. [GA] Bd. 6. Hrsg. von David P. Frisby und Klaus Christian Köhnke, Frankfurt a. M. 1989.〔ゲオルク・ジンメル（元浜清海ほか訳）『貨幣の哲学』（ジンメル著作集第 2 － 3 巻）（白水社）1994 年。〕

———: Der Begriff und die Tragödie der Kultur. In: Ders.: *Hauptprobleme der Philosophie/Philosophische Kultur*. GA. Bd. 14. Hrsg. von Rüdiger Kramer und Otthein Rammstedt, 1996, S. 385-416.〔ゲオルク・ジンメル（円子修平／大久保健治訳）『文化の哲学』（ジンメル著作集第 7 巻）（白水社）1994 年。〕

———: Deutschlands innere Wandlung. In: Ders.: *Der Krieg und die geistige Entscheidungen*. GA. Bd. 16. Hrsg. von Gregor Fitzi und Otthein Raummstedt, 1999, S. 13-29.

———: *Brücke und Tür. Essays des Philosophen zur Geschichte, Religion, Kunst und Gesellschaft*. Im Verein mit Margarete Susman herausgegeben von Michael Landmann, Stuttgart 1957.〔ゲオルク・ジンメル（酒田健一ほか訳）『橋と扉』（ジンメル著作集第 12 巻）（白水社）1994 年。〕

Spengler, Oswald: *Der Untergang des Abendlandes. Umrisse einer Morphologie der Weltgeschichte*, München 1998.

Stark, Michael: *Für und Wider den Expressionismus. Die Entstehung der Intellektuellengeschichte*

in der deutschen Literaturgeschichte, Stuttgart 1982.

Stern, Fritz: *Kulturpessimismus als politische Gefahr. Eine Analyse nationaler Ideologie in Deutschland*. Übersetzt von Alfred P. Zeller, Stuttgart 2005 (1961).

Takahashi, Teruaki: *Japanische Germanistik auf dem Weg zu einer kontrastiven Kulturkomparatistik. Geschichte, Theorie und Fallstudien*, München 2006.

Toller, Ernst: *Eine Jugend in Deutschland*. In: Ders.: *Gesammelte Werke*. Bd. 4. Hrsg. von Wolfgang Frühwald und John M. Spalek, München 1978.〔エルンスト・トラー（船戸満之訳）「ドイツの青春」［『現代世界文学の発見 1』（学芸書林）1967 年 , 162-250 頁］〕

Troeltsch, Ernst: *Deutscher Geist und Westeuropa. Gesammelte kulturphilosophische Aufsätze und Reden*. Hrsg. von Hans Baron, Aalen 1966 (1925).

Über Walter Benjamin. Mit Beiträgen von Theodor W. Adorno u. a., Frankfurt a. M. 1968.

Uhl, Elke: Der undiskutierbare Krieg. Exkurs zur Genese der Blochschen Ungleichzeitigkeitstheorie. In: *„Hoffnung kann enttäuscht werden" – Ernst Bloch in Leipzig*. Dokumentiert und kommentiert von Volker Caysa u. a., Frankfurt a. M. 1992, S. 221-244.

————: Aktualität der Blochschen Ungleichzeitigkeit: Krieg und Moderne. In: *Bloch?*, S. 267-273.

————: Ungleichzeitigkeit als geschichtsphilosophisches Problem. In: *Bloch-Almanach* 19/2000, S. 23-38.

Ujma, Christine: *Ernst Blochs Konstruktion der Moderne aus Messianismus und Marxismus. Erörterungen mit Berücksichtigung von Lukács und Benjamin*, Stuttgart 1995.

Umbach, Maiken: Introduction: German Federalism in Historical Perspective. In: *German Federalism. Past, Present, Future*. (ed.) Maiken Umbach, Hampshire/New York 2002, S. 1-14.

————/Hüppauf, Bernd (ed.): *The Vernacular Modernism. Heimat, Globalisation, and the Built Environment*, Stanford 2005.

Vietta, Silvio/Kemper, Hans-Georg: *Expressionismus*, München 1997 (1965).

Wacker, Bernd (Hg.): *Dionysius DADA Areopagita. Hugo Ball und die Kritik der Moderne*, Paderborn 1996.

Wehler, Hans Ulrich: *Modernisierungstheorie und Geschichte*, Göttingen 1975.

Welsch, Wolfgang: *Unsere posmoderne Moderne*, Weinheim 1987.

Williams, Raymond: Base and Superstructure in Marxist Cultural Theory. In: Ders.: *Culture and Materialism. Selected Essays*, London/New York 2005 (1980).

Witte, Bernd: Zwischen Haskala und Chassidut. In: Delf/Mattenklott (Hg): *Gustav Landauer im Gespräch*, S. 25-41.

Worringer, Wilhelm: *Formprobleme der Gotik*, München 1911.〔ウィルヘルム・ヴォーリンガー（中野勇訳）『ゴシック美術形式論』（岩崎美術社）1968 年。〕

————: Entwicklungsgeschichtliches zur modernen Kunst. In: Hünecke (Hg.): *Der Blaue Reiter*, S. 429-432.

————: *Deutsche Jugend und östlicher Geist*, Bonn 1924.

Zudeick, Peter: *Der Hintern des Teufels. Ernst Bloch – Leben und Werk*, Bühl-Moos 1987.
Zweig, Stefan: Die Entwertung der Ideen. (1918) In: Bloch: *Kampf, nicht Krieg*, S. 306-310.

ベネディクト・アンダーソン（白石隆／白石さや訳）『想像の共同体――ナショナリズムの起源と流行』（リブロポート）1995 年（1987 年）。

ノルベルト・ボルツ（山本尤／大貫敦子訳）『批判理論の系譜学――両大戦間の哲学的過激主義』（法政大学出版局）1997 年。

ヨーハン・ゴットリープ・フィヒテ（石原達二訳）『ドイツ国民に告ぐ』（玉川大学出版部）1997 年。

モーリス・フリードマン（黒沼凱夫／河合一充訳）『評伝マルティン・ブーバー――狭い尾根での出会い』（ミルトス）2000 年。

船戸満之『表現主義論争とユートピア』（情況出版）2002 年。

セバスチャン・ハフナー（魚住昌良／川口由紀子訳）『プロイセンの歴史――伝説からの解放』（東洋書林）2000 年。

ハリー・ハルトゥーニアン（梅森直之訳）『近代による超克――戦間期日本の歴史・文化・共同体』（岩波書店）2007 年。

ジェフリー・ハーフ（中村幹雄ほか訳）『保守革命とモダニズム――ワイマール・第三帝国のテクノロジー・文化・政治』（岩波書店）1991 年。

ヨースト・ヘルマント（識名章喜訳）『理想郷としての第三帝国――ドイツ・ユートピア思想と大衆文化』（柏書房）2002 年。

エリック・ホブズボーム（河合秀和訳）『20 世紀の歴史――極端な時代』（三省堂）1996 年。

パウル・ホーニヒスハイム（大林信治訳）『マックス・ヴェーバーの思い出』（みすず書房）1972 年。

伊藤邦武『ジェイムズの多元的宇宙論』（岩波書店）2009 年。

伊豫谷登士翁・成田龍一編『再魔術化する世界――総力戦・〈帝国〉・グローバリゼーション』（御茶ノ水書房）2004 年。

カール・ヤスパース（橋本文夫訳）『戦争の罪を問う』（平凡社ライブラリー）2006 年（1998）年。

マーティン・ジェイ（荒川幾男ほか訳）『マルクス主義と全体性――ルカーチからハーバーマスへの概念の冒険』（国文社）1993 年。
D. キング編（山中弘ほか訳）『文化とグローバル化――現代社会とアイデンティティ表現』（玉川大学出版局）1999 年。
小林政吉『ブーバー研究――思想の成立過程と情熱』（創文社）1979 年。

好村冨士彦『ブロッホの生涯――希望のエンサイクロペディア』（平凡社）1986 年。

今野元『マックス・ヴェーバー――ある西欧派ドイツ・ナショナリストの生涯』（東京大学出版会）2007 年。

草間秀三郎『ウッドロー・ウィルソンの研究――とくに国際連盟構想の発展を中心として』（風間書房）1974 年。

ヴォルフ・レペニース（松家次朗ほか訳）『三つの文化——仏・英・独の比較文化学』（法政大学出版局）2002 年。

アルノー・J・メイア（斉藤孝／木畑洋一訳）『ウィルソン対レーニン——新外交の政治的起源 1917-1918 年』（岩波現代選書）1983 年。

三島憲一『ベンヤミン——破壊、収集、記憶』（講談社）1998 年。
A. & M. ミッチャーリッヒ（林峻一郎／馬場謙一訳）『喪われた悲哀——ファシズムの精神構造』（河出書房新社）1972 年。
三浦淳『若きマン兄弟の確執』（知泉書院）2006 年。

ジョージ・L・モッセ（三宅昭良訳）『ユダヤ人の〈ドイツ〉——宗教と民族を超えて』（講談社）1996 年。

ジョージ・L・モッセ（植村和秀ほか訳）『フェルキッシュ革命——ドイツ民族主義から反ユダヤ主義へ』（柏書房）1998 年。
C. ムフ編　J. デリダ／R. ローティ／S. クリッチリー／E. ラクラウ（青木隆嘉訳）『脱構築とプラグマティズム——来るべき民主主義』（法政大学出版局）2002 年。
野口雅弘『闘争と文化——マックス・ウェーバーの文化社会学と政治理論』（みすず書房）2006 年。
小熊英二『〈民主〉と〈愛国〉——戦後日本のナショナリズムと公共性』（新曜社）2008（2002）年。
大窪一志「分権・連合・協同社会の原像——現代に蘇るランダウアーの社会思想」〔グスタフ・ランダウアー（大窪一志訳）『レボルツィオーン——再生の歴史哲学』（同時代社）2004 年 , 171-222 頁〕
小野清美「ヨハン・プレンゲの『戦争哲学』と社会主義論——イギリス帝国主義への挑戦と国民統合」〔松田武／阿河雄二郎編『近代世界システムの歴史的構図』（渓水社）1993 年 , 83-106 頁〕
小田部胤久「ゴシックと表現主義の邂逅——ヴォリンガーによる『ヨーロッパ中心主義的』芸術史の批判とその行方」〔『美学芸術学研究』21（2002 年）81-114 頁〕
太田好信『トランスポジションの思想——文化人類学の再想像』（世界思想社）1998 年。
デートレフ・ポイカート（小野清美ほか訳）『ワイマル共和国——古典的近代の危機』（名古屋大学出版会）1993 年。
デートレフ・ポイカート（雀部幸隆／小野清美訳）『ウェーバー——近代への診断』（名古屋大学出版会）1994 年。
ロマン・ロラン（片山敏彦ほか訳）『戦時の日記』（ロマン・ロラン全集第 27-30 巻）（みすず書房）1980-81 年。
ヴォルフガング・シヴェルブシュ（福本義憲ほか訳）『敗北の文化——敗戦トラウマ・回復・再生』（法政大学出版局）2007 年。
イマニュエル・ウォーラステイン「国家的なものと普遍的なもの——世界文化というようなものがありうるか」〔キング編『文化とグローバル化』129-149 頁〕
アルフレート・ウェーバー（山本新ほか訳）『文化社会学』（創文社）1958 年。

ウォルト・ホイットマン（鍋島能弘訳）「民主主義の予想」（世界大思想全集 哲学・文芸思想編 25）（河出書房新社）1959 年，179-250 頁。

レイモンド・ウィリアムズ（椎名美智ほか訳）『完訳　キーワード辞典』（平凡社）2002 年。

山本尤「表現主義と近代」（講座 岩波現代思想 14　近代／反近代）（岩波書店）1994 年，19-52 頁。

シュテファン・ツヴァイク（原田義人訳）『昨日の世界』（みすず書房）1961 年。

註

序　論

1） Abelshauser, Werner (Hg.): *Die BASF. Eine Unternehmergeschichte*, München 2003 (2002).

2） Bloch, Ernst: Mannheim – Ludwigshafen. (1928) 以下に再録されている。Ders.: *Viele Kammern im Welthaus. Eine Auswahl aus dem Werk*. Hrsg. von Friedrich Dieckmann und Jürgen Teller, Frankfurt a. M. 1994, S. 37-40, hier S. 37.

3） ブロッホのバイオグラフィーとしては，次の四冊を参照した。Markun, Sylvia: Ernst Bloch, Reinbeck bei Hamburg 1977; 好村冨士彦『ブロッホの生涯――希望のエンサイクロペディア』（平凡社）1986; 年 Zudeick, Peter: *Der Hintern des Teufels. Ernst Bloch – Leben und Werk*, Bühl-Moos 1987; Münster, Arno: *Ernst Bloch. Eine politische Biographie*, Berlin 2004.

4） Bloch, Ernst: Die Stadt, aus freundlicher Erinnerung gesehen. (1931) 以下に再録されている。Ders.: *Der unbemerkte Augenblick. Feuilletons für die „Frankfurter Zeitung" 1916-1934*. Hrsg. von Ralf Becker, Frankfurt a. M. 2007, S. 138-140, hier S. 138.

5） Bloch: Mannheim – Ludwigshafen, S. 37.

6） Ebd.

7） Markun: *Ernst Bloch*, S. 10-16; Zudeick: *Der Hintern des Teufels*, S. 11-17; 好村『ブロッホの生涯』22-29 頁。

8） Conrad, Sebastian/Osterhammel, Jürgen (Hg.): *Das Kaiserreich transnational. Deutschland in der Welt 1871-1914*, Göttingen 2004; Conrad, Sebastian: *Globalisierung und Nation im Deutschen Kaiserreich*, München 2006.

9） Conrad: *Globalisierung und Nation im Deutschen Kaiserreich*, S. 33.

10） Ebd., S. 41.

11） Ebd., S. 51.　以下の論集も参照のこと。A. D. キング編（山中弘ほか訳）『文化とグローバル化――現代社会とアイデンティティ表現』（玉川大学出版部）1999 年。

12） Radkau, Joachim: *Max Weber. Die Leidenschaft des Denkens*, München 2005, S. 352.

13） Abelshauser: *Die BASF*, S. 119. Vgl. auch: Conrad: *Globalisierung und Nation im Deutschen Kaiserreich*, S. 45.

14） Ebd., S. 117f.

15） Honold, Alexander/Scherpe, Klaus R. (Hg.): *Das Fremde. Reiseerfahrungen, Schreibformen und kulturelles Wissen. (Zeitschrift für Germanistik*. Neue Folge Beiheft 2, 1999) Bern u. a. 2000; Honold, Alexander/Simons, Oliver (Hg.): *Kolonialismus als Kultur. Literatur, Medien, Wissenschaft in der deutschen Gründerzeit des Fremden,* Tübingen/Basel 2002; Honold, Alexander/Scherpe, Klaus R. (Hg.): *Mit Deutschland um die Welt: Eine Kulturgeschichte des*

Fremden in der Kolonialzeit, Stuttgart 2004.

16） ブロッホの全集からの引用は，本文では，巻数とページ数を記す。

17） Traub, Rainer/Wieser, Harald (Hg.): *Gespräche mit Ernst Bloch*, Frankfurt a. M. 1980, S. 28.

18） Bloch: Mannheim – Ludwigshafen, S. 40.

19） Applegate, Celia: *A Nation with Provincials. The German Ideas of Heimat*, Berkeley 1990, S. 65.

20） このテーマについての基礎的文献は以下である。Dietschy, Beat: *Gebrochene Gegenwart. Ernst Bloch, Ungleichzeitigkeit und das Geschichtsbild der Moderne*, Frankfurt a. M. 1988.

21） Bloch, Ernst: Viele Kammern im Welthaus. (1929) 以下に再録されている。Ders.: *Der unbemerkte Augenblick*, S. 122-130.

22） エリック・ホブズボーム（河合秀和訳）『20 世紀の歴史――極端な時代』（三省堂）1996 年。原題の副題が「短い 20 世紀」となっている。

23） ブロッホの受容史については以下に詳しい。Dietschy: *Gebrochene Gegenwart.* とくに 1989/90 年以降のブロッホ受容の批判的な概観は以下を参照。Korngiebel, Wilfried: *Bloch und die Zeichen. Symboltheorie, kulturelle Gegenhegemonie und philosophischer Interdiskurs*, Würzburg 1999.

24） Negt, Oskar: Ernst Bloch – der deutsche Philosoph der Oktoberrevolution. Ein politisches Nachwort. In: Ernst Bloch: *Vom Hasard zur Katastrophe. Politische Aufsätze aus den Jahren 1934-1939*. Zusammengestellt von Volker Michels, Frankfurt a. M 1972, S. 429-444.

25） マーティン・ジェイ（荒川幾男ほか訳）『マルクス主義と全体性――ルカーチからハーバーマスへの概念の冒険』（国文社）1993 年，269-270 頁。

26） Negt: Ernst Bloch – der deutsche Philosoph der Oktoberrevolution, S. 437.

27） この事態を象徴的に示すのが，「ブロッホ」の名前の後に疑問符をつけた論集である。*Bloch? Jahrbuch der Ernst-Bloch-Gesellschaft.* (1992/1993) Hrsg. von Klaus Rohrbacher, Ludwigshafen 1994.

28） Bloch: *Vom Hasard zur Katastrophe.*　前述したネクトの論文（注 24）はここに掲載されている。

29） Bloch, Ernst: *Kampf, nicht Krieg. Politische Schriften 1917-1919*. Hrsg. von Martin Korol, Frankfurt a. M. 1985.

30） ブロッホは自分が使ったペンネームの数々を，当時のパトロンであったヴィルヘルム・ミューロンに伝えていた。そのミューロン宛の手紙をもとに，コロルはブロッホの筆による記事をつきとめることができたのである。Korol, Martin: Vorwort. In: Bloch: *Kampf, nicht Krieg*, S. 7-14, hier S. 9f.

31） 『この時代の遺産』は，全集では 1935 年が出版年として記載されているが，実際には 1934 年の秋にスイスで刊行されている。Dietschy: *Die gebrochene Gegenwart*, S. 9.

32） *Fabelnd denken. Essayistische Prosa aus der „Frankfurter Zeitung“*. Hrsg. von Gert Ueding, Tübingen 1997; *Der unbemerkte Augenblick*. Hrsg. von Becker.　それ以外に，前出（注 2）

Dieckmann/Teller 編のエッセイ選集 *Viele Kammern im Welthaus* にも，全集に未収のエッセイが幾つか収録されている。

33） Vgl. Dietschy: *Die gebrochene Gegenwart*; Ujma, Christine: *Ernst Blochs Konstruktion der Moderne aus Messianismus und Marxismus. Erörterungen mit Berücksichtigung von Lukács und Benjamin*, Stuttgart 1995.

34） これを示すのが, 1990 年代にすでに文庫本となっていた『この時代の遺産』の邦訳が, 2008 年になって，同じ訳者（池田浩士）によって改訂され，決定版としてあらたに出版されたことである。さらに，池田が中心となって，1930 年代の評論集の邦訳が同年に『ナチズム――地獄と神々の黄昏』というタイトルで出版されている。池田の一貫した関心は，主にブロッホの「ナチズム批判」の功績を知らしめることにあるように思われる。

35） Dietschy: *Die gebrochene Gegenwart.*

36） Heller, Heinz-B.: „Ungleichzeitigkeiten“. Anmerkungen zu Ernst Blochs Kritik des „Massenfaschismus“ in *Erbschaft dieser Zeit*. In: *Exilforschung. Ein internationales Jahrbuch*. Bd. 1, München 1983, S. 343-358, hier S. 350.

37） Wehler, Hans Ulrich: *Modernisierungstheorie und Geschichte*, Göttingen 1975, S. 41.

38） Welsch, Wolfgang: *Unsere postmoderne Moderne*, Weinheim 1987, S. 4.

39） Enzensberger, Hans Magnus: *Zickzack. Aufsätze*, Frankfurt a. M. 1997, S. 11.

40） Ebd., S. 65.

41） Bausinger, Hermann: Ungleichzeitigkeiten. Von der Volkskunde zur empirischen Kulturwissenschaft. In: Berking, Helmuth/Faber, Richard (Hg.): *Kultursoziologie – Symptom des Zeitgeistes?* Würzburg 1989, S. 267-285, hier S. 268.

42） Koselleck, Reinhard: *Vergangene Zukunft. Zur Semantik geschichtlicher Zeiten*, Frankfurt a. M. 1989 (1979), S. 336, S. 323.

43） とくにイギリスとフランスという, ドイツの「西側の隣国」を強調する場合には「西欧」，アメリカ合衆国も含めた広義の（そしてより茫漠とした）概念として使う場合には「西洋」と表記する。

44） 山本尤「表現主義と近代」〔『講座　岩波現代思想 14　近代／反近代』（岩波書店）1994 年，19-52 頁〕22-23 頁。

45） Dietschy: *Gebrochene Gegenwart*, S. 20f.

46） Ebd., S. 11f.

47） Ebd., S. 12.

48） 「時間」に対して「空間」のカテゴリーを強調しようとする動きは,「空間的転回」（„spatial turn“）とも呼ばれる。Conrad: *Globalisierung und Nation im Deutschen Kaiserreich*, S. 21.　近年の研究動向については以下も参照。伊豫谷登士翁・成田龍一編『再魔術化する世界――総力戦・〈帝国〉・グローバリゼーション』（御茶ノ水書房）2004 年。

49） Umbach, Maiken/Hüppauf, Bernd (ed.): *The Vernacular Modernism. Heimat, Globalisation, and the Built Environment,* Stanford 2005.

50） Ebd., S. 1.

51） Ebd., S. 15.

52） Ebd., S. 11.

53） Ebd.

54） ブロッホの「ハイマート」概念については，以下の論集を参照。*Ernst Bloch und die Heimat. Jahresheft der Ernst-Bloch-Gesellschaft*. Hrsg. von Klaus Rohrbacher, Ludwigshafen 1990.

55） Kracauer an Bloch (1965). In: Bloch, Ernst: *Briefe 1903-1975*. Hrsg. von Karola Bloch u. a., Frankfurt a. M. 1985, Bd. 1, S. 402f.

56） 「矛盾するものを結びつける」という意味での「接合（articulation）」については，Clifford, James: *Routes. Travel and Translation in the Late Twentieth Century*, Cambridge 1997.

57） Ebd., S. 6f.

58） Bloch, Ernst: Differenzierungen im Begriff Fortschritt. In: *Sitzungsberichte der Deutschen Akademie der Wissenschaften zu Berlin*. Jahrgang 1955 Nr. 5. Berlin 1956. 改稿され，以下に収録されている。GA. 13, S. 118-147.

59） Ebd., S. 5-24.

60） イマニュエル・ウォーラステイン「国家的なものと普遍的なもの――世界文化というようなものがありうるか」［キング編『文化とグローバル化』129-149 頁］, 147 頁。

61） キング編『文化とグローバル化』所収の論文を参照のこと。

62） 「文化」概念については，レイモンド・ウィリアムズ（椎名美智ほか訳）『完訳キーワード辞典』（平凡社）2002 年 ,「文化」の項目（83-89 頁）および Artikel „Zivilisation,Kultur“von Jörg Fisch in:*Geschichtliche Grundbegriffe. Historisches Lexikon zur politisch-sozialen Sprache in Deutschland*. Hrsg. von Otto Brunner, Werner Conze, Reinhart Koselleck, Bd. 7. Stuttgart 1992, S. 679-774 を参照。

63） ハリー・ハルトゥーニアン（梅森直之訳）『近代による超克――戦間期日本の歴史・文化・共同体』上巻（岩波書店）2007 年，5 頁。

64） 前掲書，10 頁。

65） Holz, Hans Heinz: *Logos spermatikos. Ernst Blochs Philosophie der unfertigen Welt*, Darmstadt 1975; Münster, Arno: *Utopie, Messianismus und Apokalypse im Frühwerk von Ernst Bloch*, Frankfurt a. M. 1982.

66） Adorno, Theodor W.: Henkel, Krug und frühe Erfahrung. In: *Ernst Bloch zu ehren. Beiträge zu seinem Werk*. Hrsg. von Siegfried Unseld, Frankfurt a. M. 1965, S. 9-20, hier S. 10.

67） Münster: *Utopie, Messianismus und Apokalypse im Frühwerk von Ernst Bloch*.

68） Löwy, Michael: Jewisch Messianism and Libertarian Utopia in Central Europe (1900-1933). In: *New German Critique*. Nr. 20 Spring/Summer 1980, S. 105-115; Ujma: *Ernst Blochs Konstruktion der Moderne aus Messianismus und Marxismus*.

69） ノルベルト・ボルツ（山本尤／大貫敦子訳）『批判理論の系譜学――両大戦間の哲学的過激主義』（法政大学出版局）1997 年 ; Pauen, Michael: *Dithyrambiker des Untergangs.*

Gnostizismus in Ästhetik und Philosophie der Moderne, Berlin 1994.

70） Said, Edward W.: *The World, the Text, and the Critic*, Cambridge 1983, S. 290.〔エドワード・W・サイード（山形和美訳）『世界・テキスト・批評家』（法政大学出版局）1995 年。〕

71） Ebd, S. 4.

72） Ebd., S. 28.

73） Ball, Hugo: *Die Kritik der deutschen Intelligenz*. In: Ders.: *Sämtliche Werke und Briefe*. Hrsg. von der Hugo-Ball-Gesellschaft, Pirmasens. Bd. 5. Hrsg. von Hans Dieter Zimmermann, Göttingen 2005, S. 135-401, hier S. 148.

74） Karádi, Eva: Bloch und Lukács im Weber-Kreis. In: Löwy, Michael/Münster, Arno/Tertulian, Nicolas (Hg.): *Verdinglichung und Utopie. Ernst Bloch und Georg Lukács zum 100. Geburtstag. Beiträge des internationalen Kolloquims in Paris 1985*, Frankfurt a. M. 1987, S. 30-47, hier S. 33.

75） Böhme, Hartmut/Scherpe, Klaus R.: *Literatur und Kulturwissenschaften. Positionen, Theorien, Modelle*, Reinbeck bei Hamburg 1996.

76） アンソニー・キング「序論　文化の空間，知識の空間」〔キング編『文化とグローバル化』17-40 頁〕18 頁。

77） ハルトゥーニアン『近代による超克』上巻，15 頁。

78） Hierzu :Takahashi,Teruaki :*Japanische Germanistik auf dem Weg zu einer kontrastiven Kulturkomparatistik. Geschichte, Theorie und Fallstudien,* München 2006;Maeda, Ryozo: *Mythen, Medien, Mediokritäten. Zur Formation der Wissenschaftskultur der Germanistik in Japan,* München 2010.

第 1 章　第一次世界大戦，ドイツ，文化

1） ホブズボーム『20 世紀の歴史』上巻，34 頁。

2） 前掲書，32 頁。

3） 前掲書，34 頁。

4） Rürup, Reinhard: Der „Geist von 1914“ in Deutschland. Kriegsbegeisterung und Ideologisierung des Krieges im Ersten Weltkrieg. In: Hüppauf, Bernd (Hg.): *Ansichten vom Krieg. Vergleichende Studien zum Ersten Weltkrieg in Literatur und Gesellschaft*, Königstein/Ts. 1984, S. 1-30, hier S. 2.

5） Toller, Ernst: Eine Jugend in Deutschland. (1936) In: Ders.: *Gesammelte Werke*. Bd. 4. Hrsg. von Wolfgang Frühwald und John M. Spalek, München 1978, S. 53.

6） 「知識人たちの戦争」の記録として最もよく知られているのは，ロマン・ロランの日記およびシュテファン・ツヴァイクの回想であろう。ロマン・ロラン（片山敏彦ほか訳）『戦時の日記』〔ロマン・ロラン全集第 27 巻 - 第 30 巻（みすず書房）1980-81 年〕；シュテファン・ツヴァイク（原田義人訳）『昨日の世界』（みすず書房）1961 年。

7） An die Kulturwelt! Ein Aufruf. 1914 年 10 月 4 日に，『フランクフルト新聞』などの新聞に掲載された。ちなみにハルナックやプランクは，間もなく，こうした主張から距離を

とるようになったという。この声明は以下に収録されている。*Expressionismus. Manifeste und Dokumente zur deutschen Literatur* 1910-1920. Hrsg. von Thomas Anz und Michael Stark, Stuttgart 1982, S. 314-317.

8） 知識人たちの大戦への反応については，Rürup のほか，以下を参照した。Lübbe, Hermann: *Politische Philosophie in Deutschland*, München 1974 (1963); Koester, Eckart: *Literatur und Weltkriegsideologie. Positionen und Begründungszusammenhänge des publizistischen Engagements deutscher Schriftsteller im Ersten Weltkrieg*, Kronberg 1977; Beßlich, Barbara: *Wege in den „Kulturkrieg". Zivilisationskritik in Deutschland 1890-1914*, Darmstadt 2000.

9） Vgl. Rürup: Der „Geist von 1914" in Deutschland.「1914 年の理念」についての日本語文献としては，以下を挙げておく。小野清美「ヨハン・プレンゲの『戦争哲学』と社会主義論――イギリス帝国主義への挑戦と国民統合」〔松田武／阿河雄二郎編『近代世界システムの歴史的構図』（渓水社）1993 年，83-106 頁〕「文化戦争」の概念については，とくに Beßlich の研究を参照。

10） Mann, Thomas: Gedanken im Kriege. In: Ders.: *Gesammelte Werke in Einzelbänden.*（以下 GW と記す。）Hrsg. von Peter de Mendelssohn. *Von deutscher Republik. Politische Schriften und Reden in Deutschland*, Frankfurt a. M. 1984, S. 7-24, hier S. 16.

11） 以下の論集を参照のこと。Troeltsch, Ernst: *Deutscher Geist und Westeuropa. Gesammelte kulturphilosophische Aufsätze und Reden*. Hrsg. von Hans Baron, Aalen 1966 (1925).

12） Lienhard, Friedrich: *Neue Ideale nebst Vorherrschaft Berlins. Gesammelte Aufsätze* (1901) 所収の論考を参照のこと。In: Ders.: *Gedankliche Werke*. Erster Band: *Neue Ideale – Türmer-Beiträge*, Stuttgart 1926.

13） Troeltsch: *Deutscher Geist und Westeuropa*, bes. S. 34-37 u. S. 39.

14） Mann: Gedanken im Kriege, S. 7.

15） Vgl. Scherpe, Klaus R.: *Stadt – Krieg – Fremde*,Tübingen/Basel 2002, bes. S. 177-196.

16） Doak, Kevin Michael: *Dreams of Difference. The Japan Romantic School and the Crisis of Modernity*, London 1994.

17） Mann, Thomas: *Betrachtungen eines Unpolitischen*. In: Ders.: *GW*. Frankfurt a. M. 1983, S. 248.〔トーマス・マン（森川俊夫ほか訳）『非政治的人間の考察』（トーマス・マン全集第 11 巻）（新潮社）1972 年。〕

18） Rürup: Der „Geist von 1914" in Deutschland, S. 15-18.

19） Hermand, Jost/Hamann, Richard: *Epochen deutscher Kultur von 1870 bis zur Gegenwart*. Bd. 4. *Stilkunst um 1900*, München 1973 (1967), S. 18.

20） ジェフリー・ハーフ（中村幹雄ほか訳）『保守革命とモダニズム――ワイマール・第三帝国のテクノロジー・文化・政治』（岩波書店）1991 年。ハーフはヴァイマル期から第三帝国にかけてのこうした傾向を分析しているが，しかしそれはすでに第一次世界大戦時にも見られたのである。

21） Merlio, Gilbert/Raulet, Gérard (Hg.): *Linke und rechte Kulturkritik. Interdiskursivität als*

Krisenbewußtsein, Frankfurt a. M. 2005, S. 7f.

22) Bollenbeck, Georg: *Eine Geschichte der Kulturkritik. Von Rousseau bis Günther Anders*, München 2007, S. 12.

23) Ebd., S. 13f.

24) Ebd., S. 14.

25) デートレフ・ポイカート（小野清美ほか訳）『ワイマル共和国――古典的近代の危機』（名古屋大学出版会）1993 年，73 頁。

26) Hermand/Haman: *Stilkunst um 1900*, S. 26.

27) ポイカート『ワイマル共和国』73-74 頁。

28) アルフレート・ウェーバー（山本新ほか訳）『文化社会学』（創文社）1958 年。

29) ヴォルフ・レペニース（松家次朗ほか訳）『三つの文化――仏・英・独の比較文化学』（法政大学出版局）2002 年，357 頁。

30) Jung, Thomas: *Geschichte der modernen Kulturtheorie*, Darmstadt 1999, S. 1-4.

31) Zit. nach Jung, ebd., S. 5.

32) Berking/Faber: *Kultursoziologie*, S. 7.　この概念はアヴィ・ヴァールブルクに由来する。

33) 伊豫谷／成田編『再魔術化する世界』221 頁 ; 野口雅弘『闘争と文化――マックス・ウェーバーの文化社会学と政治理論』（みすず書房）2006 年，3 頁。

34) Bollenbeck: *Eine Geschichte der Kulturkritik*, S. 14f.

35) Mann: Gedanken im Kriege, S. 7.

36) Mann: *Betrachtungen eines Unpolitischen*, S. 155.

37) Troeltsch: *Deutscher Geist und Westeuropa*, S. 34.

38) Vgl. Merlio/Raulet: *Linke und rechte Kulturkritik*, S. 7.

39) デートレフ・ポイカート（雀部幸隆／小野清美訳）『ウェーバー――近代への診断』（名古屋大学出版会）1994 年，130 頁。

40) 前掲書，159 頁。

41) Lukács, Georg: *Die Zerstörung der Vernunft*. (1954) In: Ders.: *Georg Lukács Werke* Bd. 9, Neuwied am Rhein 1962.

42) Stern, Fritz: *Kulturpessimismus als politische Gefahr. Eine Analyse nationaler Ideologie in Deutschland*. Übersetzt von Alfred P. Zeller, Stuttgart 2005 (1961).

43) ジョージ・L・モッセ（植村和秀ほか訳）『フェルキッシュ・イデオロギー――ドイツ民族主義から反ユダヤ主義へ』（柏書房）1998 年。

44) Parsons, Talcott: Democracy and Social Structure in Pre-Nazi Germany. (1942) In: Ders.: *Essays in Sociological Theory*. Revised Edition, New York 1966, S. 104-123, hier S. 123. このような見方についてはハーフも異議を示している。ハーフ『保守革命とモダニズム』8-9 頁。

45) ポイカート『ワイマル共和国』4 頁。

46) 前掲書，156 頁。

47) Bollenbeck: *Eine Geschichte der Kulturkritik*, S. 21.

48) Margarete Susmans Einleitung. In: Georg Simmel: *Brücke und Tür. Essays des Philosophen*

zur Geschichte, Religion, Kunst und Gesellschaft. Im Verein mit Margarete Susman herausgegeben von Michael Landmann, Stuttgart 1957, S. V-XXIII, hier S. XI.〔ゲオルク・ジンメル（酒田健一ほか訳）『橋と扉』（ジンメル著作集第 12 巻）（白水社）1994 年。〕

49） Böhringer, Hannes: Das Pathos der Differenzierung. Der philosophische Essay Georg Simmels. In: *Merkur*. 39. Jg. 1985, H. 431-442, S. 298-308, hier S. 299.

50） Lübbe: *Politische Philosophie in Deutschland*, S. 217.

51） Jung: *Geschichte der modernen Kulturtheorie*, S. 82.

52） Lübbe: *Politische Philosophie in Deutschland*, S. 217.

53） Simmel, Georg: *Philosophie des Geldes*. In: Ders.: *Gesamtausgabe*.（以下 GA と記す。）Hrsg. von Otthein Rammstedt. Bd. 6. Hrsg. von David P. Frisby und Klaus Christian Köhnke, Frankfurt a. M. 1989, S. 652.〔ゲオルク・ジンメル（元浜清海ほか訳）『貨幣の哲学』（ジンメル著作集第 2~3 巻）（白水社）1994 年。〕

54） Ebd., S. 622.

55） Simmel, Georg: Der Begriff und die Tragödie der Kultur. In: Ders.: *Hauptprobleme der Philosophie/Philosophische Kultur*. GA. Bd. 14. Hrsg. von Rüdiger Kramer und Otthein Rammstedt, 1996, S. 385-416, hier S. 389.〔ゲオルク・ジンメル（円子修平／大久保健治訳）『文化の哲学』（ジンメル著作集第 7 巻）（白水社）1994 年。〕

56） Simmel, Georg: Die Zukunft unserer Kultur. In: Ders.: *Brücke und Tür*, S. 95-97, hier S. 95.

57） Simmel: Der Begriff und die Tragödie der Kultur, S. 405.

58） ポイカート『ウェーバー』130 頁。

59）「文化的絶望の政治」とは，前述のフリッツ・スターンの著書（注 42）の，英文の原題に合わせた邦訳タイトルである。

60） Simmel, Georg: Deutschlands innere Wandlung. In: Ders.: *Der Krieg und die geistigen Entscheidungen*. GA. Bd. 16. Hrsg. von Gregor Fitzi und Otthein Rammstedt, 1999, S. 13-29, hier S. 15.

61） Ebd., S. 14.

62） Ebd., S. 13.

63） Vgl. Lübbe: *Politische Philosophie in Deutschland*, S. 218f.

64） Simmel, Georg: Die Krisis der Kultur. (1916) In: Ders.: *Der Krieg und die geistigen Entscheidungen*, S. 37-53, hier S. 52.

65） Bloch: *Tagträume vom aufrechten Gang*, S. 35.

66） Bloch, Ernst: Gedanken über religiöse Dinge. (1905/06) 以下に再録されている。*Bloch-Almanach* 12/1992, S. 9-13; Bloch, Ernst: Über das Problem Nietzsche. (1906) 以下に再録。*Bloch-Almanach* 3/1983, S. 76-80.

67） パウル・ホーニヒスハイム（大林信治訳）『マックス・ヴェーバーの思い出』（みすず書房）1972 年，127 頁。

68） 前掲書，49 頁。

69） 前掲書，51 頁。

70） 前掲書，49頁。

71） Brief an Lukács. この手紙には日付が記載されていない。書簡集の編者によると，1911年10月末に書かれたものであるという。In: Bloch: *Briefe*. Bd. 1, S. 66f.

72） Pauen: *Dithyrambiker des Untergangs*, S. 224f.

73） Vgl. Beßlich: *Wege in den „Kulturkrieg"*.

74） Korol, Martin: *DADA, Präexil und Die Freie Zeitung – Ernst Bloch, Homo Ludens und Tänzer; Hugo Ball, rastlos auf der Suche nach Heimat; und ihre Frauen, Weggefährten und Gegner in der Schweiz 1916-1919*, Bremen 2001, S. 160.
http://elib.suub.uni-bremen.de/diss/docs/E-Diss174_Korol.pdf (2010年12月13日)

75） Bloch: *Tagträume vom aufrechten Gang*, S. 102.

76） Radkau: *Max Weber*, S. 702.

77） 今野元『マックス・ヴェーバー――ある西欧派ドイツ・ナショナリストの生涯』（東京大学出版会）2007年，220頁。

78） Bloch: *Tagträume vom aufrechten Gang*, S. 35.

79） Vgl. Brief an Lukács (31. 08. 1911). In: Bloch: *Briefe*. Bd. 1, S. 57-62.

80） Bloch: *Tagträume vom aufrechten Gang*, S. 40f.

81） Korol, Martin: Einleitung. In: Bloch: *Kampf, nicht Krieg*, S. 15-71, hier S. 54.

82） Brief an Lukács (10. 09. 1915). In: Bloch: *Briefe*. Bd. 1, S. 160.

83） その後，ブロッホ夫妻は，ロカルノ，ベルン，ベルン郊外のトゥーンを経て，最終的にはインターラーケンに落ち着く。

84） Landmann, Michael: Gespräch mit Ernst Bloch. (Tübingen, 22. Dez. 1967) In: *Bloch-Almanach* 4/1984, S. 17-40, hier S. 35.

85） アルノー・J・メイア（斉藤孝／木畑洋一訳）『ウィルソン対レーニン――新外交の政治的起源 1917-1918年』（岩波現代選書）第1巻，1983年，40頁。

86） K. D. エルドマンの定式。引用は，Korol: Einleitung, S. 15.

87） メイア『ウィルソン対レーニン』第I巻，40頁。

88） 1917年4月から1920年3月まで，週二回発行された新聞。戦時中はドイツでは禁止リストに載せられた。寄稿者には，クルト・アイスナー，イヴァン・ゴルとクレア・ゴル，ハンス・パーシェ，フランツ・プフェンファートらがいた。また，新聞に関わったスイス人J. B. ルッシュによれば，『自由新聞』には二万人の購読者がおり，そのなかには多くのアメリカ人（ドイツ系アメリカ人）がいたという。Korol: Einleitung, bes. S. 37-41.

89） ミューロンら亡命ドイツ人のスイスでの活動については，コロルのほか，以下を参照。Benz, Wolfgang: Asyl und Meinungsfreiheit. Deutsche politische Emigration und eidgenössische Politik im Ersten Weltkrieg. In: *Gestaltungskraft des Politischen*. Hrsg. von Wolfram Pyta und Ludwig Richter, Berlin 1998, S. 87-108.

90） Landmann: Gespräch mit Ernst Bloch, S. 36.

91） Korol: Einleitung, S. 42f.

92） Ebd., S. 37.

93） Ebd., S. 50f.

94） Bloch: *Tagträume vom aufrechten Gang*, S. 44.

95） Korol: Einleitung, S. 18f.

96） Ebd, S. 42.

97） Zudeick: *Der Hintern des Teufels*, S. 75 u. S. 81.

98） 好村『ブロッホの生涯』77-78 頁。

99） 三島憲一『ベンヤミン――破壊，収集，記憶』（講談社）1998 年，130 頁。ベンヤミンも，1917 年，ブロッホより半年ほど遅れてスイスへやってきた。バルを通してブロッホとも知り合い，ふたりの親交がはじまるのであるが，彼はバルやブロッホとは違い，いかなる政治運動にも，そして「奇妙な人物」の溜まり場であった『自由新聞』にも関わることはなかった。

100） Landmann: Gespräch mit Ernst Bloch, S. 36.

101） Grebing, Helga: *Der „deutsche Sonderweg" in Europa 1806-1945. Eine Kritik*, Stuttgart 1986; Raulet, Gérard (Hg.): *Historismus, Sonderweg und dritte Wege,* Frankfurt a. M. 2001.

102） Korol: Einleitung, S. 17f.

103） Ball: *Kritik der deutschen Intelligenz*. バルについては，以下の論集を参照のこと。Wacker, Bernd (Hg.): *Dionysius DADA Areopagita. Hugo Ball und die Kritik der Moderne*, Paderborn 1996.

104） Korol: Einleitung, S. 17f. Vgl. auch: Uhl, Elke: Der undisktierbare Krieg. Exkurs zur Genese der Blochschen Ungleichzeitigkeitstheorie. In: *„Hoffnung kann enttäuscht werden" – Ernst Bloch in Leipzig*. Dokumentiert und kommentiert von Volker Caysa u. a., Frankfurt a. M. 1992, S. 221-244; Dies: Aktualität der Blochschen Ungleichzeitigkeit: Krieg und Moderne. In: *Bloch?* , S. 267-273.

105） Mann: *Betrachtungen eines Unpolitischen*, bes. S. 52-67.

106） Vgl. Joch, Markus: *Bruderkämpfe. Zum Streit um den intellektuellen Habitus in den Fällen Heinrich Heine, Heinrich Mann und Hans Magnus Enzensberger*, Heidelberg 2000; 三浦淳『若きマン兄弟の確執』（知泉書院）2006 年。

107） Vgl. etwa Koester: *Literatur und Weltkriegsideologie*.

第２章 「1789 年の理念」をわがものとする

1） セバスチャン・ハフナー（魚住昌良／川口由紀子訳）『プロイセンの歴史――伝説からの解放』（東洋書林）2000 年，5 頁。

2） Bloch: *Kampf, nicht Krieg*, S. 77.

3） Ebd., S. 489.

4） Ebd., S. 490.

5） Ebd., S. 491.

6） Ebd., S. 492.

7） Ebd., S. 493.

8） Troeltsch: *Deutscher Geist und Westeuropa*, S. 33.

9） Bloch: *Kampf, nicht Krieg*, S. 494.

10） Ebd., S. 493.

11） Korol: Einleitung, S. 17.

12） Bloch: *Kampf, nicht Krieg*, S. 468f.

13） Plessner, Helmuth: *Die verspätete Nation. Über die politische Verführbarkeit bürgerlichen Geistes*, Stuttgart 1959.

14） Bloch: *Kampf, nicht Krieg*, S. 517.

15） Uhl, Elke: Ungleichzeitigkeit als geschichtsphilosophisches Problem. In: *Bloch-Almanach* 19/2000, S. 23-38, hier S. 26.

16） Reinhart Kosellecks Part des Artikels „Fortschritt“. In: *Geschichtliche Grundbegriffe. Historisches Lexikon zur politisch-sozialen Sprache in Deutschland.* Hrsg. von Otto Brunner, Werner Conze, Reinhart Koselleck, Bd. 2. Stuttgart 1979, S. 351-423, hier S. 398.

17） Schlegel, Friedrich: Reise nach Frankreich. In: Ders.: *Kritische Ausgabe*. Hrsg. von Ernst Behler unter Mitwirkung von Jean-Jacques Anstett und Hans Eichner, Bd. 7, München u. a. 1966, S. 56-79, hier S. 72. Zit. nach Uhl: Ungleichzeitigkeit als geschichtsphilosophisches Problem, S. 27.

18） Heine, Heinrich: *Ludwig Börne. Eine Denkschrift.* In: Ders.: *Sämtliche Schriften* in zwölf Bänden. Hrsg. von Klaus Briegreb, Bd. 7, München/Wien 1976, S. 7-148, hier S.55.

19） Bloch: *Kampf, nicht Krieg*, S. 519.

20） Ebd., S.489.

21） Vgl. Ebd., S. 557f.

22） Ebd., S. 494.

23） Benz: Asyl und Meinungsfreiheit, S. 91.

24） Ebd., S. 90f.

25） ミッチャーリヒは次のような例を挙げている。1965 年，ヴィリー・ブラントがドイツ連邦共和国首相の座を争って選挙戦を繰り広げていた最中，ドイツ国民にうまくアピールする情報が敵対する陣営から流された。いわく，「ブラントは亡命者であり，ノルウェイ陸軍に勤務していた。そしてひょっとしたらわれわれ自身に向かって発砲したかもしれないのだ。」 A. & M. ミッチャーリッヒ（林峻一郎／馬場謙一訳）『喪われた悲哀——ファシズムの精神構造』（河出書房新社）1972 年，67 頁。

26） Bloch: *Kampf, nicht Krieg*, S. 261.

27） Benz: Asyl und Meinungsfreiheit, S. 91.

28） Bloch: *Kampf, nicht Krieg*, S. 522f.

29） Ebd., S. 522.

30） Ebd., S. 523.

31） Ebd., S. 524.

32） カール・ヤスパース（橋本文夫訳）『戦争の罪を問う』（平凡社ライブラリー）2006年（1998年）
33） Zweig, Stefan: Die Entwertung der Ideen. In: Bloch: *Kampf, nicht Krieg*, S. 306-310, S. 307.
34） Ebd., S. 308.
35） Bloch: *Kampf, nicht Krieg*, S. 311-314.
36） Ebd., S. 484.
37） Rürup: Der „Geist von 1914“ in Deutschland, S. 11.
38） Ebd., S. 16.
39） Bloch: *Kampf, nicht Krieg*, S. 529.
40） Ebd., S. 486.
41） Münster: *Utopie, Messianismus und Apokalypse im Frühwerk von Ernst Bloch*, S. 101f.
42） Korol: Einleitung, S. 44.
43） Schwabe, Klaus: Eine neue Weltordnung? Der Beitrag Amerikas zur Lösung der Deutschlandfrage durch den Friedensschluss von Versailles. In: Berg,Monfred/Gassert, Philipp (Hg.): *Deutschland und die USA in der internationalen Geschichte des 20. Jahrhunderts: Festschrift für Detlef Junker*, Stuttgart 2004, S. 263-278, hier S. 266ff.
44） Ebd.
45） メイア『ウィルソン対レーニン』第I巻，258-259頁。
46） 前掲書，59頁。
47） 草間秀三郎『ウッドロー・ウィルソンの研究――とくに国際連盟構想の発展を中心として』（風間書房）1974年，64頁。
48） Harpprecht, Klaus: Wie wird man Amerikaner? (1982) In: Schmidt-Gernig, Alexander (Hg.): *Amerika erfahren – Europa entdecken. Zum Vergleich der Gesellschaften in europäischen Reiseberichten des 20. Jahrhunderts*, Berlin 1999, S. 249-279, hier S. 271.
49） Landmann: Gespräch mit Ernst Bloch, S. 35.
50） Ebd., S. 35.
51） Bloch: *Kampf, nich Krieg*, S. 501f.
52） Ebd., S. 502.
53） Karádi: Bloch und Lukács im Weber-Kreis, S. 30.
54） 三島『ベンヤミン』14-15頁。
55） Bloch: *Kampf, nich Krieg*, S. 505.
56） Ebd.
57） Edb., S. 483.
58） Edb., S. 505f.
59） ツヴァイク『昨日の世界』第1巻，279頁。ツヴァイクいわく，「私にとってアメリカはウォルト・ホイットマンであり，新しいリズムの国であり，来るべき世界同胞の国であった。」
60） Hübinger, Gangolf (Hg.): *Versammlungsort moderner Geister. Der Eugen Diederichs Verlag*

– *Aufbruch ins Jahrhundert der Extreme*, München 1996, S. 51.

61） Brief an Muehlon (04. 07. 1918). In: Bloch: *Briefe*. Bd. 1, S. 227. しかしブロッホとディーデリヒスとの関係は明らかではない。

62） ドイツにおけるプラグマティズム受容に関しては，以下を参照のこと。Joas, Hans: *Pragmatismus und Gesellschaftstheorie*, Frankfurt a. M. 1992.

63） Radkau: *Max Weber*, S. 321.

64） プラグマティズムについては以下も参照。Diaz-Bone, Rainer/Schubert, Klaus: *William James zur Einführung*, Hamburg 1996.

65） Joas: *Pragmatismus und Gesellschaftstheorie*, S. 17.

66） Ebd., S. 97, S. 136.

67） Horkheimer, Max: *Zur Kritik der instrumentalen Vernunft*. (1947) In: Ders.: *Gesammelte Schriften*. Hrsg. von Alfred Schmidt und Gunzelin Schmid Noerr, Bd. 6. Frankfurt a. M. 1991, S. 21-186 (aus dem Englischen von Alfred Schmidt), hier S. 69.

68） Vgl. Joas: *Pragmatismus und Gesellschaftstheorie*, S. 135.

69） Geoghegan, Vincent: *Ernst Bloch*, London/New York 1996, S. 47.

70） Harpprecht: Wie wird man Amerikaner? , S. 275.

71） ウォルト・ホイットマン（鍋島能弘訳）「民主主義の予想」〔（世界大思想全集　哲学・文芸思想編 25）（河出書房新社）1959 年，179-250 頁〕198 頁。

72） 前掲書，185-186 頁。

73） Bloch: *Kampf, nicht Krieg*, S. 568.

74） Mann, Thomas: Von deutscher Republik. In: Ders.: *Von deutscher Republik*, S. 118-159, hier S. 127.

75） 民主主義的な世界をどのように構築していくかという議論は，今日まで続いている。とくに以下を参照のこと。C. ムフ編　J. デリダ／R. ローティ／S. クリッチリー／E. ラクラウ（青木隆嘉訳）『脱構築とプラグマティズム――来るべき民主主義』（法政大学出版局）2002 年。

76） Bloch: *Kampf, nicht Krieg*, S. 506.

77） Mann, Thomas: *Betrachtungen eines Unpolitischen*, S. 354.

78） ホイットマン「民主主義の予想」182 頁。

79） Korol: Einleitung, S. 44.

80） 草間『ウッドロー・ウィルソンの研究』23 頁。「自国の使命を確信する熱血派アメリカ・ナショナリスト」ウィルソンに対するドイツ側の反発が強くあったことは，言うまでもない。今野『マックス・ヴェーバー』241-243 頁。

81） Ambrosius, Lloyd E.: Nationale Selbstbestimmung im Ersten und Zweiten Weltkrieg: Eine Vergleichsstudie von Wilson bis Roosevelt. In: Berg/Gassert (Hg.) :*Deutschland und die USA in der internationalen Geschichte des 20. Jahrhunderts*, S. 237-262, hier S. 240.

82） Ebd., S. 260.

83） Bloch: *Vom Hasard zur Katastrophe*, S. 212.

84） ブロッホが念頭においているのは，ホルクハイマーの 1936 年の論文「エゴイズムと自由運動」である。

85） Bloch: *Vom Hasard zur Katastrophe*, S. 215.

86） Bloch: Wiederkehr der Ideale. (1937) 以下に再録されている。In: Ders.: *Vom Hasard zur Katastrophe*, S. 261-267, hier S. 261. 反ファシズム闘争における「1789 年の理念」の重要性については，Raulet, Gérard: Wiederkehr der Ideale. Die Ideen von 1789 in Ernst Blochs antifaschistischem Kampf. In: *Bloch-Almanach* 12/1992, S. 113-130 が指摘している。しかし，第一次世界大戦時におけるブロッホの反ドイツ軍国主義闘争については，十分に光が当てられていない。

87） この連関でブロッホはエンゲルスの次の言葉の重要性を繰り返し主張している。「社会革命は，ブルジョワジーの約束を信じよ。」すなわち，社会主義革命は，市民革命の最初の理想を信じよということである。Bloch: *Vom Hasard zur Katastrophe,* S. 219. Vgl. auch GA 9, S. 525.

88） Mann, Thomas: *Betrachtungen eines Unpolitischen*, S. 333.

89） Bloch: *Vom Hasard zur Katastrophe*, S. 212.

90） 後に全集に収録された。GA 10, S. 60-64.

91） Joas: *Pragmatismus und Gesellschaftstheorie*, S. 10.

92） Ebd.

93） Ebd., S. 103.

94） Bloch: *Kampf, nicht Krieg*, S. 400.

95） 小熊英二『〈民主〉と〈愛国〉――戦後日本のナショナリズムと公共性』（新曜社）2008 年（2002 年），23 頁。小熊がここで依拠しているのは，シャルチエの読者論における「領有」ないし「流用」という概念である。しかし文化人類学でも，この概念は，「ブリコルール」（レヴィ＝ストロースの言う「器用人」）が行う文化の創造という意味で広く用いられている。それは，「支配的な文化要素を取り込み，自分にとって都合のよいように配列し直し，自己の生活空間を複数化していく」実践である。太田好信『トランスポジションの思想――文化人類学の再想像』（世界思想社）1998 年，48 頁。

96） Bloch: *Kampf, nicht Krieg*, S. 87.

97） Ebd., S. 500.

98） Ebd., S. 488.

99） Mann, Thomas: Von deutscher Republik, S. 132.

100） Bloch: *Kampf, nicht Krieg*, S. 82.

101） Ebd.

102） Ebd.

103） Ebd., S. 83.

104） ハフナー『プロイセンの歴史』56 頁。

105） Bloch: *Kampf, nicht Krieg*, S. 489.

106） Riedel, Manfred: *Tradition und Utopie. Ernst Blochs Philosophie im Licht unserer*

geschichtlichen Denkerfahrung, Frankfurt a. M. 1994, S. 38.

107） Bloch: *Kampf, nicht Krieg*, S. 487f.

108） Ebd., S. 488. ここでも目につくのだが，ブロッホの文章にはしばしば人種主義的ともとれる言葉が現れる。常に否定的に描かれるプロイセンは，「非ドイツ的」で，半ば「スラブ的」であるのに対し，西南ドイツは，「純粋にドイツ的」であるといった具合だ。しかしこの引用の後に，ブロッホは，「ドイツの人種の純粋性が問題となっているわけではない」と断っていることを，付言しておきたい。つまりバイエルンの民衆の「純血」が問題だったのではなく，それがプロイセンの「粗暴さ」やオーストリアの「不正直」によって堕落させられていないことが問題だったのだ。

109） ハフナー『プロイセンの歴史』265 頁。

110） 前掲書，286 頁。

111） 前掲書，213 頁。バイエルンとヴュルテンベルクは 1849 年の「ドイツ連邦」にも参加していなかった。

112） Bloch: *Kampf, nicht Krieg*, S. 80.

113） ヨースト・ヘルマント（識名章喜訳）『理想郷としての第三帝国――ドイツ・ユートピア思想と大衆文化』（柏書房）2002 年，38 頁。

114） Umbach, Maiken: Introduction: German Federalism in Historical Perspective. In: *German Federalism. Past, Present, Future*. (ed.) Maiken Umbach, Hampshire/New York 2002, S. 1-14, hier S. 12.

115） Ebd., S. 13.

116） Bloch: *Kampf, nicht Krieg*, S. 400.

117） Ebd., S. 527.

118） 小熊『〈民主〉と〈愛国〉』の議論を参照のこと。

119） Bloch: *Kampf, nicht Krieg*, S. 295.

120） Ebd., S. 297.

121） Ebd., S. 296.

122） Mann, Heinrich: Der Europäer. In: Ders.: *Macht und Mensch. Essays*. Nachwort von Renate Werner, Frankfurt a. M. 1989, S. 129-135.

123） ヴォルフガング・シヴェルブシュ（福本義憲ほか訳）『敗北の文化――敗戦トラウマ・回復・再生』（法政大学出版局）2007 年，14 頁。「夢の国」とは，第一次世界大戦でのドイツの敗北を見届けたトレルチュの概念である。

124） Bloch: *Kampf, nicht Krieg*, S. 81.

125） Ebd., S. 83.

126） Ebd., S. 80.

127） Puschner, Uwe: *Die völkische Bewegung im wilhelminischen Kaiserreich. Sprache – Rasse – Religion*, Darmstadt 2001, S. 93.

第３章　〈もう一つのドイツ〉というユートピア

1）　Beßlich: *Wege in den „Kulturkrieg“*, S. 8.

2）　Sayre, Robert/Löwy, Michael: Figures of Romantic Anti-Capitalism. In: *New German Critique*. Nr. 32, Spring/Summer 1984, S. 42-92.

3）　Ebd., S. 46.

4）　Ebd., S. 42.

5）　Ebd., S. 86.

6）　Ebd., S. 61. Vgl. auch: Löwy, Michael: Die revolutionäre Romantik von Bloch und Lukács. In: Löwy/Münster/Tertulian: *Verdinglichung und Utopie*, S. 17-29, hier S. 17.

7）　Gekle, Hanna: *Die Tränen des Apoll. Zur Bedeutung des Dionysos in der Philosophie Ernst Blochs*, Tübingen 1990, S. 17; Pauen: *Dithyrambiker des Untergangs*, S. 204f.

8）　Löwy: Die revolutionäre Romantik von Bloch und Lukács, S. 17.

9）　Bloch: *Kampf, nicht Krieg*, S. 526.

10）　Ebd. S. 84f.

11）　Sayre/Löwy: Figures of Romantic Anti-Capitalism, S. 60.「保守主義」については，以下も参照。Schildt, Axel: *Konservatismus in Deutschland. Von den Anfängen im 18. Jahrhundert bis zur Gegenwart*, München 1998.

12）　Bloch: *Durch die Wüste*. Berlin 1923, S. 23f. Vgl. auch: GA 9, S. 368.

13）　Williams, Raymond: Base and Superstructure in Marxist Cultural Theory. In: Ders.: *Culture and Materialism. Selected Essays*, London/New York 2005 (1980), S. 31-49, hier S. 40f.

14）　Anonymus: Zu Blochs „Geist der Utopie“. (1919) In: *Ernst Blochs Wirkung. Ein Arbeitsbuch zum 90. Geburtstag*, Frankfurt a. M. 1975, S. 15-18, hier S. 17.

15）　例外として，近年，リーデルがブロッホの「反西洋的」感情を指摘している。Riedel: *Tradition und Utopie*, S. 50.

16）　Brief an Lukács. In: Bloch: *Briefe*. Bd. 1, S. 164. この手紙には日付がない。編者のミュンスターとゲークレは，おそらく1915年9月末に書かれたものだろうと推測している。

17）　ハフナー『プロイセンの歴史』299頁。

18）　Scheler, Max: Soziologische Neuorientierung und die Aufgabe der deutschen Katholiken nach dem Kriege. (1915/16) In: Ders.: *Gesammelte Werke* Bd. 4. Hrsg. von Manfred S. Frings, Bern/München 1982, S. 373-472, hier S. 396.

19）　Bloch: *Kampf, nicht Krieg*, S. 489.

20）　Ebd.

21）　民俗学者のバウジンガーは，ブロッホの「非同時代性」の概念を民俗学／文化学において再検討する論文のなかで，リールにも言及している。しかしこれは希有な例である。Bausinger: Ungleichzeitigkeiten, S. 273f.

22）　リールの思想，その影響については以下を参照した。モッセ『フェルキッシュ革命』36-43 頁 ; Bergmann, Klaus: *Agrarromantik und Großstadtfeindschaft*, Meisenheim am Glan 1970, bes. S. 38-49; Kashuba, Wolfgang: *Einführung in die Europäische Ethnologie*, München

1999, bes. S. 42-46.

23）ドイツ語の「フォルク」は日本語では，「民衆」，「民族」，「人民」などさまざまに訳される。本論では適宜，訳し分けるが，多義的な語であることを示すべく，「フォルク」というカタカナ表記も利用する。

24）Bergmann: *Agrarromantik und Großstadtfeindschaft*, S. 40.

25）Ebd.

26）Riehl, Wilhelm Heinrich: *Die bürgerliche Gesellschaft*, Stuttgart 1861, S. 39.

27）Ebd., S. 8f.

28）Ebd., S. 32.

29）ベネディクト・アンダーソン（白石隆／白石さや訳）『想像の共同体――ナショナリズムの起源と流行』（リブロポート）1995 年（1987 年），150 頁。

30）Bergmann: *Agrarromantik und Großstadtfeindschaft* の定式。

31）Lienhart: *Neue Ideale nebst Vorherrschaft Berlins*.

32）モッセ『フェルキッシュ革命』36 頁。

33）Langbehn, Julius: *Rembrandt als Erzieher. Von einem Deutschen*, Leipzig 1892, S. 147. この箇所についての指摘は，以下による。Parr, Rolf: Auch ein Kriegseinsatz. Deutsche Dichter und die Burenkriege. In: *Kriegserlebnis und Legendenbildung. Das Bild des „modernen“ Krieges in Literatur, Theater, Photographie und Film*. Hrsg. von Thomas F. Schneider, Bd. 1. Osnabrück 1997/98, S. 89-100, hier S. 97.

34）レペニース『三つの文化』254 頁。

35）Kashuba: *Einführung in die Europäische Ethnologie*, S. 46.

36）ハーフ『保守革命とモダニズム』2 頁。

37）モッセ『フェルキッシュ革命』4-5 頁。ランダウアーの「フェルキッシュ」な社会主義については，以下も参照のこと。Lunn, Eugene: *Prophet of Community. The Romantic Socialism of Gustav Landauer*, Berkeley u. a. 1973.

38）Sayre/Löwy: Figures of Romantic Anti-Capitalism, S. 83f.

39）Braun, Bernhard: *Die Utopie des Geistes. Zur Funktion der Utopie in der politischen Theorie Gustav Landauers*, Idstein 1991, S. 57.

40）Ebd., S. 128.　ブロッホのランダウアー受容については，以下も参照。Münster: *Utopie, Messianismus und Apokalypse im Frühwerk von Ernst Bloch*, S. 124ff.

41）Braun: *Die Utopie des Geistes*, S. 140.

42）Landauer, Gustav: *Die Revolution*, Frankfurt a. M. 1919, S. 12f.　この書は，ブーバーが『社会』というタイトルで編集していた社会心理学研究叢書の一冊として刊行された。邦訳は大窪一志訳『レボルツィオーン――再生の歴史哲学』（同時代社）2004 年を参照した。

43）Ebd., S. 17.

44）Ebd., S. 15.

45）Ebd., S. 52.

46）Vgl. Delf, Hanna: „Prediger in der Wüste sein....“ Gustav Landauer im Weltkrieg. In:

Landauer, Gustav: *Dichter, Ketzer, Außenseiter. Essays und Reden zu Literatur, Philosophie, Judentum*. Hrsg. von Hanna Delf. In: Ders.: *Werkausgabe*. Hrsg. von Gert Mattenklott und Hanna Delf. Bd. 3, Berlin 1997, S. XXIII- LIII, hier S. XXXI; Löwy, Michael: Der romantische Messianismus Gustav Landauers. In: Delf, Hanna/Mattenklott, Gert (Hg.): *Gustav Landauer im Gespräch. Symposium zum 125. Geburtstag*, Tübingen 1997, S. 91-104, hier S. 101.

47) Landauer: *Die Revolution*, S. 26ff.

48) Landauer, Gustav: *Beginnen. Aufsätze über Sozialismus*, Köln 1924, S. 17.

49) Landauer: *Die Revolution*, S. 42.

50) Ebd., S. 43.

51) Ebd., S. 35.

52) Ebd., S. 52f.

53) Buber, Martin: Pfade in Utopia. (1950) In: Ders.: *Pfade in Utopia. Über Gemeinschaft und deren Verwirklichung*. Hrsg. von Abraham Schapira, Heidelberg 1985, S. 17-258, hier S. 97f. 邦訳は長谷川進訳『もう一つの社会主義：ユートピアの途』（理想社）1959年を参照。

54) Landauer: *Beginnen*, S. 11.

55) Witte, Bernd: Zwischen Haskala und Chassidut. In: *Gustav Landauer im Gespräch*, S. 25-41, hier S. 37.

56) Buber: Pfade in Utopia, S. 91.

57) Ebd., S. 95.

58) 大窪一志「分権・連合・協同社会の原像——現代に蘇るランダウアーの社会思想」〔グスタフ・ランダウアー（大窪一志訳）『レボルツィオーン』171-222頁〕，193頁。

59) モッセ『フェルキッシュ革命』4-5頁。

60) 大窪「分権・連合・協同社会の原像」193頁。

61) Landauer: *Beginnen*, S. 11.

62) Buber: Pfade in Utopia, S. 96.

63) Ebd.

64) ジョージ・L・モッセ（三宅昭良訳）『ユダヤ人の〈ドイツ〉——宗教と民族をこえて』（講談社）1996年，93頁。

65) Landauer, Gustav: Judentum und Sozialismus. (1912) In: Ders.: *Dichter, Ketzer, Außenseiter*, S. 160-161, hier S. 160.

66) Kohn, Hans: *Martin Buber. Sein Werk und seine Zeit. Ein Beitrag zur Geschichte Mitteleuropas 1880-1930*, Wiesbaden 1979 (1930), S. 48f.

67) Ebd., S. 51.

68) Ebd., S. 139.

69) Landauer, Gustav: Sind das Ketzergedanken? (1913) In: Ders.: *Dichter, Ketzer, Außenseiter*, S. 170-174, hier S. 173.

70) Lunn: *Prophet of Community*, S. 6.

71) Brief an Lukács. In: Bloch: Briefe. Bd. 1, S. 164. この手紙には日付がない。編者のミュ

ンスターとゲークレは，おそらく 1915 年 9 月末に書かれたものだろうと推測している。

72） Bloch: *Kampf, nicht Krieg*, S. 528.

73） Bloch, Ernst: Fichtes Reden an die deutsche Nation. (Geschrieben 1943, Erstdruck 1947) In: Bloch: *Viele Kammern im Welthaus*, S. 414-426, hier S. 416f.

74） 「ドイツ国民」に向けられた演説のなかで，フィヒテもまた，積極的に評価されるべき「ドイツ的特性」を探し求め，中世ドイツの諸都市の市民層に花開いた自由な文化を讃えていたことが想起されるべきだろう。さらにフィヒテには，ヨーロッパ諸国の海外への進出，植民地主義をも批判的に見る視点がある。ヨーハン・ゴットリープ・フィヒテ（石原達二訳）『ドイツ国民に告ぐ』（玉川大学出版部）1997 年，95-96，199 頁。

75） Brief an Lukács (8. 2. 1912). In: Bloch: *Briefe*. Bd. 1, S. 76f.

第 4 章　ゴシック，表現主義，自己との出会い

1） Vietta, Silvio/Kemper, Hans-Georg: *Expressionismus*, München 1997 (1965), S. 15.

2） Holz: *Logos spermatikos*, S. 52.

3） Stark, Michael: *Für und Wider den Expressionismus. Die Entstehung der Intellektuellengeschichte in der deutschen Literaturgeschichte*, Stuttgart 1982, S. 34.

4） Ebd., S. 35.

5） Ebd., S. 36.

6） Antz, Thomas/Vogl, Joseph (Hg.): *Die Dichter und der Krieg. Deutsche Lyrik 1914-1918*, München 1982; Scherpe: *Stadt – Krieg – Fremde*, bes. S. 177-196.

7） Bushart, Magdalene: *Der Geist der Gotik und die expressionistische Kunst. Kunstgeschichte und Kunsttheorie 1911-1925*, München 1990. アヴァンギャルドと「フェルキッシュ」運動との関わりについては以下を参照のこと。Hein, Peter Ulrich: Völkische Kunstkritik. In: Puschner, Uwe/Schmitz, Walter/Ulbricht, Justus (Hg.): *Handbuch zur Völkischen Bewegung 1871-1918*, München u. a. 1996, S. 613-633.

8） Bloch: *Tagträume vom aufrechten Gang*, S. 64.

9） Mann, Heinrich: Der Europäer, S. 130f.

10） Lützeler, Paul Michael: *Die Schriftsteller und Europa. Von der Romantik bis zur Gegenwart*, München 1992, S. 246.

11） Mann, Thomas: *Betrachtungen eines Unpolitischen*, S. 134f.

12） Bloch, Ernst: Negerplastik. (1915) 以下に再録されている。*Carl Einstein. Materialien* Bd. 1. *Zwischen Bebuquin und Negerplastik*. Hrsg. von Rolf-Peter Baacke, Berlin 1990, S. 88-94, hier S. 89.

13） ヴォリンガーの名が最初に上がるのは，1910 年のルカーチ宛の葉書においてである。そこでは，ルカーチが『抽象と感情移入』を持っていたことが示唆されている。また，1911 年 12 月 31 日付の手紙において，ブロッホは，『ゴシックの形式問題』を高く評価している。Bloch: *Briefe*. Bd. 1, S. 30, S. 74.

14） Lang, Siegfried K.: Wilhelm Worringers *ABSTRAKTION UND EINFÜHLUNG*.

Entstehung und Bedeutung. In: Böhringer, Hannes/Söntgen, Beate (Hg.): *Wilhelm Worringers Kunstgeschichte*, München 2002, S. 81-117, hier S. 81.

15） ヴォリンガーについては，以下を参照した。Bushart: *Der Geist der Gotik und die expressionistische Kunst;* 小田部胤久「ゴシックと表現主義の邂逅――ヴォリンガーによる『ヨーロッパ中心主義的』芸術史の批判とその行方」〔『美学芸術学研究』21（2002 年）81-114 頁〕

16） Worringer, Wilhelm: *Formprobleme der Gotik*, München 1911, S. 9. 邦訳に際しては，中野勇訳『ゴシック美術形式論』（岩崎美術社）1968 年を参照した。

17） Ebd.

18） Bushart: *Der Geist der Gotik und die expressionistische Kunst*, S. 26.

19） 小田部「ゴシックと表現主義の邂逅」84 頁。

20） 前掲論文。

21） 前掲論文，85 頁。

22） Worringer: *Formprobleme der Gotik*, S. 9.

23） Vgl. Barck, Karlheinz: Worringers Stilpsychologie im Kontext der Stilforschung. In: Böhringer/Söntgen: *Wilhelm Worringes Kunstgeschichte*, S. 23-34, hier S. 33. 小田部もまた，ヴォリンガーによる「ヨーロッパ中心主義的芸術史の批判」を強調している。

24） Worringer, Wilhelm: Entwicklungsgeschichtliches zur modernen Kunst. In: Hünecke, Andreas (Hg.): *Der Blaue Reiter. Dokumente einer geistigen Bewegung*, Leipzig 1986, S. 429-432, hier S. 430.

25） Zit. nach Bushart: *Der Geist der Gotik und die expressionistische Kunst*, S. 48.

26） カンディンスキーは,『芸術における精神的なもの』(1912 年）において,「内的必然性」を創造の原理としている。Kandinsky, Wassily: *Über das Geistige in der Kunst*, Bern 1952.

27） Bushart: *Der Geist der Gotik und die expressionistische Kunst*, S. 73.

28） *Der Blaue Reiter*. Hrsg. von Wassily Kandinsky und Franz Marc. München 1912. ここでは，Klaus Lankheit 編 に よ る Dokumentarische Neuausgabe. Überarbeitete Taschenbuchausgabe, München/Zürich 2000 (1984) を利用する。

29） Marc, Franz: Geistige Güter. In: *Der Blaue Reiter*, S. 21-24.

30） マルクが 1912 年に執筆した，予約注文パンフレットの文章。*Der Blaue Reiter*, S. 318.

31） Kandinsky/Marc: Almanach: „Der Blaue Reiter“.. In: *Der Blaue Reiter*, S. 315-317, hier S. 317.

32） Hünecke: *Der Blaue Reiter*, S. 528.

33） これについては多くの文献がある。ここでは特にドイツ表現主義の「原始主義」を批判的に取り上げた文献として以下を挙げておく。Lloyd, Jill: *German expressionism: Primitivism and Modernity*, New Haven 1991.

34） Pauen: *Dithyrambiker des Untergangs*, S. 231.

35） 1962 年にもブロッホはこのように回想している。Zit. nach Macke, Carl-Wilhelm:

„Heimat ist nur, wo Unserer Frauen Türme ragen". Ernst Blochs Verhältnis zu München und Bayern. In: *Bloch-Almanach* 12/1992, S. 157-166, hier S. 164. Vgl. auch Faber, Richard: Ludwigshafen-Mannheim, München, Berlin und andernorts. Zur Kulturgeographie der Ernst Blochschen „Spuren". In: *Bloch-Jahrbuch* 2006, S. 111-151. 1900 年頃にミュンヒェンが芸術史・文化史において果たした役割については，以下を参照のこと。Ruppert, Wolfgang: *Der moderne Künstler. Zur Sozial- und Kulturgeschichte der kreativen Individualität in der kulturellen Moderne im 19. und frühen 20. Jahrhundert*, Frankfurt a. M. 1998, bes. S. 400-410.

36） Marc, Franz: Die „Wilden" Deutschlands. In: *Der Blaue Reiter*, S. 28-32.

37） Marc, Franz: Vorwort zur zweiten Auflage. In: *Der Blaue Reiter*, S. 324-326, hier S. 325.

38） Bushart: *Der Geist der Gotik und die expressionistische Kunst*, S. 22.

39） Worringer: *Formprobleme der Gotik*, S. 126.

40） Bushart: *Der Geist der Gotik und die expressionistische Kunst*, S. 29.

41） Worringer: *Formprobleme der Gotik*, S. 50.

42） Ebd., S. 21 u. S. 25.

43） Ebd., S. 77.

44） Bloch: Negerplastik, S. 90. Vgl. auch: GA16, S. 35.

45） Ebd., S. 89.

46） Pauen: *Dithyrambiker des Untergangs*, S. 228.

47） ボルツ『批判理論の系譜学』のドイツ語原題。

48） Landmann: Gespräch mit Ernst Bloch, S. 38. Vgl. Spengler, Oswald: *Der Untergang des Abendlandes. Umrisse einer Morphologie der Weltgeschichte*, München 1998; Keyserling, Hermann Graf: *Das Reisetagebuch eines Philosophen*, München 1980.

49） Worringer, Wilhelm: *Deutsche Jugend und östlicher Geist*, Bonn 1924, S. 10f.

50） Ebd., S. 12.

51） Ebd., S. 11.

52） Ebd., S. 16.

53） ボルツ『批判理論の系譜学』34 頁。

54） Ebd.

55） Bushart: *Der Geist der Gotik und die expressionistische Kunst*, S. 99.

56） Ebd., S. 100-104.

57） Ebd., S. 103. Vgl. Fechter, Paul: *Der Expressionismus*, München 1914.

第5章　来るべき世界のヴィジョン

1） メイア『ウィルソン対レーニン』第1巻, 170-171 頁。「後進国ロシア」に対するドイツ左派の態度については，今野『マックス・ヴェーバー』192 頁。今野は，西欧から「後進国ドイツ」へ向けられた差別意識に悩むドイツ左派にとって，「旧態依然たる専制と正教の国」ロシアの存在は，自分たちの劣等感を柔らげるものだったと指摘している。

2） リルケをはじめとする，知識人の東方ロシアへの憧憬については，以下を参照。

Braungart, Wolfgang: Rilkes Gott, Rilkes Mensch. Zur Poeto-Theologie des „Stunden-Buchs". In: Fischer, Michael/Senkel, Christian (Hg.): *Säkularisierung und Sakralisierung. Literatur – Musik – Religion*, Tübingen/Basel 2004, S. 117-141.

3） ルカーチとブロッホのロシアとの関わりについては，以下を参照。Sauerland, Karol: Von Dostojewskij zu Lenin. Georg Lukács' und Ernst Blochs frühe Auseinandersetzung mit dem revolutionären Rußland. In: Koenen, Gerd/Kopelew, Lew (Hg.): *Deutschland und die Russische Revolution 1917-1924*, München 1998, S. 482-502.

4） Bloch: *Kampf, nicht Krieg*, S. 510.

5） Ebd, S. 168.

6） メイア『ウィルソン対レーニン』第 2 巻，31 頁。

7） Bloch: *Kampf, nicht Krieg*, S. 502.

8） メイア『ウィルソン対レーニン』第 1 巻，140 頁。

9） Bloch: *Kampf, nicht Krieg*, S. 196f.

10） Ebd., S. 398f.

11） Ebd., S. 399.

12） Ebd., S. 196.

13） Ebd.

14） Ebd., S. 566.

15） Ebd., S. 569.

16） Ebd., S. 509f.

17） Franz, Trautje: *Revolutionäre Philosophie in Aktion. Ernst Blochs politischer Weg, genauer besehen*, Hamburg 1985, S. 55.

18） Bloch: *Kampf, nicht Krieg*, S. 197.

19） Ebd., S. 398.

20） Ebd., S. 399f.

21） Bloch: *Kampf, nicht Krieg*, S. 509f.

22） Marx, Karl: Entwürfe einer Antwort auf den Brief von V. I. Sassulitsch. In: *MEW* Bd. 19, S. 386. これはディーチィの指摘による。Dietschy: *Gebrochene Gegenwart*, S. 169. ディーチィは，マルクスが行った特定社会の分析を一般化して，歴史的発展の法則に仕立て上げてしまう「マルクス主義」の悪弊を非難している。Ebd., S. 35f.

23） Bloch: *Kampf, nicht Krieg*, S. 509.

24） Ebd., S. 508f.

25） Ball: *Die Kritik der deutschen Intelligenz*, S. 291.

26） Bloch: *Kampf, nicht Krieg*, S. 512.

27） Ebd., S. 513.

28） Ebd., S. 514f.

29） Ebd., S. 514.

30） Ebd.

31） Ebd., S. 515.

32） Ebd.

33） Löwith, Karl: Max Weber und Karl Marx. In: Ders.: *Gesammelte Abhandlungen. Zur Kritik der geschichtlichen Existenz*, Stuttgart 1969 (1960), S. 1-67, hier S. 64. 〔カール・レーヴィット（柴田治三郎ほか訳）『ウェーバーとマルクス』（未来社）1966 年。〕

34） Ebd.

35） Bloch: *Tagträume vom aufrechten Gang*, S. 102.

36） Löwith: Max Weber und Karl Marx, S. 37.

37） Bloch: *Kampf, nicht Krieg*, S. 508.

38） Landauer, Gustav: *Aufruf zum Sozialismus*, Berlin 1919, S. 42.

39） Ebd., S. 142.

40） Ebd., S. 43.

41） Braun: *Die Utopie des Geistes*, S. 68f.

42） Ebd., S. 69.

43） Landauer: *Aufruf zum Sozialismus*, S. 33.

44） モーリス・フリードマン（黒沼凱夫／河合一充訳）『評伝マルティン・ブーバー——狭い尾根での出会い』上巻（ミルトス）2000 年，221 頁。

45） Landauer: *Aufruf zum Sozialismus*, S. 140.

46） Ebd., S. 98.

47） Ebd., S. 22.

48） Ebd.

49） Ball: *Die Kritik der deutschen Intelligenz*, S. 291.

50） Löwtith: Max Weber und Karl Marx, S. 62.

51） Zit. nach: Braun: *Die Utopie des Geistes*, S. 69.

52） Brief an Muehlon (13. 06. 1918). In: Bloch: *Briefe*. Bd. 1, S. 220.

53） Dietschy: *Die gebrochene Gegenwart*, S. 163.

54） Bloch: *Kampf, nicht Krieg*, S. 527.

55） Becker, Ralf: *Sinn und Zeitlichkeit. Vergleichende Studien zum Problem der Konstruktion von Sinn durch die Zeit bei Husserl, Heidegger und Bloch*, Würzburg 2003, S. 230ff; Ders.: Philosophie unterm Strich. Ernst Blochs Beiträge für die Frankfurter Zeitung 1916-1934. In: Bloch: *Der unbemerkte Augenblick*, S. 9-66, S. 40.

56） James, William: *A Pluralistic Universe*. In: Ders.: *The Works of William James*. (ed.) Fredson Bowers u. a., Cambridge 1977, S. 46. 〔ウィリアム・ジェイムズ（吉田夏彦訳）『多元的宇宙』（ウィリアム・ジェイムズ著作集 6）（日本教文社）1961 年。〕

57） James, William: *Pragmatism*. In: Ders.: *The Works of William James*. 1979 (1975), S. 64. 〔ウィリアム・ジェイムズ（桝田啓三郎訳）『プラグマティズム』（ウィリアム・ジェイムズ著作集 5）（日本教文社）1960 年。〕

58） Diaz-Bone/Schubert: *William James zur Einführung*, S. 130

59） 伊藤邦武『ジェイムズの多元的宇宙論』（岩波書店）2009 年，3 頁。
60） James: *A Pluralistic Universe*, S. 145.
61） Bloch: *Kampf, nicht Krieg*, S. 529f.
62） Ebd., S. 530.
63） Ebd., S. 500.
64） Bloch, Ernst: *Geist der Utopie*, Berlin 1923, S. 353.
65） Bloch: *Kampf, nicht Krieg*, S. 559.
66） 「教会」と言っても，それは既成の組織という意味ではない。パウエンによれば，『ユートピアの精神』において，「教会」とは，「超越論的認識の場」であり，「国家や既成のものに寄与する社会」とは異なるという。Pauen: *Dithyrambiker des Untergangs*, S. 242.
67） Bloch: *Geist der Utopie* (1923), S. 326.
68） Bloch: *Tagträume vom aufrechten Gang*, S. 110.
69） Brief an Lukács 31. 08. 1911 sowie Sep. 1915. In: Bloch: *Briefe*, Bd. 1, S. 59. u. S. 163. ミュンスターはブロッホに関するモノグラフィーのなかで，1908 年にブロッホがベルリンに赴いたのは，ジンメルがいたからというだけではなく，そこがブーバーの文化シオニズムの中心地だったからだと述べている。Münster: *Ernst Bloch*, S. 40.
70） Krochmalnik, Daniel: Ernst Blochs Exkurs über die Juden. In: *Bloch-Almanach* 13/1993, S. 41-58, hier 41.
71） これは第二版では削除されている。
72） Korol: Einleitung, S. 51.
73） Brief an Muehlon (22. 11. 1918). In: Bloch: *Briefe*. Bd. 1, S. 232f.
74） 小林政吉『ブーバー研究——思想の成立過程と情熱』（創文社）1979 年，19-20 頁。
75） 前掲書，36 頁。
76） 前掲書，100 頁。
77） 「バル・コフバ」とは，古代ローマ人に対するユダヤ人の反乱（132-135 年）の軍事指導者の名である。フリードマン『評伝マルティン・ブーバー』上巻 , 127 頁。
78） Krochmalnik: Ernst Blochs Exkurs über die Juden, S. 43f.
79） Löwy: Der romantische Messianismus Gustav Landauers, S. 92; Witte: Zwischen Haskala und Chassidut, S. 41.
80） Kohn: *Martin Buber*, S. 149.
81） Landauer, Gustav: Die Legende des Baalschem. (1910) In: Ders.: *Dichter, Ketzer, Außenseiter*, S. 158-159, hier S. 158.
82） 小林『ブーバー研究』97 頁。
83） Landauer: Sind das Ketzergedanken?, S. 173.
84） フリードマン『評伝マルティン・ブーバー』上巻，197 頁。
85） Bloch: *Kampf, nicht Krieg*, S. 232.
86） Ebd., S. 233.
87） フリードマン『評伝マルティン・ブーバー』上巻，197 頁。

88） Bloch: *Kampf, nicht Krieg*, S. 234.
89） Ebd.
90） Ebd., S. 235.
91） Landauer: Sind das Ketzergedanken?, S. 174.
92） フリードマン『評伝マルティン・ブーバー』上巻，197 頁。
93） Landauer: Sind das Ketzergedanken?, S. 174.
94） Delf: Gustav Landauer im Weltkrieg, S. XLIV.
95） Landauer: Sind das Ketzergedanken?, S. 173.
96） Clifford: *Routes*, S. 269.

第 6 章 〈転位〉

1） Bloch: *Durch die Wüste, S.* 6.
2） Franz: *Revolutionäre Philosophie in Aktion*, S. 76.
3） Ebd., S. 69.
4） Ebd., S. 66.
5） Ebd., S. 76f.
6） Zudeick: *Der Hintern des Teufels*, S. 93f.
7） Bloch: *Geist der Utopie* (1923), S. 4.
8） Bloch: *Vom Hasard zur Katastrophe*, S. 217.
9） Bloch: *Kampf, nicht Krieg*, S. 401.
10） Ebd., S. 401f.
11） 好村『ブロッホの生涯』84 頁。
12） Bloch: *Kampf, nicht Krieg*, S. 401.
13） Ebd.
14） Ebd., S. 403.
15） Ebd., S. 415f. バイエルン革命とアイスナーについては，以下も参照した。船戸満之『表現主義論争とユートピア』（情況出版）2002 年。
16） Brief an Muehlon (22. 11. 1918). In: Bloch: *Briefe*. Bd. 1, S. 232.
17） Brief an Muehlon (8. 12. 1918). Ebd., S. 236.
18） Bloch: *Kampf, nicht Krieg*, S. 387.
19） Brief an Muehlon (8. 12. 1918). In: Bloch: *Briefe*. Bd. 1, S. 236.
20） Bloch, Ernst: Jugend, Hindenburg und Republik. In: Ders.: *Durch die Wüste*, S. 27-32.
21） Ebd., S. 27.
22） Ebd., S. 31.
23） Toller: *Eine Jugend in Deutschland*, S. 199f.　邦訳に際しては，船戸満之訳「ドイツの青春」〔『現代世界文学の発見 1』（学芸書林）1967 年，162-250 頁〕を参照した。
24） Bloch: *Tagträume vom aufrechten Gang*, S. 45.
25） Bloch, Ernst: Die Bodenständigkeit. In: *Der Neue Merkur*. Nr. 4, 1920, S. 704-713.

26) Bloch, Ernst: Die Bodenständigkeit als Blasphemie. In: Ders.: *Durch die Wüste*, S. 39-49.

27) 例外として，このエッセイの重要性を指摘した研究は以下である。Riedel: *Tradition und Utopie.*

28) Bloch: Die Bodenständigkeit, S. 704.

29) Ebd.

30) Ebd., S. 705.

31) Ebd.

32) Ebd., S. 706.

33) Ebd., S. 706f.

34) Ebd., S. 706.

35) Ebd., S. 707.

36) Riedel: *Tradition und Utopie*, S. 75

37) Bloch, Ernst: Hitlers Gewalt. 以下に再録されている。Ders.: *Viele Kammern im Welthaus*, S. 343-347.

38) Bloch: Die Bodenständigkeit, S. 709.

39) Ebd., S. 711.

40) Ebd., S. 713.

41) Bloch: *Durch die Wüste*, S. 48.

42) Bloch: *Kampf, nicht Krieg*, S. 436f. ちなみに，スイス時代の時事評論のなかで，ブロッホがランダウアーの名を挙げているのはこの一か所のみである。

43) Bloch: Die Bodenständigkeit, S. 711.

44) Bloch: *Durch die Wüste*, S. 48.

45) Ebd., S. 49.

46) Clifford: *Routes*, S. 273.

47) Adorno, Theodor W. : *Noten zur Literatur.* In: Ders.: *Gesammelte Schriften*. Hrsg. von Rolf Tiedemann unter Mitwirkung von Gretel Adorno, Susan Buck-Morss und Klaus Schultz. Bd. 11, Frankfurt a. M. 1990 (1974), S. 100.〔テオドール・W・アドルノ（三光長治ほか訳）『文学ノート 1』（みすず書房）2009 年。〕

48) Bloch: *Geist der Utopie* (1923), S. 3.

49) Ebd., S. 4.

50) Bloch, Ernst: Blick von 1917 auf Deutschland. In: Ders.: *Durch die Wüste*, S. 19-27.

51) Ebd., S. 19.

52) Bloch: Die Bodenständigkeit, S. 708.

53) 美術評論家ヴィルヘルム・ハウゼンシュタインを指すと思われる。

54) Bloch, Ernst: Der Expressionismus. 以下に再録されている。Ders.: *Vom Hasard zur Katastrophe*, S. 273-280.

55) Ebd., S. 273.

56) Bloch: Die Bodenständigkeit, S. 709.

57） Ebd.

58） Ebd.

59） 青騎士らが登場する以前にミュンヒェンで活躍した画家フランツ・フォン・レンバッハを指す。現在，その家は，青騎士らの絵画を展示する美術館となっている。

60） Bloch: *Durch die Wüste*, S. 47.

61） Bloch: *Vom Hasard zur Katastrophe*, S. 277

62） Clifford: *Routes*. ここでは，この二つの「ルーツ」の違いが，一貫したテーマである。

展　望

1） Bloch: *Viele Kammern im Welthaus*, S. 346.

2） Brief an Kracauer (4. 10. 1929). In: Bloch: *Briefe*. Bd. 1, S. 317.

3） *Über Walter Benjamin*. Mit Beiträgen von Theodor W. Adorno u. a., Frankfurt a. M. 1968, S. 17.

4） Brief an Kracauer (11. 12. 1929). In: Bloch: *Briefe*. Bd. 1, S. 323f.

5） Bloch: Viele Kammern im Welthaus. 以下に再録されている。Ders.: *Der unbemerkte Augenblick*, S. 122-130.

6） Ebd., S. 122f.　このエッセイは『この時代の遺産』が1962年に再版されるに際して新たに改稿され収録された。

7） Ebd., S. 125.

8） Ebd., S. 128.

9） Ebd.

10） Ebd.

11） Ebd., S. 126.

12） Ebd., S. 125.

13） Ebd., S. 129.

14） Ebd., S. 127f.

15） Brief an Kracauer (11. 12. 1929). In: Bloch: *Briefe*. Bd. 1, S. 322.

16） James: *A Pluralistic Universe*, S. 145.

17） Vgl. Reichardt, Ulfried: Globalisierung, Mondialisierungen und die Poetik des Globalen. In: Ders. (Hg.): *Die Vermessung der Globalisierung. Kulturwissenschaftliche Perspektiven*, Heidelberg 2008, S. 1-47, hier S. 7.

18） Brief an Kracauer (2. 8. 1928). In: Bloch: *Briefe*. Bd. 1, S. 306f.